现代公共法律服务体系建设研究

张向宇◎著

ON THE SYSTEMATIC CONSTRUCTION OF
MODERN PUBLIC LEGAL SERVICE

法律出版社
LAW PRESS·CHINA
北京

图书在版编目（CIP）数据

现代公共法律服务体系建设研究 / 张向宇著.
北京：法律出版社，2025. -- ISBN 978-7-5197-9990-8
Ⅰ. D920.4
中国国家版本馆 CIP 数据核字第 2025RC1610 号

现代公共法律服务体系建设研究
XIANDAI GONGGONG FALÜ FUWU TIXI JIANSHE YANJIU

张向宇 著

责任编辑 陈 慧
装帧设计 苏 慰

出版发行 法律出版社
编辑统筹 法律教育出版分社
责任校对 晁明慧
责任印制 刘晓伟
经　　销 新华书店

开本 A5
印张 8.875　**字数** 213 千
版本 2025 年 3 月第 1 版
印次 2025 年 3 月第 1 次印刷
印刷 唐山玺诚印务有限公司

地址：北京市丰台区莲花池西里 7 号（100073）
网址：www.lawpress.com.cn
投稿邮箱：info@lawpress.com.cn
举报盗版邮箱：jbwq@lawpress.com.cn
销售电话：010-83938349
客服电话：010-83938350
咨询电话：010-63939796

书号：ISBN 978-7-5197-9990-8　**定价**：38.00 元

序　言

现代公共法律服务体系建设以人民为中心，旨在满足人民群众对美好生活的向往和日益增长的法律服务需求，是全面依法治国的基础性、服务性和保障性工作。在全面推进依法治国的时代背景下，法治国家的建设关涉我国现代化进程。与法治建设相关联，我国公共法律服务体系建设的理论基础源于公共行政领域的新公共服务理论、市场与法律资源分配理论以及法治建设的方法论命题。在新公共服务理论的启发下，人民的主体性、商谈与合作模式以及公共利益应当成为公共法律服务理论的关注重点。在关于市场调节以及法律资源稀缺性的分析中，市场供给难以满足社会需求，公权力机关应当是公共法律服务的供给责任主体，即使这种供给模式存在结构性的缺口，也必须坚持公共部门的供给职责。从关于法律制度建设与法治环境建设的区分切入，公共法律服务的体系建设目的应当以法治建设为旨归，力求通过法治环境的优化，推进社会整体的法治发展。

我国公共法律服务体系建构的发展历史可以分为孕育奠基、逐步积淀以及发展完善三个时期。随着社会历史的变迁及法治建设的整体推进，公共法律服务体系的发展经历了从无到有、从依附到独立的过程。及至新时期，我国公共法律服务的历史发展已然形成一系列成果，包括极具活力的实践创新模式、初具规模的制度与政策架构以及重点项目的立法成果。

尽管取得了阶段性成就，我国公共法律服务发展也面临着诸多问题。我国公共法律服务的内涵已经被先行的政策文件锚定，其概念及内容构成具有模糊性，制约了我国公共法律服务体系的完善。我国公共法律服务体系建设具有实践先行、理论后发的特征，理论研究难以引领具体实践，因而我国公共法律服务的内容构成不可避免地出现了碎片化的问题，并呈现以实践经验为主轴的样态。现阶段，在社会环境和历史惯性的双重作用下，作为法治建设重要组成部分的公共法律服务体系建设必须承担相应的时代责任。此外，由于法律服务的相关资源具有稀缺性，而市场调节难以达成均等普惠的公共服务目标，因此我国公共法律服务体系建设必须解决供给不足、资源不均等问题。最后，在实践中我国公共法律服务的发展与落实依托于司法行政机关的运作，因而会受到行政体制设置等方面的影响，并存在服务缺位、治理资源内部消耗等风险。

针对理论与实践中的种种问题，我国公共法律服务的内容构成应当转换思路，将碎片化的供给事项进行分析整合，完成对于内容边界的界定，并深化发展格局、拓宽发展路径。在明确内容构成的抽象表达后，需要按一定标准为公共法律服务体系划定内容边界。在资源不足且供需不均的前提下，应审慎安排公共法律服务体系内部事项的供给优先程度。基于法治环境建设的相关理论，我国公共法律服务体系建设的宏观拓展应当着眼于中国式法治现代化这一发展重心，在法治文化建设、法律服务市场建设以及纠纷调解体系建设三个领域进行重点建设。针对法治宣传的优化与改进，能够使法治宣传更加贴合公共法律服务体系建设的整体目的，完成对于法治环境的改造以及对于历史惯性的回应；法律服务市场建设能够从法律服务供给侧的源头缓解公共法律服务供需失衡的顽疾；社会矛盾纠纷化解机制能够结合中国智慧与现代法治理论，将人民调解深化为社会纠纷化解的整体方案，从而提升社会治理效能。

此外,平台建设、保障体系以及监督体系在实践层面对于确保公共法律服务体系平稳运行亦具有重要作用。以实体平台和非实体平台为供给路径的运行模式,要求我国公共法律服务平台建设以落实服务供给渠道为目标,改进发展思路、优化建设方案。并且,只有在政治保障、制度保障、组织保障以及经费保障四大保障体系以及多层次综合监督体系的有力支持下,我国现代公共法律服务体系的持续发展与切实落地才有可能成为现实。

目　录

导　论

一、选题背景与意义

自2014年我国公共法律服务的概念以及相关制度体系确立以来，中国特色社会主义法治建设又迈出了坚实的一步。随着"四个自信"重要论述的提出，我国在推进国家治理体系与治理能力现代化时更加注重吸取中国智慧、贴合中国实践、探索中国模式、发展中国式法治现代化。在这一时代背景下，我国现代公共法律服务体系建构的命题也正式提上议程，开始了新一轮的理论挖掘与路径探索。

从国家治理的角度看，我国国家治理体系与治理能力现代化是新时期全面深化改革、完善和发展中国特色社会主义制度的必然要求。习近平总书记指出，要推进国家治理体系和治理能力现代化，就要跟上时代的脚步，不断改革体制机制，使各方面制度更加科学完善。[1] 这一论断精确地将与时俱进、实现国家治理法治化联系在一起，作为新时期国家发展的重点举措，而在实现国家治理制度化、规范化，展现中国式治理智慧的基础上，转换政府施政思路以及治理路径，则是切实提升国家治理能力、实现治理体系现代化的重要环节。在从发展型政府到服务型政府的范式转型过程中，公共服务逐渐衍生为社会治理体系的核心和政府职能结构的重心。公共法律服务作

---

〔1〕 习近平：《切实把思想统一到党的十八届三中全会精神上来》，载《求是》2014年第1期。

为公共服务的重要组成部分,由政府统筹供给,是实现法律服务均等化、社会创新治理、国家治理能力现代化的重要制度安排。因此,完善基础公共服务设施,推进我国公共法律服务体系建构与完善,既是符合全面深化改革、实现社会主义现代化这一时代前进方向的必然选择,也是推进国家治理制度化、规范化的重要举措,在政治意义上与实践发展中都具有无可比拟的重要性。具体而言,从为人民服务的根本立场出发,立足当下的基本国情,发展公共法律服务体系在现阶段的主要功能体现在三个方面:在国家层面,有助于构建服务型政府和法治政府;在社会层面,有助于完善我国的基本公共服务体系;在个人层面,能够在个体融入国家与社会生活时提供必要的帮助。

从法治建设的角度看,全面推进依法治国,实现国家治理与社会运作法治化,是完善与发展中国特色社会主义制度的又一重点。在坚持中国特色社会主义法治道路的指引下,我国在探索法治模式的道路上不断前进,并且正在经历新一轮的话语革新。新中国成立以来,我国经历了由法制建设到法治建设的实践模式与理论话语的全面革新,更加宏观、更加具有理论深度且更加全面的法治建设模式及其相关话语已然成为21世纪以来国家治理领域的主流强音。2014年中国共产党第十八届中央委员会第四次全体会议确立了全面推进依法治国的重要部署,我国国家治理模式与路径探索迎来了全新的挑战。在理念上,不断深化发展的中国特色社会主义法治理论在吸纳包容了域外优秀经验后开始了本土化的话语转换,中国历史、中国国情、中国实践以及中国智慧在相关理论领域中的重要性与日俱增。在具体实践中完善法律制度体系,为法律制度的运作以及法治建设的进程保驾护航,并在人权保障、社会公正等方面提供制度依托,都是中国式法治现代化建设这一时代背景赋予我国公共法律服务体系的重要责任。

具体而言,完善公共法律服务体系的建设在推进法治建设的作用主要包括:公共法律服务是弘扬中国特色社会主义法治理念的有效手段,是树立社会主义法治自信的重要途径,是确保实现公民的基本权利的体系保障。

我国公共法律服务体系位于国家治理路径与法治建设进程交汇之处,是完善国家治理体系、助力法治建设的关键环节,因此必须不断推进我国公共法律服务体系建设。总体而言,我国公共法律服务体系建设遵循着由上而下的发展模式,该模式以政策文件为指导核心,相关制度实践与理论探究紧随其后。政策推进方面,2014 年 1 月,司法部《关于推进公共法律服务体系建设的意见》的出台,为我国公共法律服务体系初步建构了健全公共法律服务网络、整合公共法律服务资源、提升法律服务能力的规划蓝本;2014 年 10 月,《中共中央关于全面推进依法治国若干重大问题的决定》在法律服务体系建设、公共服务体系覆盖城乡等领域作出部署;2017 年后,司法部连续发布多个文件,对公共法律服务的体系建设、多平台融合发展建设、工作指引等事项予以指导。

习近平总书记曾对公共法律服务工作多次作出重要指示,强调要让人民群众切实感受到法律服务更加便捷。2019 年,中共中央办公厅、国务院办公厅联合印发了《关于加快推进公共法律服务体系建设的意见》(以下简称《公共法律服务意见》),让公共法律服务体系建设驶入了快车道。2022 年党的二十大报告将建设覆盖城乡的现代公共法律服务体系与法治社会建设联系在一起,进一步确认了现代公共法律服务体系建设在国家发展战略中的重要地位。

在"十三五"规划的建设期内,司法部牵头建立相关部门联席会议制度,统筹公共法律服务体系改革,不断完善体制机制。据司法部 2021 年 12 月发布的《全国公共法律服务体系建设规划(2021—2025

年)》(以下简称《公共法律服务规划》)显示,我国律师事务所、公证处、司法鉴定机构、仲裁机构、人民调解委员会、基层法律服务机构等各类法律服务机构设立总量已经达到一定的规模,专业法律服务人员也形成较大的行业群体。公共法律服务各大平台建设初具规模,实体平台服务项目更加多样,中国法律服务网、各省级网络平台全面建成,线上服务功能日趋完备。《公共法律服务规划》同时指出,当前阶段我国公共法律服务在体制机制、政府权责、时空分布方面都还存在较多问题,供给能力与供给质量有待进一步提升。[2]

现代公共法律服务的开展不仅是政府治理能力的重要体现,更是保障和改善民生的重要举措,是中国式法治建设有效推进与切实落地的重要指标。面对《公共法律服务规划》指出的种种问题,需要从理论层面对我国公共法律服务体系与建设进行一次彻底的诊断,并在一定的理念指导下给出具有可行性的优化方案。当前,我国在理论探索方面对现代公共法律服务体系的实践经验与体系内容仍然存在梳理与深化的空间,因此,现阶段的研究需要在总览实践发展的基础之上进行更加深入的挖掘,为我国公共法律服务体系建设提供一种更加精准的建设逻辑,助力我国公共法律服务体制机制的优化与完善。

二、研究综述

我国现已出台的政策文件将公共法律服务作为一个整体进行部署,但系统性地提出公共法律服务这一概念的时间较晚,相关理论建

---

〔2〕“公共法律服务供给体制机制不健全,政府权责边界不清,法律服务资源总量不足,配置不均衡,城乡分布、地域分布差异明显,欠发达地区公共法律服务人员、基础设施等资源短缺问题突出。服务供给质量、效率和能力水平、信息化水平有待进一步提升。”参见《全国公共法律服务体系建设规划(2021—2025年)》。

构、实践对策的研究由于历时较短，尚未充分展开，并未形成较为完整的理论话语体系。

(一)国内研究现状

从现有研究文献的内容来看，我国大多数研究内容由公共法律服务实践第一线的工作人员以及相关业务部门组建的专项研究团队产出，相关学位论文也以实证研究为主，在内容上侧重介绍性地展示，包括具体区位中公共法律服务体系的建设现状、经验以及问题策论等，总体而言呈现出“重实践、轻理论”的局面。综观现有研究成果，在总体上分为以下四类。

1. 公共法律服务体系的内涵研究

针对公共法律服务体系内涵的研究应当包括具体概念、体系定位、基本原则、价值引导等方面的探讨。由于我国公共法律服务体系发展中政策文件先行、理论探索紧跟其后的具体情况，学界对公共法律服务概念的探讨大多根据政策文本进行界定。在2014年司法部发布的《关于推进公共法律服务体系建设的意见》的文件中，公共法律服务的概念被首次定义。此文件对公共法律服务的具体项目一并进行了列举。这一定义对后续理论研究开展公共法律服务相关的研究定下了基调。杨凯等学者提出“公共法律服务的概念应当抽象化”，列举式的方法并不能适应不断变化着的公共法律服务概念，进而从供给主体、保障目的等方面给出公共法律服务概念的初步定义。〔3〕 这一定义方法较好地点出了公共法律服务在责任主体、体系宗旨等方面的重要特征，形成了对于政策文件的回应。在讨论公共

〔3〕 该定义为“(公共法律服务是)由司法行政机关统筹提供的，旨在保障公民基本权利，维护公众合法权益，实现社会公平正义和保障人民安居乐业所必需的法律服务”。参见杨凯、韩秋林：《现代公共法律服务体系建构的基本逻辑》，载《法治论坛》2020年第3期。

法律服务概念之前，关于公共服务的基本问题研究已然形成一定规模，因而也有不少学者就公共法律服务与公共服务之间的关系问题做出探讨。曹吉峰从马斯洛需求层次理论以及马克思政治经济学原理的角度阐述了公共法律服务的上位概念，并认为需要在区分相应供给主体层级以及与专业服务的关系问题后，才能明确相应的体系定位。[4] 于泓源认为，我国公共法律服务中的基本法律服务应当理解为在全面落实依法治国基本方略中，主要由政府统筹提供，受经济发展水平影响，与法治建设息息相关的公共服务。[5] 该定义参照公共服务与基本公共服务的区分思路，将公共法律服务中的基础部分抽象并独立出来，对相关政策文件作出理论回应。

在公共法律服务体系的基本原则、体系目的、理念指引等方面，相关学者围绕着维护公平正义、保障人权等焦点展开讨论。刘炳君认为公共法律服务是基于政府对于公民的责任担当，体现着政治伦理的要求，因而公共法律服务体系应当以保障基本权利，保护合法权益，最终达成社会整体的公正为目的，其基本特征主要有公共性、公益性、均等化、基本性、常态化和保障性。[6] 该总结将公共法律服务在公共性、人民性方面的特征点出，论证了公权力机关在公共法律服务方面的供给责任。宋方青认为，我国公共法律服务的核心要义应当包括人民性、公平性、现代性，公共法律服务体系功能与目的应当包括对于全面依法治国的基础性、服务性和保障性功能。[7] 该研究

---

〔4〕 曹吉峰：《公共法律服务范畴中政府购买服务政策与实践》，载《陕西行政学院学报》2018 年第 4 期。

〔5〕 于泓源：《关于推进基本公共法律服务的思考》，载《中国司法》2014 年第 4 期。

〔6〕 刘炳君：《当代中国公共法律服务体系建设论纲》，载《法学论坛》2016 年第 1 期。

〔7〕 宋方青：《公共法律服务的科学内涵及核心要义》，载《中国司法》2019 年第 8 期。

对于我国公共法律服务核心要义的总结，不但准确地说明了我国公共法律服务在政治、法律甚至哲学层面的特性，并且为后续的相关研究打下基础。蒋银华从政府角色定位转换的角度讨论了公共法律服务体系的构建相关问题，指出了我国公共法律服务体系建设的背景为相关政治理念的转变，其中关于政府角色理念转变的梳理，较好地揭示了我国公共法律服务体系建设的历史必然性以及制度属性。[8]喻少如、黄卫东立足我国乡村治理的具体情境，指出公共法律服务融入乡村治理遵循了政府主导下的法治进路这一传统逻辑，并认为需要完成由单一的法治进路向包含德治等因素的"五治融合"逻辑转换，才能够促动乡村善治的目标、展现现代化治理方式的丰厚意蕴。[9] 该研究关于法治进路模式转变的提炼，既为公共法律服务融入乡村法治建设提供了发展原则上的指引，也启发了对于公共法律服务与法治现代化、整体化的探究与思考。需要特别指出的是，杨凯等研究者将公共法律服务各类基本问题以及相关理论整理并形成体系，完成了新时代公共法律服务学科体系的初步建设。在该体系中，除了体系制度建构、认识论与价值论基础、功能论与方法论基础等公共法律服务体系内基本问题，还囊括了诸如法政治学基础、法经济学基础、应用法学基础以及比较法学分析等多学科多视角的理论探讨。这种兼顾体系内外部、横跨多专业的学科体系建设思路，既完成了公共法律服务学这一全新学科的体系建设，也为公共法律服务领域的后续理论探索贡献了诸多命题域。

此外，仍有诸多学者在综合性研究成果中附带性地参与了关于

[8] 蒋银华：《政府角色型塑与公共法律服务体系构建——从"统治行政"到"服务行政"》，载《法学评论》2016 年第 3 期。

[9] 喻少如、黄卫东：《公共法律服务融入乡村治理的逻辑转换及其实践进路》，载《西北民族大学学报（哲学社会科学版）》2022 年第 6 期。

公共法律服务体系内涵的讨论，并提出独到见解。例如，宁琪在探讨农村公共法律服务的供给体系时，便在主题讨论前分析了相应概念的具体内涵。其认为在法治乡村建设的语境下，农村公共法律服务体系具有社会兜底的性质，并且具有提高农村治理水平、促进农村全面发展的重要功能。[10] 又如，顾潇军等在分析太仓市相关立法实践时，讨论了地方立法起草时在公共法律领域遇到的理论问题，包括法律服务与公共服务的关系、立法文件中相关概念的编写、公共法律服务以及公共服务之间的关系等基本问题。[11] 浙江省杭州市司法局课题组在专题研究中认为，公共法律服务的界定可以从提供主体的专业性以及服务产品的功能性等方面入手。参照公共服务的概念，公共法律服务也应当具备非竞争性或非排他性、公益性、基础性、普惠性的特征。[12] 诸如此类对于公共法律服务问题的附带性讨论与日俱增。

总的来说，现有针对公共法律服务体系内涵的研究，基本上围绕着相关政策文件所框定的范围及定义，较为发散地散落在各项细分专题研究中，针对公共法律服务体系内涵的研究体量不大。

2. 公共法律服务体系的构成研究

在相关政策文件以及理论探索中，我国公共法律服务体系具体包含的内容均未完全形成定论。2014 年司法部出台的《关于推进公共法律服务体系建设的意见》初步将法治宣传、法律援助以及部分综合性律师服务列为服务项目。在后续的多份文件中，关于服务项目

---

〔10〕 宁琪：《农村公共法律服务供给体系完善与创新研究》，载《农业经济》2020 年第 6 期。

〔11〕 顾潇军、朱强：《社会制度文明视野下的公共法律服务均等化——〈太仓市公共法律服务均等化规划（2013—2015）〉解读》，载《中国司法》2013 年第 10 期。

〔12〕 浙江省杭州市司法局课题组：《政府购买公共法律服务的理论与实践——以杭州市为例》，载《中国司法》2014 年第 12 期。

的具体内容并未形成固定的范围，而是在不同层次的文件中表现出不同的样态。政策文件中关于公共法律服务具体外延的模糊，引发了众多学者的讨论。

杨凯等学者在比政策文件更加宏观的角度上对公共法律服务的相关内容给出建构思路，认为政策、产品、平台、供给、组织与评价六大体系构成了我国公共法律服务体系。[13] 该总结超越了对于公共法律服务外延的一般认识，为我国公共法律服务的实践提供了框架性的思路。与之类似的宏观建构还体现在杨凯对于公共法律服务规范类型与属性的基本构架的观察之上，其在总览公共法律服务的地方立法实践的基础上总结出公共法律服务项目的基本、非基本、多元化的三维概念之分，地方立法中出现的由地方财政提供的基本公共法律服务、国家确定收费标准的非基本公共法律服务、公权力机关统筹下的社会法律服务、社会公益慈善等各类组织资助的公共法律服务四个领域。此三维概念的区分以及四个领域的归纳，合称我国公共法律服务规范类型与属性的“三维四域”构架。这一成果在结合实践案例的基础上，将我国地方立法实践中对于公共法律服务外延的认识提取出来，并抽象化地加工成为相应的理论成果，为进一步的相关实践提供了鲜活的素材与有效的理论指引。

在对于我国公共法律服务体系外延的整体研究之中，有不少学者参与了这一话题的探讨。浙江省嘉兴市司法局课题组在吸纳了嘉兴市的具体实践经验后，认为公共法律服务体系内容应包括规范与监督评价等系统。[14] 俞世裕则认为，公共法律服务体系应当包括平

---

〔13〕 杨凯等：《公共法律服务体系建构及其评价标准研究》，中国社会科学出版社2020年版，第40－41页。

〔14〕 浙江省嘉兴市司法局课题组等：《共享视角下优化公共法律服务互联网供给模式的思考——以浙江省嘉兴市为例》，载《中国司法》2016年第12期。

台、产品、供给配置、质量评价和政策保障等内容。[15] 刘炳君在这一问题上提出，我国公共法律服务应当包括“政府无差别地为全民提供的法律知识普及教育和法治文化养成所必需的公共实体平台或公共实体载体建设的相关专门性活动”等内容。[16] 蒋银华在分析政府角色转换之后认为，构建我国公共法律服务体系时应当将立法与执法体系、救济体系和综合评价体系共同融入。[17] 与前述研究成果类似，杨凯、张怡净指出，我国公共法律服务体系的具体内容应当以产品为核心，平台为窗口，规范、组织、供给、评价为支撑的六大体系。[18] 陈朝兵认为，农村公共法律服务的具体内涵应当包括供给主体、服务内容、供给方式、服务对象、服务目的等五个方面的内容，其中服务内容应当包括法制宣传教育与法治文化建设、法律援助、基本法律服务、矛盾与纠纷调解等四类项目，虽然根据不同的标准可以将公共法律服务做出多样的划分，但是无论根据何种标准进行分类，其基本内容依然由法制宣传教育与法治文化建设、法律援助、基本法律服务（如公益性法律顾问、法律咨询、辩护、代理、公证）、矛盾与纠纷调解四类项目构成。[19] 徐尚昆基于新制度经济学以及行为科学的视角，从理念变迁、政府边界、知识社会化以及约束与激励四个方面分别对公共法律服务体系建构的“逻辑前提、参与主体、作用机制以

〔15〕 俞世裕：《全面推进覆盖城乡居民基本公共法律服务体系建设的实践探索》，载《中国司法》2015 年第 4 期。

〔16〕 刘炳君：《当代中国公共法律服务体系建设论纲》，载《法学论坛》2016 年第 1 期。

〔17〕 蒋银华：《政府角色型塑与公共法律服务体系构建——从“统治行政”到“服务行政”》，载《法学评论》2016 年第 3 期。

〔18〕 杨凯、张怡净：《论公共法律服务体系建构的法学理论构架基础》，载《南海法学》2020 年第 4 期。

〔19〕 陈朝兵：《农村公共法律服务：内涵、特征与分类框架》，载《学习与实践》2015 年第 4 期。

及动力机制”进行探讨，并从其理论探索中构建出独特的实践路径。[20]

上述关于体系外延的研究，既有从宏观的角度为我国公共法律服务体系整体作出各类重要体系的规划，也有扎根实践具体阐述不同实践情景下公共法律服务应当指向的服务内容。

3. 公共法律服务实践的对策研究

我国公共法律服务实践中的重要特征为：政策文件引领实践发展，因而针对公共法律服务的实践对策研究呈现出百花齐放的局面。

首先，针对我国公共法律服务体系供需问题的分析及对策研究。在宋方青等学者的专题研究中，我国基本公共法律服务供给侧的供给理念滞后、供给范畴混乱、供给资源不足和供给配置失衡等结构性问题被精准点出，认为要解决这一系列的供给侧结构性问题，需要从深化供给理念、明确供给范围、丰富供给资源和均衡供给配置等方面进行改革，动态平衡供需结构。[21] 这一对策与全文问题分析一一对应，较为全面地给出了我国公共法律服务体系建设在面对供给侧问题时应当遵循的解决路径。张世红在分析农村公共法律服务的供给机制时指出，现有农村法律服务供给机制存在服务机构缺乏科学管理、主体专业水准参差不齐、服务领域单一等问题，并认为问题的成因集中于法律保障缺乏、决策模式不合理、需求表达机制不畅通、供给主体不完善等方面，因而需要针对性地加强立法保障、健全法律服务网络、搭建信息化资源共享平台、创新法律服务供给联动模式，在

---

〔20〕 徐尚昆：《推进公共法律服务体系建设的理论探讨》，载《中国特色社会主义研究》2014 年第 5 期。

〔21〕 宋方青、邱子键：《论基本公共法律服务的供给侧结构性改革》，载《东南学术》2023 年第 1 期。

供给机制上做出创新与突破。[22] 该研究成果将农村法治建设情境下的公共法律服务供给问题挖掘而出，并且分析出相关问题的成因及影响路径，并在此基础上给出了较为体系化的实践对策，为农村情境下的相关实践提供了建设指引。湖南省司法厅课题组、谈敬纯在总览我国公共法律服务体系建设的实践后指出，供需双方的互动与交互即服务供给与服务接受是公共法律服务实践的两大支柱，并且在以供需双方为支柱的基础上给出了包括价值理念、制度设计、发展方向等内容的综合性建设意见。[23] 该学者关于供需关系为支柱的论断与对策前后呼应，将问题聚焦于我国公共法律服务实践难题，提供了基于供需关系改善的后续发展路径，兼具实践指导性与理论启发性。辛方坤在针对地方政府供给的专题研究中指出，政府单一供给模式既无法满足多元化多层次的社会需求，也难以真正实现公共服务体系的体系目的，因而需要在地方实践中构建政府、市场和第三部门三维框架下的多中心供给模式，改变政府作为单一供给主体的模式，进而克服公共服务供给失衡的状态。[24]

其次，在针对供需关系以及供给问题的专门研究之外，关于公共法律服务体系建设与实践的综合性、整体性实践对策研究也不在少数。安宁、潘越在经济学的视角下分析了公共法律服务的公共产品与竞争品的双重性质，并据此指出应当在理念上坚持为人民服务，在制度上体现民主，为政府供给公共法律服务提供价值引领，增强正当性与可问责性。在具体法律制度方面建立政府供给的全过程评估机

---

〔22〕 张世红:《农村公共法律服务供给创新机制构想》，载《人民论坛》2016 年第 5 期。

〔23〕 谈敬纯:《建立健全公共法律服务体系供需机制的思考》，载《中国司法》2016 年第 4 期。

〔24〕 辛方坤:《地方政府公共服务供给及其优化研究》，上海社会科学院出版社 2014 年版，第 113 页。

制、贯彻公平竞争审查制度以及确立乡村公共法律服务市场完善后政府退出机制。[25] 这一对策从供给有效、人民主体以及公平竞争等全新角度,为我国公共法律服务建设实践提供了独特的思路启发。刘国臻、唐燕勤在城市更新的情境之下,运用土地经济的相关理论分析了公共法律服务的实践不足以及由此引起的城市建设低效问题,并针对性地提出了一系列改进思路,建议着力拓宽供给主体范围,引入功能完备的专业社会组织,保障专项的财政转移支付资金,明确城市更新领域公共法律服务范围,建立相应服务部门的协同机制。[26] 该研究认为,城市更新领域公共法律服务逐步迈上制度化和规范化轨道,能够为经济社会高质量发展提供用地保障,促进社会公平正义。戴康指出,公共法律服务建设应当营建科层整合机制、市场经纪机制、技术治理机制,此三个机制的相互作用可以在空间维度上拓展国家深入的范围,在社会维度上强化国家塑造能力,最终可为实现新时代城市社会的有效治理作出积极贡献。[27] 该研究立足于城市社会治理的主题论域,运用行政机制、市场机制与治理机制的改进思路,为我国公共法律服务在城市社会治理的面向下提供建设与优化思路。戴康等在同类研究中分析得出,公共法律服务通过专业人群参与、法律领域的智识性供给及社会纠纷的多元治理三大机制,提升了社会整体的法治状况。[28]

最后,不少学者在智慧服务与互联网运用方面探讨了公共法律

[25] 安宁、潘越:《乡村振兴视域下政府提供公共法律服务的现代化治理路径》,载《河北法学》2023 年第 3 期。

[26] 刘国臻、唐燕勤:《广西城市更新领域推行公共法律服务的路径探析》,载《广西大学学报(哲学社会科学版)》2022 年第 3 期。

[27] 戴康:《城市社会治理中的公共法律服务》,载《上海交通大学学报(哲学社会科学版)》2021 年第 4 期。

[28] 戴康、许中波:《公共法律服务的城市社区治理逻辑与路径》,载《城市问题》2020 年第 6 期。

服务实践发展的新模式。王红卫等在对于天津市的公共法律服务实践分析中指出，公共法律服务对于现代的信息科技手段的利用，不仅是形式上的重要突破，也是治理方式上的重大转轨。信息技术不但能够缓解公共法律服务供给资源相对欠缺的问题，并且能够在精准研判需求、高效提供服务、方便群众获取等方面令公众获取公共服务乘上科技进步的顺风车。[29] 该研究虽然在信息技术方面的发展只是附带性的讨论，但是也准确地指出了在融合现代科技手段后，我国公共法律服务在供给形式以及发展图景上都会呈现出更加高效便民、更加现代化的局面。李春仙在分析了农村公共法律服务质量不高、数量不足等现实问题后，认为作为互联网技术与公共法律服务相融合的产物，农村公共法律服务的信息化能够成为完善农村公共法律服务体系的重要抓手，为推进农村社会治理法治化、促进乡村振兴战略实施等都提供助力。[30] 在对于“互联网 + 公共法律服务”的关注中，王贺洋认为不应过于乐观，虽然“互联网 + 公共法律服务”体系凭借其高效、便捷的特点受到广泛关注，但是由于这一体系在我国发展时间不长，仍然存在许多问题。因此，需要从完善党政工作与衔接机制、完善保障机制以及强化政府与社会合作等方面入手，使现代技术更加顺畅地融入具体实践中。[31]

在公共法律服务供给实践中，还有学者突出了标准化建设这一发展方向。蔡德顺等研究者认为，公共法律服务标准化就是对各项服务内容制定具体操作标准，在推进标准化、品牌化建设后，公共法

〔29〕 王红卫等:《公共法律服务均等化的研究与探索》，载《中国司法》2021 年第 3 期。

〔30〕 李春仙:《实施“互联网 + 公共法律服务”的路径探析》，载《人民论坛》2019 年第 26 期。

〔31〕 王贺洋:《“互联网 + 公共法律服务”体系建设与完善》，载《人民论坛》2018 年第 20 期。

律服务能够保证服务质量的下限,且更具推广的可能性。[32] 陆娟梅等从建设实践的角度,对推动具体服务流程的规范化建设,提出了一套科学合理且易普及的规程、标准。[33]

相关实践对策研究在体量上已然发展成为我国公共法律服务研究的重要领域。遵循着引导明确的政策文件,诸多学者立足于具体实践,围绕着供给、治理与技术融合等话题对我国公共法律服务在实践中的具体建设进行分析、给出对策。

4. 公共法律服务细分领域研究

对于公共法律服务细分领域的研究,既包括在其他领域中对于公共法律服务的引入与完善,也包括对于具体公共法律服务项目的研究。

例如,杨凯在针对公共法律服务与诉讼服务等其他机构的衔接与融合研究中,提炼出诸多理论命题。在针对司法机构的公共法律服务功能的探究中,其认为人民法庭在供给公共法律服务时的职能定位、制度协同、效能提升和体系建设,不仅是中国式法治现代化建设的重点和难点,而且也是国家基层政权组织建设和基层司法制度改革相对容易取得多赢效果的重要基础领域。[34] 在针对基层矛盾纠纷化解问题的研究中,杨凯认为公共法律服务是破解基层社会矛盾纠纷化解难题的主要方法、实践路径和必要选择。只有在发挥区块链技术拥有的去中心化、不可篡改、可追溯等技术优势的情况下,将公共法律服务以及诉讼服务双中心融合优化,才能够有效弥合双

---

〔32〕 蔡德顺等:《公共法律服务标准化的实践与探索——以浙江省台州市实践为样本》,载《中国司法》2017 年第 9 期。

〔33〕 陆娟梅、王林飞:《公共法律服务体系建设标准化初探——以嘉兴市实践为样本》,载《中国司法》2016 年第 3 期。

〔34〕 杨凯:《人民法庭高质量发展的公共法律服务体系建构——以基层社会治理的中国式法治现代化建设路径为视角》,载《中国应用法学》2022 年第 6 期。

中心的底层逻辑和制度逻辑，进而为基层社会矛盾纠纷化解的解决提供助力。[35] 值得注意的是，在吸收了诸多实践经验后，杨凯研究团队针对公共法律服务与传统政法机关法律服务功能的联系与协同，创新性地提出打造一体化政法公共法律服务体系建设新格局，并形成体量颇丰的体系化研究成果，为公共法律服务与现有政法机构关联、政法机构角色转换等领域后续研究提供了基础思路与启发性的引导。[36]

在公共法律服务概念出现之前，针对公共法律服务细分项目的研究已然形成较大规模。例如，早在20世纪，对于人民调解的研究与实践便已然起步并形成体系。史凤仪与韩延龙便在人民调解制度的梳理中完成了对于这一制度历史演进的描绘。[37] 关于新中国成立前便形成的人民调解制度的历史材料与经验整理，为后续制度政策制定提供了重要的参考。对于调解制度中蕴含的中国式智慧以及相应的理论潜力，强世功指出非讼性自治纠纷解决体系的形态是中国的调解制度和实践在近代以来面临现代性问题挑战所展现的独特形态。[38] 2010年《人民调解法》出台后，更是引发了一系列针对人民调解制度的阐释与讨论，范愉认为，《人民调解法》是我国从业人员与相关机构共同努力的结果，立法者充分听取社会各界意见后所取

---

〔35〕 杨凯：《习近平法治思想中的公共法律服务理论》，载《东方法学》2022年第6期；杨凯：《论区块链技术在民事司法程序中的多元化应用——以诉讼服务与公共法律服务“双中心融合”规范体系构造为切入点》，载《政法论丛》2022年第2期。

〔36〕 杨凯等：《公共法律服务体系建构新视野》，中国社会科学出版社2020年版，第1-8页。

〔37〕 史凤仪：《人民调解制度溯源》，载《法学》1987年第3期；韩延龙：《人民调解制度的形成与发展》，载《法学》1987年第3期。

〔38〕 强世功编：《调解、法制与现代性：中国调解制度研究》，中国法制出版社2005年版，第2页。

得的立法成果十分丰硕。[39] 阮婧驰对于《人民调解法》的出台同样给予高度肯定，其认为《人民调解法》将为我国社会纠纷多元化解体制机制的建构提供助力。[40]

又如，公共法律服务中的法律援助工作，其作为实践经验与理论探讨都十分丰富的制度内容，已然凝聚了丰富的研究成果。恰逢2022年《法律援助法》生效，相关学者给出了高度的赞赏。冀祥德指出，《法律援助法》的颁布既是相关制度建构领域在新时代的出发点，也是中国特色法律援助实践的一项里程碑。[41] 该研究在高度评价新法颁布的同时，也十分敏锐地发掘出法律援助制度中的中国特色与中国智慧，为中国式法治现代化理论增添了重要的一笔。吴羽指出，虽然《法律援助法》的颁布标志着中国特色的法律援助制度框架已然建立，但是要将其中的内容落实，仍然需要在队伍建设、政府供给等方面做出努力。[42] 该研究既包含着对于法律援助制度发展的希冀，又十分冷静地为相关制度的切实落地给出体系化对策。在历史梳理与政策回应之外，也有不少学者针对法律援助的范围以及供给做出探究，孙道萃指出我国刑事法律援助制度仍然面临着发展不平衡不充分的局面，而保障辩护权的理念指导、优化相关立法技术的有效衔接等措施则是破局的关键。[43]

同样，类似于法律援助与人民调解的具体公共法律服务项目研究已蔚然成风，在未纳入公共法律服务体系这一整体性话语体系的

---

〔39〕 范愉：《〈中华人民共和国人民调解法〉评析》，载《法学家》2011年第2期。

〔40〕 阮婧驰：《人民调解纠纷解决机制评估与完善——兼评〈中华人民共和国人民调解法〉》，载《人民论坛》2013年第35期。

〔41〕 冀祥德：《论法律援助制度的中国特色》，载《政治与法律》2022年第6期。

〔42〕 吴羽：《中国特色法律援助制度论纲》，载《中国司法》2022年第6期。

〔43〕 孙道萃：《中国特色刑事法律援助制度的立法完善》，载《江西社会科学》2021年第6期。

情况下,这些制度研究也依然在相对独立的路径上持续发展。

(二)国外研究现状

公共法律服务是我国法治建设实践中的原创概念,西方国家的相关实践主要体现在公益性法律服务、公共产品的供给等方面,并且其理论研究也主要集中于公共服务理论、公共产品供给理论之上。

在政府责任承担的方面,政府提供公共服务应当是对于政府责任、对于社会需求的回应。从20世纪后半期开始,西方国家掀起了行政管理实践范式转换的浪潮,这一转换的核心在于改变政府在公共行政领域的理念,以提升公共服务的供给效率与质量,以及加强与社会公众的互动。有学者认为,政府提供公共服务的改革应当把重点放在如何将以私营性机构为代表的社会性力量纳入供应体系之上。将供应公共服务产品能力较强的社会力量作为多元供给供应主体引入地方政府关于公共产品的供给中,使公共服务的社会供给侧提供适应社会需求的服务产品,使政府的主要职能由行政管理向公共产品供给转换。[44] 此次范式转换浪潮提出,政府需要平衡社会公平与公正,承担起公权力的责任,对群众的诉求作出积极的回应。相关研究者认为,政府应当加强行政机关与公共部门之间的联系与回应,并且应当及时对社会需求作出回应。[45] 也有学者在相关研究中指出政府天然地应当实现社会公众的需求,并积极采取措施去实现。[46] 关于政府提供公共服务以及对社会需求的回应的研究不在

---

〔44〕 姜异康等:《国外公共服务体系建设与我国建设服务型政府》,载《中国行政管理》2011年第2期。

〔45〕 P. Edward Weber, *The Question of Accountability in Historical Perspective: From Jackson to Contemporary Grassroots Ecosystem Management*, Administration & Society, Vol. 31:4, p. 453 – 454(1999).

〔46〕 Charles J. Fox, *Reinventing Government as Postmodern Symbolic Polities*, Public Administration Review, Vol. 56:3, p. 256 – 262(1996).

少数。[47]

在公共产品的供给侧方面,学者认为在政府承担保证社会公平这一责任的前提下,政府应为公共产品供给责任主体,并在市场调配资源之外公平合理地为社会提供基础公共产品。基于政府单一供给所导致的种种困难,部分学者认为,引入社会力量参与公共产品供给,能够有效地改善公共产品的供给。有学者认为,社会力量虽然存在市场化的固有缺陷,但是如果其在供给公共产品时不参与相关利益的分配决策,仅作为公权力机关供应的补充性供给,则有可能在保证社会公平的基础之上提升公共产品供给的效力。[48] 也有学者指出,将社会力量引入公共产品的供给体系,能够与公权力机关形成互惠互利的良好合作关系,公权力机关能够运用强制性制度引导与制约,社会力量可以多元化多层次地满足社会需求。[49] 境外也有学者聚焦于农村公共产品的供给,并认为在农村的情境之下,对于公共产品的需求显著区别于城市中的需求,因此,在农村中的公共产品供给应当根据特定的需求提供多样化的公共产品,结合特殊区域的独特要求,加强公共产品供给的普惠度与丰富度。[50]

此外,在公共行政理论演进方面,其理论研究范式经历了从新公共管理理论到新公共服务理论的转变。公共行政领域的理论研究可

---

〔47〕 G. A. Brewer, A. Ritz, & W. Vandenabeele, *Introduction to a Symposium on Public Service Motivation: An International Sampling of Research*, International Journal of Public Administration, Vol. 35:1, p. 1 - 4(2012).

〔48〕 Henry Hansmann, *The Role of Nonprofit Enterprise*, Yale Law Journal, Vol. 89, p. 835 - 901(1980).

〔49〕 Michael Sacks, *Incentives for the Over - provision of Public Goods*, Journal of Economic Behavior & Organization, Vol. 191:11, p. 197 - 213(2021).

〔50〕 Anjini Kochar & Kesar Singly Sukhwinder Singh, *Targeting Public Goods to the Poor in a Segregated Economy: An Empirical Analysis of Central Mandates in Rural India*, Journal of Public Economics, Vol. 93:8, p. 923 - 925(2009).

以追溯到19世纪末,美国著名行政学家威尔逊主张政治与行政分离。[51] 该领域的学者放弃传统政治学对于价值与意识形态等模糊领域的讨论,而集中在运用技术手段分析行政管理问题,在此之后经历了多次学科范式的演进,名为"新公共管理"(New Public Management)的新研究范式逐渐在现代公共行政的理论与实践中占据主导地位。20世纪70年代,欧美国家在市场管控模式与社会治理模式的实践中遇到"瓶颈",由新公共管理模式替代"传统公共管理"的浪潮应运而生。新公共管理的思潮主张管理至上,从管理学的角度批判了官僚主义那种做派,主张私营机构的管理基础、分权、放松对市场与社会的规制以及善用对于其他组织的委托是应对公共管理机制僵化的重要手段。[52] 此时的新公共管理理论在批判官僚式的机械公共管理时具有相当的进步性。新公共管理学者戴维指出,官僚主义体制不仅仅在僵化和低效率方面令人不满,甚至在面对越来越多且复杂的新的社会问题时,官僚主义体制自身蕴含的条块分割模式,还会陷入无限膨胀的恶性循环,从而导致更多的公共资源被浪费。[53] 但是随着时间的推移,针对新公共管理的质疑也逐渐产生,包括对于政府责任的忽视以及关于社会公正等价值并未得到强调等内容。[54] 面对新公共管理的种种缺陷,新公共服务理论得以提出。登哈特夫妇在批判新公共管理理论范式的基础之上,提出了新公共服务理论

---

〔51〕 [美]珍妮特·V.登哈特、[美]罗伯特·B.登哈特:《新公共服务:服务,而不是掌舵》(第3版),丁煌译,中国人民大学出版社2016年版,第1页。

〔52〕 国家行政学院国际合作交流部编译:《西方国家行政改革述评》,国家行政学院出版社1998年版,第142页。

〔53〕 [美]戴维·奥斯本、[美]特德·盖布勒:《改革政府:企业精神如何改革着公营部门》,上海市政协编译组、东方编译所编译,上海译文出版社1996年版,第6页。

〔54〕 See Charles J. Fox, *Reinventing Government as Postmodern Symbolic Polities*, Public Administration Review, Vol. 56:3, p. 256 - 262(1996).

中最具代表性的理念架构，包括更加聚焦于公共利益的行政目的设定、更加注重公众主体性的运作逻辑等。这些理念与思路的革新将新公共管理理论中的功利性因素揭露，提出了公共行政发展的新路径。[55] 总体而言，在公共行政领域的两次思潮以及基于这些理论创造而产生的附随性实践，都在一定程度上推进了公共行政领域向科学化、现代化的发展。

综上，境外研究在关于政府职责、公共产品以及公共服务等领域的讨论，既表现出近一个世纪以来公共行政领域理论范式的流变，也为我国在公共服务乃至公共法律服务体系建设中的理论探索与具体实践提供了经验性的材料以及方向性的借鉴。在已有研究材料的基础之上，探寻我国现代公共法律服务体系建设的理论建构具有较大的现实性与可能性。

（三）既有研究评述

总体而言，我国目前关于公共法律服务领域的研究成果，主要集中在对于政策文件的回应、对于制度发展的总结以及对于实践问题的分析中。特别是在公共法律服务相关概念的讨论中，由于国家顶层政策文件的定调，特别是对于基础公共服务定义的参照运用，使得相关研究在概念辨析以及探索中显得不太积极。仅在少数研究中，公共法律服务体系的概念探索超越了政策文件框定的范围，从更加宏观的角度进行体系整体的建构，将制度依据与运行体制等内容都纳入考量，实现了体系概念在范围上的拓展。在内容体系方面，针对现有公共法律服务项目内容的研究也存在不小的空间。现有研究对于公共法律服务体系究竟应当提供何种服务的命题关注度不够高，

---

〔55〕 参见［美］珍妮特·V.登哈特、［美］罗伯特·B.登哈特：《新公共服务：服务，而不是掌舵》（第3版），丁煌译，中国人民大学出版社2016年版，第31页。

且多数研究成果基本上都沿用了政策文件列举出来的服务项目，而并未对这些服务项目的体系定位与调和问题进行更加深入的探讨。此部分较有特色的研究方向，在于针对农村场景下公共法律服务项目的探讨，基于我国政治与理论环境对于农村问题的高度关注，在农村这一特殊实践场域下的公共法律服务实践内容受到了诸多研究者的瞩目。在实践对策方面，较有针对性的研究成果集中在供给问题的探讨中。由于公共服务资源的稀缺性，供给问题在具体实践中占据了重要的地位，学者为了解决结构性的供需不均问题做出了诸多有益的探讨。这类探讨主要集中于相关服务资源的开源与节流两个方向，开源包括对于财政支持的呼吁、对于社会力量的引导，节流包括对于供给流程的规范、对于服务项目的监督等。与对策性研究相比，讨论法律服务资源的流动场域以及流动方向等相对基础问题的研究较少。

由于文化传统与制度体系的差异，域外研究并未针对公共法律服务体系做出专题研究。但域外研究在公共行政领域的理念流变以及政府职责、公共物品方面做出的理论成果，能够为推进公共法律服务体系建设，厘清政府与市场、公共部门与社会公众之间的关系等重要议题提供丰富的现实参考。

总之，既有研究成果在公共法律服务体系建设的整体理论、内容体系以及发展路径等方面存在诸多留白，这为本研究的展开留下了讨论的空间。

三、写作思路

本书以“现代公共法律服务体系建设”为研究对象，以公共法律服务的相关理论、历史演进与制度文本为研究材料。前已述及，现代公共法律服务体系建设整体的理论研究一直处于缺位状态，对基层社会治理公共法律服务体系架构的基本逻辑理论研究目前尚处于初始阶段,本项研究遵循从现状解释到理论阐释再到制度建构的逻辑顺序,从研究公共法律服务的基础理论问题出发,探寻现代公共法律服务体系的科学建设路径。

第一章主要探讨公共法律服务体系建设的理论问题。本章从"公共法律服务"中三个实词入手,逐个分析其中的概念意涵,拆解出"公共"的法律服务、"法律"的公共服务以及公共的法律的"服务"此三个极具价值的理论话题,运用国家义务、政府形象、资源分配等理论为公共法律服务体系勾勒出一种理想的目标形态。进而通过跨学科理论的阐释与建构,完成对于公共法律服务必要性的不同进路的论证。

第二章在梳理历史变迁的基础上,按照与法治建设关联程度,将我国公共法律服务体系的发展划分为三个历史时期。在这三个具有显著区别的时期中,公共法律服务具体内容的发展与我国法治建设进程的联系紧密。2014 年以来,公共法律服务获得了相对独立的制度地位,而我国具体实践也在制度架构与创新模式等方面形成了一定的成果。

第三章在分析我国公共法律服务发展现状的同时,指出了基于历史经验与政策文件的内容体系存在可商榷之处,需要运用更加宏观的概念对具体服务项目进行统合。此外,本书基于实地调研中所获取的相关经验与现实问题,分析出当前我国公共法律服务体系的制度内容与运行模式都面临着供给不均、动力不足、意识不到位以及整体环境不适的结构性顽疾,体系建构与发展的种种问题都亟待解决。

第四章针对前文提出的理论与实践问题,给出了基于法治建设理论的解决路径。包括对于公共法律服务内容体系的重塑,以及在法治文化建设、法律服务市场建设以及纠纷化解方面的拓展路径。通过对于法治环境建设、法治资源流向引导、法律治理目标达成等方面的路径探究，最终完成关于我国公共法律服务体系完善与拓展的相关论述。

第五章在全文整体探究的基础上，从制度实践以及体系落实的角度，对公共法律服务体系建构的平台建设、保障体系以及监督体系进行讨论。在为建设目的与体系目标提供运作环境的前提下，提出具有现实性的整体实践思路。

简言之，本书遵循问题观察—理论分析—制度建构的逻辑线索，从体系整体的角度进行全景式梳理及反思，结合国家相关顶层规划，为我国公共法律服务体系的发展给出基于坚实论证的体系建构框架。

四、研究方法与创新

（一）研究方法

第一，实证研究方法。实证分析方法是保障本项研究客观性的基础。本书通过收集整理获取研究工作的学术资料，通过调查研究获取研究工作所需的第一手数据和材料，利于推动本项研究过程中理论与实践的结合。笔者曾全程参与《厦门经济特区公共法律服务条例》的立法调研项目，先后前往厦门市司法局、律师行业、公证行业、法律援助中心、镇街司法所、厦门市仲裁委、司法鉴定行业、法律服务、岛外乡镇街道等行业和单位进行多场调研，通过访谈、参与式观察和问卷设计与发放的形式，对基层公共法律服务的建设现状有了直观了解和认识。

第二，历史研究方法。本书将我国公共法律服务体系的历史演变过程作为考察对象，对相关概念的产生渊源、制度的构建原理和机制的运行机理进行历史性考察。任何理论命题的发展脉络必然与其他命题、制度环境以及时代背景息息相关。公共法律服务体系的建构有其自身的历史发展逻辑,基于对我国公共法律服务体系建设历史演进过程的梳理,可以总结出:现阶段对公共法律服务体系建设的探讨则是明确建立在公共法律服务体系具有独立地位的前提下,这一前提对于公共法律服务体系建构具有决定性影响。

第三,跨学科研究方法。现代公共法律服务体系建设,涉及法学、政治学、社会学等多个学科,因此,跨学科的研究方法对于本书主题的深度研究具有重要意义。对于公共法律服务相关问题的研究,必然牵涉对公共服务、基本公共服务、法律服务等诸多概念的理解,同时,对该问题的审视需从法政治学、法经济学、比较法学和应用法学等多维视角展开。

(二)创新之处

本书旨在推进学界关于公共法律服务体系建设的研究。创新之处主要表现在三个方面。

第一,研究视域创新。公共法律服务领域的研究成果多散见于期刊杂志,少有系统性论著。本书立足于公共法律服务体系整体,从宏观的角度进行全景式的理论梳理与实践反思,既对公共服务、司法行政等相关领域的现有研究成果与历史发展进行整理,又对公共法律服务的拓掘与完善进行详细阐述与论证,为后续研究提供整全性的视域参考。

第二,理论观点创新。公共法律服务领域的现有研究不乏分析其体系构成、体系功能的论述,但大多限于篇幅而一笔带过,并未详细展开。本书着眼于公共法律服务体系的制度边界,运用政治学、公共管理学与法经济学等相关理论,基于制度的必要性对公共法律服务的体系建设进行体系化的深入论述,最终确定在给定目标之下公共法律服务开展的界限,形成公共法律服务制度内容中狭义、广义的理论界分以及相对完整的内容体系划定,为公共法律服务具体制度内容领域的研究开展提供了可靠的起点。

第三,研究方法创新。通过理论分析与实证研究、历史梳理与现状考察相结合的研究方法,加之实地调研考察获取的公共法律服务实践前线的第一手资料,综合现有研究成果与多学科经典理论带来的广阔视野,运用案例分析、规范分析、类型化等研究手段进行论述,本书在研究方法上具有跨学科、多工具、多材料的显著特色。

第一章　现代公共法律服务体系建设的基础理论

现代公共法律服务体系的建设首先需要厘清现代公共法律服务体系建设的基础理论问题。中国公共法律服务体系是从实践中诞生的制度体系，其制度目的与制度内容等都呈现出为实践目的服务的状态，这种直指具体实践目的的制度品性虽然极具实用性，但是在随着社会历史变化，需要进行制度革新的时候，“头痛医头，脚痛医脚”的简单修补就难以发挥其功效。因此，需要从理论上对中国公共法律服务体系进行剖析与重构，理解公共法律服务在整个社会运作之中以及在法治建设的大环境之下的制度地位、制度功能与潜力，从而引导我国公共法律服务更加贴合时代背景与社会实践，获得与时俱进、随时代变化而自我革新的能力。

根据“现代公共法律服务体系建设”的短语词义划分，可以看出“现代”在时间维度上突出进步性，与历史的、陈旧的因素有所区分；[1]“体系建设”在指代范畴与实践目的层面作出规定，表达一种

---

〔1〕“现代”的词语限定更加倾向于体现在新时期下中国国家治理、社会治理的整体变革，即在厘清相关社会背景以及制度内容的历史发展逻辑的前提下，进行一种更具时代特色的动态的制度设计。与现代性的讨论相联系，“公共法律服务”这一概念在多个维度上的理念与特征都将会凸显出其与历史的、陈旧的因素相区别的地方。因此，将特定时期的中国公共法律服务相关实践称为“现代”，并沿着这层逻辑探索其之所以现代的理路是可能和必要的。

以“建设”实践为目的，以内含多重要素的“体系”为范围的词义指向；“公共”“法律”“服务”三个核心概念处于决定整个体系具体面向的重要地位，根据此三个核心概念的提取，可以引出以下三个需要讨论的主干性问题：什么是以及为什么必须是法律的公共“服务”的形式？为什么要强调法律服务的“公共”性？什么是以及为什么是“法律”的公共服务？

这三个问题皆属于是什么与为什么的思考范畴，属于“正本清源”式的建构性反思。只有从“公共”“法律”与“服务”三个面向进行讨论，才能够在历史与实践等复杂要素的影响之间归纳出一个独立的、系统性的且具有实践价值的“现代公共法律服务体系”的本体。

从“公共”“服务”“法律”三个实意限制词切入，能够有效地定位公共法律服务在必要性、正当性以及合理性等方面的理论基础，从而为后续具体内容的展开提供目标指引与理念支撑。由于文章结构编排与内容分工，本章在概念运用上倾向于将“现代公共法律服务”视为一个整体系统。由于实践中并不存在一个名为“现代公共法律服务”的实体对象，而如前文综述所示，此概念的现实对照基本来源于各项具体制度实践与官方政策文件，在实践端功能性有余，而在理论端体系化系统性不足，所以在基础理论理顺，并依据一定的逻辑与现实需求进行补全性质的建构之前，便直接将“现代公共法律服务”这一概念所蕴含的所有内容解析剖开，讨论在实践端的具体制度、服务内容、工作方法等，则容易陷入琐碎、无根与不完整的境况中。这种特殊历史实践产生制度体系，而理论附和实际制度从而产生进一步“改进”的循环，既流于欠缺反思的理论空转，也不利于对实践产生更有效率的指导。所以，在将现代公共法律服务的具体内容展开之前，考察其作为一个整体系统的体系边界、形式与功能是必要的。本章将围绕着前述三个主干问题展开，从“公共”“法律”“服务”三个面向同步逼近，最终在必要性、正当性以及合理性层面给出现代公共法律服务的理论基础。

第一节　治理模式转型下的公共服务论

公权力机关若要推进法治建设工程，必须承担相应的建设责任，这种法律领域的建设责任并没有说明必须是以“公共服务”的形式来进行的。笔者认为，即使公权力机关需要进行法治环境建设以保证法治规训、法治建设的开展，但是通过行政命令、强制性立法等更为直接的管控手段，从效用的角度来说一样可以实现推进法治建设、打造法治环境的任务，如直接将政法话语等相关知识纳入公民基础教育的内容体系中。法治建设的实现，既可以通过更具强制性的形式推进，也可以通过向社会提供公共服务的形式达成。对于政府行为模式的探索，正是理解公共法律服务体系内容与制度性质的关键。

相关的公共法律服务制度内容可以转化为各类行政命令，直接指定公权力机关或者社会个体承担相应责任，而无须以向社会提供公共服务的形式来完成法治建设所需要的环境建设任务。对于政府行为模式的限定，正是破解公共法律服务体系内容与制度性质的关键。

首先，本节将从权力来源这一角度说明包括政府在内的一系列公权力机关与其他非公职人员所形成的社会成员群体之间的关系，从而揭示不能直接运用行政命令进行法治环境建设的原因。其次，本节将引入公共服务学说，为公共法律服务体系内容与制度性质的展开，提供一种较为明确的理论视角，以便厘清公共法律服务部门提供的公共法律服务究竟为何,并最终回答如何运用公共服务这一形式进行法律运作环境建设的问题。

一、权力来源理论

此处所称的权力来源,既包含概括意义上整体国家权力,更确切地说是公权力整体的来源,也包含实践中由具体权力架构划分而带来的具体公权力部门的权力来源。这两个层面刚好对应着公共法律服务体系的责任承担主体在承担相应法治环境建设责任时,其权力究竟来源于何处,且这种权力来源究竟在何种程度上影响着责任承担主体在提供公共法律服务时的形式等问题。

就概括的层面而言,公权力机关是推进法治建设的决策主体,所以,作为法治建设整体工程重要环节的法律运行环境建设的建设责任也就当然地落在公权力机关这一概括整体之上。为何这种建设责任的承担必须体现为向社会提供公共服务并建设公共法律服务体系,则必须从公权力机关作为法治建设的决策主体以及建设责任主体的权力来源之中寻找答案。法治作为国家治理、社会治理的一种宏观模式,其地位的确立以及随后的建设都伴随极大的责任与成本。[2] 依法治国作为一项基本国策于1997年党的十五大正式写入党的文件,1999年“依法治国”被写入宪法,这正式宣布法治模式成为我国治理模式道路的重要选择,直至党的十八届四中全会提出全面推进依法治国,可以看出法治道路已然成为我国国家治理与社会治理的重要模式。

法治作为治国理政的重要方针,能够做出决策的主体,不仅需要在正当性层面达到一定的论证强度,更需要在实践中汇集群体成员

---

〔2〕 “法治道路关乎一国法治建设之基本走向,关乎一国法治发展之基本规律。”参见范进学:《论法治道路、理论与体系的拓展》,载《东方法学》2017年第5期。

的基本共识,形成具有权威的领导中心。欲分析做出选择治理道路决定的权力来源于何,就必须考察决策主体与实践中被动接受的群体成员之间的关系问题。这种道路决策者与被动接受者的关系问题,即关系命题。对于这一关系命题的回答,不但决定着决策主体将以何种方式推进法治模式的建设,更影响着法律运行环境建设的具体内容,即法律运行环境的建设责任的承担是否必须表现为公共法律服务的形式。

（一）中国传统模式

中国传统政法领域中对于前述关系命题的构筑与实践有着与现代国家截然不同的做法。古代中国在治理模式的道路选择上是自上而下的模式,北魏时期李暹注《文子》中早已提及先秦时期的权力架构与来源,“所为立君者,以禁暴乱也”[《文子》(卷十一·上义)],即君主的诞生,是为了禁止暴乱,稳定社会关系,由此可以看出立君治乱的思潮早在周朝便已出现。作为周朝人汇编上古书文的《尚书》中也有提及:“天佑下民,作之君,作之师”(《尚书·周书·泰誓上》)。也就是说,存在一个超然的“天”,为了福佑民众,因而降下“君”和“师”来领导民众,用以治乱。管子也对先秦时期群体领导者的产生给出原因:“古者未有君臣上下之别,未有夫妇妃匹之合,兽处群居,以力相征。于是智者诈愚,强者凌弱,老幼孤独不得其所。故智者假众力以禁强虐,而暴人止。为民兴利除害,正民之德,而民师之。”(《管子·君臣下》)其也认为群体领导者的产生是为了整合群体、凝聚众力以更加稳定地进行集体生活。这些先秦时期关于群体领导者的认知,虽然凸显出一种朴素的民本思想,但是其对于群体领导者权力来源的想象仍然归于一种超自然的力量,从这一阶段领导者被称为“天子”可看出,民众之所以会服从领导者的管理,不仅由于“天子”“圣人”身上具有某种出众的道德品质与智识才能,其中一个重要原因便是其权力源于某种超自然的力量。所以即使民本思想在这一阶段颇有显露,但是其权力运行背后仍然是自上而下的统治模式。照应着这一权力来源,“礼乐征伐自天子出”以及“刑不可知,则威不可测”等表述,均体现着先秦时期对于国家权力实施主体以及法律工具的描绘,这些关于统治模式的注解,在“受命于天”的权力来源模式下,也就是顺理成章的。

秦朝建立统一的集权政府后,对于国家权力来源的论证需求直到西汉董仲舒提出一系列天人关系的论述构建才得到解决,并且这一模式一经提出便嵌入到中国传统政治模式中,影响深远。[3] 这种奉天命的思想在董仲舒提出的理论中处处可见,如“天子受命于天”“以人随君,以君随天”“受命之君,天意之所予也”等表述,[4] 均体现出“君权天授”的思想。这种权力自上而下的模式,使得与之对应的治理模式选择也不可避免地体现出人治的色彩,毕竟由天授予的统治合法性皆由统治者直接承受,所以通过领导者个体决策进行国家治理也是理所当然的。

(二)社会契约模式

及至近现代,超自然力量授予的统治合法性被科学与理性的思潮所打破,公共生活的维持与公权力机关继续进行统治的正当性,需要寻找新的理论来为之辩护。人民主权思想与社会契约模式的提出恰好填补了这一空缺,其关于权力来源模式的设想直到今日依然影响着世界范围内的众多国家。有学者指出,“(卢梭)在近代西方政

---

〔3〕 董仲舒认为,孔丘是“奉天命”为汉朝制定上层建筑,所以孔丘的思想应该是汉朝的统治思想。参见冯友兰:《中国哲学史新编》,人民出版社2001年版,第59页。

〔4〕 (清)苏舆撰、钟哲点校:《春秋繁露义证》,中华书局2019年版,第19、31、86页。

治思想史上第一次完整地提出了人民主权学说"[5]。卢梭认为,国家应当是群体成员为了维持群体生活而结成的一种社会契约的共同体,而政府仅仅为主权者与其他民众之间的一个中间体、代理者。[6]政府或行政首脑绝非拥有神圣能力和权能的特殊个体,其能够进行公共事务的管理的权力不外乎群体成员通过社会契约对其让渡而成的公共权力。所以,在社会契约模式下的国家与政府权力来源是自下而上的,来自群体成员让渡的个体权力的集合。当然,在权力来源这一问题上,人民主权与社会契约模式的提出,无疑是对传统君权神授模式的一次有力冲击。虽然以卢梭为代表的启蒙思想家所设想的社会模式等一系列理论,都在后续发展中被进行扬弃,甚至有学者认为:"(卢梭的理论)作为批判的政治理论,他是成功的,作为建设性的政治理论,他是失败的。"[7]但是这一权力来源的模式一经提出,其影响力直至今日都仍有余存。

马克思在反对君主制的同时也对无产阶级的人民主权给出了表述:只有当国家代表着人民,人民的意志即能成为国家意志的民主制度才是人民的制度。"民主制是一切国家制度的实质,是作为国家制度特殊形式的社会化的人。……只有民主制才是普遍性与特殊性的真正统一。"[8]并且,马克思表达出社会契约模式中主体范围的不完全性,认为资产阶级内部的社会契约并非真正的人民主权,虽然社会契约模式将公权力的来源认定为群体成员的让渡,但是这种"群体成员"内究竟包含着哪些群体则值得怀疑。运用种种限制将社会上大多数人排除在所谓的"社会契约"之外,或通过财产、空闲时间等门槛

[5] 王彩波:《西方政治思想史——从柏拉图到约翰·密尔》,中国社会科学出版社2004年版,第355页。

[6] [法]卢梭:《社会契约论》,何兆武译,商务印书馆2003年版,第72页。

[7] 参见浦兴祖、洪涛:《西方政治思想史》,复旦大学出版社1999年版,第278页。

[8] 《马克思恩格斯全集》(第1卷),人民出版社1956年版,第281页。

阻止人民参与政治生活，都会导致社会契约模式在覆盖范围与性质上不彻底。[9] 马克思在社会契约批判君权神授的基础上，进一步明确了社会契约模式中主体的范围问题：如果参与社会契约、实施社会公共管理权力的主体并非覆盖全体人民，那么这种社会契约模式就并非真正的人民主权，这种社会契约模式对于君权神授模式的反对就是不彻底的，因为少数人的社会契约模式仍然是由少数人进行统治，其统治内容就无法体现全体人民的意志，也就与君权神授的人治模式在效果上没有拉开差距。马克思提出的对于资产阶级社会契约模式的批判，体现出对于理想型人民主权模式的向往与追求，这种实现人民自我管理的政治愿望在列宁看来是一种自然的、最原本的民主模式。[10] 所以，在经历不断的扬弃与流变之后，人民主权思想以及社会契约模式亦成为马克思主义在国家权力理论方面的重要内容。

基于人民主权与社会契约模式提出的权力来源模式，现代法治国家在国家主权来源的问题上都需要从人民中寻找建立合法统治的正当性。特别是在契约形式以及契约覆盖主体等问题上的演变与革新，令这种自下而上的权力来源模式已然形成法治国家进行国家治理时最重要的政治基础。正是由于权力来源于人民的模式设定，使得行使国家权力的公权力机关在与社会群体成员之间的关系也被确定下来。也就是说，国家权力来自于人民，是全体人民通过民主程序汇集民意形成了国家意志，在这一意志的授予下，才形成了管理社会公共事务的公权力机关。也正是由于这种权力授予关系，在国家与

---

〔9〕《马克思恩格斯选集》（第1卷），人民出版社1995年版，第12页。

〔10〕“在社会主义下，‘原始’民主的许多东西都必然会复活起来……在社会主义下，所有的人将轮流来管理……使大多数居民无一例外地人人都来执行‘国家职能’。”参见《列宁选集》（第3卷），人民出版社1995年版，第217-218页。

社会的治理模式的选择问题上,决策主体必须代表人民的利益与意志,即法治道路的选取,依法治国方略的开展,是凝聚全体人民意志的结果,这个结果最能代表也必须代表全体人民的利益。

进言之,法治建设是人民意志的选择,作为法治建设必要组成部分的法治环境建设所附带的建设责任,也必然由负责公共事务的公权力机关所承担。并且,这种承担模式不应当为指令式的强制推进,而必须以公共法律服务的形式进行开展。从反面而言,如果在君权神授的权力来源模式下,国家统治模式的选取皆出自承载着超自然意志的统治者自身或集团,那么其关于治国理政的方式自然可以按照直接命令的方式推进。因为蒙受天命的统治者本就是为了福佑众生而产生的,所以为了拯救芸芸众生,其施政纲领的推进按照其个人意志进行也无可厚非。被统治者只需被动接受,等待着福泽与管理即可。但是现代国家已经抛弃了传统模式那种超自然的权力来源模式,将国家权力的来源从天上下放到人间之中,还原了国家政治领域的世俗性,以现代理性的、科学的观念代替了传统的超自然的天命传统。[11] 加之马克思对于资本主义民主虚伪性的批判,从而形成了马克思主义指导下社会主义社会的真正的人民主权模式。在这种现代的人民主权模式之下,法治道路的建设与推进必然不是人民被动接受的结果,而是凝结着人民意志的主动选择。并且,在人民主权的权力来源模式下,公权力机关与人民群众之间的关系,并非传统模式中的统治与被统治的关系,运用单纯的行政指令,通过将责任附加于群体成员之上来完成国家施政方针的方式,显然与人民主权的本意相违背。

在现代法治国家中,公权力机关的权力来自人民的授权,公权力

---

〔11〕 陈志英:《西方现代性语境下的主权理论研究》,中国社会科学出版社 2007 年版,第 204 页。

机关与人民群众之间的关系应当是产生与被产生,监督与被监督的关系,任何需要人民承担责任的方针政策都需要通过严格的民主程序才能得到认可。法治建设作为人民的选择,其推进方式虽然在内容上、在实践中不可避免地存在自上而下的工作方式,这一点也与前述法治规训特性中的建设性相对应,但是权力来源与关系命题的明确,使得法律运行环境的建设不可能像传统模式那样,自上而下地使人民群众承担额外的建设责任,而必须由公权力机关承担。并且这一建设责任的承担也必须以一种更加温和的形式对人民群众产生影响。

二、公共服务学说

前一部分分析了公权力机关与群体成员之间的关系问题,以及国家治理模式决策者在选择并推进法治模式时所必须承担的建设责任。在此基础上,通过对于人民主权的权力来源模式分析,可以得出如下结论:公权力机关在推进法律运行环境建设时,不得直接将建设责任施加于群体成员之上。鉴于此,公权力机关在承担相应建设责任时实现其职能的方式、推进法治环境建设的路径都有待探讨。要解决这些问题则必须进一步考察公共行政领域的相关理论思潮,并从中获得理解作为公共服务的公共法律服务本质的思路。

(一)新公共管理理论

公共行政领域的理论研究可以追溯到19世纪末。[12] 这一领域的学者扬弃了传统政治学对于价值与意识形态等模糊领域的讨论,聚焦于运用技术手段分析行政管理问题,在此之后经历了多次学科

---

〔12〕 [美]珍妮特·V.登哈特、[美]罗伯特·B.登哈特:《新公共服务:服务,而不是掌舵》(第3版),丁煌译,中国人民大学出版社2016年版,第1页。

范式的演进，名为“新公共管理”的新研究范式逐渐在现代公共行政的理论与实践中占据主导地位。

20 世纪 70 年代，欧美国家在市场管控模式与社会治理模式的实践中遇到瓶颈，由新公共管理模式替代“传统公共管理”的浪潮应运而生。新公共管理的思潮主张管理至上，从管理学的角度批判了官僚主义的做派，并且认为私营机构的管理基础、分权、放松对市场与社会的规制以及善用对于其他组织的委托是应对公共管理机制僵化的重要手段。[13] 这使得行政部门的工作模式向着技术化与精细化的方向不断发展。并且，由于新公共管理模式的相关理论资源最初来自私营机构的管理技术，甚至不过是将运用企业的管理方法直接搬进公共机关领域，所以新公共管理在处理政府与市场、政府与社会的关系上一直秉持着自由化与市场化的观点，进而提出更为精练的“企业家政府理论”[14]。该理论集中体现了作为新公共管理理论的企业家政府理论在批判传统公共管理模式上的不遗余力，体现出其重视市场、重视效率的私营组织特色。

新公共管理学者对于官僚主义笼罩下的公共机构感到绝望[15]，于是，相关学者一针见血地指出仅依靠专业理性与单线工作效率而集合起来的行政体制最多也就是一架“精密的力学机器”，而并没有

〔13〕 参见国家行政学院国际合作交流部编译：《西方国家行政改革述评》，国家行政学院出版社 1998 年版，第 142 页。

〔14〕 这种企业家政府理论由美国学者奥斯本与盖布勒提出，他们认为传统的公共机构体制使其内部的公务员并没有完全发挥出他们的才能与工作精力，致使公共机构无论是工作效率还是管理能力上都有所欠缺，并且这种欠缺不断吞噬着不在少数的公共财政。参见［美］戴维·奥斯本、［美］特德·盖布勒：《改革政府：企业家精神如何改革着公共部门》，上海市政协编译组、东方编译所编译，上海译文出版社 1996 年版，第 25－30 页。

〔15〕 参见［美］戴维·奥斯本、［美］特德·盖布勒：《改革政府：企业家精神如何改革着公共部门》，上海市政协编译组、东方编译所编译，上海译文出版社 1996 年版，第 5 页。

相应的竞争机制去激发公共机构的灵活性与效率。[16] 新公共管理学者指出，官僚主义体制不仅仅在僵化和低效率方面令人不满，甚至在面对越来越多且复杂的新的社会问题时，官僚主义体制自身蕴含的条块分割模式，还会陷入无限膨胀的恶性循环，从而导致更多的公共资源被浪费。

可以看出，新公共管理理论对传统公共管理的批判主要体现为一系列市场化的思维，无论是引入竞争机制、简化繁文缛节，还是建立以顾客为核心的驱动机制，或是对于公共管理权力的宽松把握，都凸显出自由市场竞争环境下对于效率和自由应变能力的追求。这一批判十分有力地指出了传统的公共管理模式在官僚主义的笼罩下产生的一系列缺陷。时至今日，都仍然是期望着避免公共机构僵化和低效的国家应当重视的改革重点。

总体而言，新公共管理理论在批判传统公共管理模式的方向上是成功的，虽然其提出的引入私营企业管理思路的改革方案值得商榷，其在理论界也确实遭受到了一系列学者的争议与反驳，但是其作为行政管理领域内的启蒙与"祛魅"式的思潮，对于我国当下的公权力机关管理仍然有着极具实践价值的参考作用。

首先，公权力机关在承担法治环境建设责任时，必须要有一种宏观的战略性视野。对应着企业家政府理论的第 1 条建议，战略性的决策是做好法治环境建设的必要条件，政府应当在顶层设计的层面对公共法律服务体系做出规划。其次，必须重视建设责任承担机构

〔16〕 传统官僚主义体制还有一个特点是对专门技术的崇拜和依靠条块分割的"鸽笼"式的专业化单位来解决不断出现的新老问题。这就导致了"鸽笼"的无休止扩大。部门与部门重叠，机构与机构交叉，最后形成官僚主义的大迷宫。参见［美］戴维·奥斯本、［美］特德·盖布勒：《改革政府：企业家精神如何改革着公共部门》，上海市政协编译组、东方编译所编译，上海译文出版社 1996 年版，第 6 页。

在功能上的灵活性。一如前述学者非常形象的比喻，不够灵活的行政体制仅仅为一架"精密的力学机器"。即使在进行法治环境建设时，公权力机构具有相应的专业性与足够的建设资源，但是随着法治建设整体工程的推进以及社会环境的演进，法治环境建设或公共法律服务体系的建设必须紧跟脚步，根据对应的法治环境与社会需求，动态地调整机构本身的体制机制与工作模式。再次，法治环境建设或公共法律服务体系的建设必须考虑效率，即成本与产出的比例必须保持平衡。最后，即使公权力机关手握来自人民的公共管理权力，在运用权力时也应该更加灵活多变，要善于对权力进行管理，进行合理的授权，处理好与市场之间的关系，适当性的下放权力，引入市场竞争要素以提振管理效率，加强与社会、民众的沟通协作。公权力机关只有在上述改进意见的指引下，才能做好法治环境建设或公共法律服务体系的建设工作。

当然，上述这些公共管理体制机制的改革建议是基于新公共管理的理论提出的，其内容对于中国行政管理的现状并非能够照搬适用。[17] 但是，新公共管理理论所要批判的对象在中国并非没有对应的存在，官僚主义的行政机构体制以及工作作风也是我国行政体制改革需要着重解决的问题。在需要改进和批判的地方，新公共管理理论对于我国行政管理实践的参考意义仍然没有失去其有效性。所以，在公权力机关向社会提供公共法律服务、履行法律环境建设责任时，前述四条参考建议仍然需要贯彻到实践中。

综上所述，公权力机关在履行法治环境建设责任、推进公共法律

〔17〕 从某一个国家的行政环境中归纳出来的概论，不能够立刻予以普遍化，或被应用到另一个不同的环境的行政管理上去。一个理论是否适用另一个不同场合，必须要把那个特殊的场合加以研究才可以判断。参见［美］戴维·H. 罗森布鲁姆、罗伯特·S. 克拉夫丘克：《公共行政学：管理、政治和法律的途径》（第5版），张成福等校译，中国人民大学出版社2002年版，第57页。

服务体系建设时,既需要参照新公共管理理论对于传统模式下官僚主义体制的批判,避免官僚主义体制中的种种弊端,也需要从新公共管理理论的反对者那里提取经验,看到新公共管理理论对于公共行政机构在公共属性上的忽视,从而警惕另一种极端做法。

(二)新公共服务理论

公权力机关推进公共法律服务体系建设所需要的理论支撑,仅依靠传统的公共管理模式以及新公共管理理论等内容,是难以应对法治建设整体推进以及社会需求膨胀引起的挑战。新公共管理理论虽然提示了应当避免的陷阱,但是仍然不足以为法律领域内的公共服务提供必要性论证以及建设指引。顺着前文对于新公共管理理论的批判,新公共服务理论扛起了解释并指引公共服务相关实践的大旗。

前文介绍了公共行政领域内新公共管理理论的兴起及其批判,针对新公共管理理论中描绘的公共机构的公共性不足的问题,以美国公共行政学家登哈特为代表的一批公共行政学者正在建立新公共服务理论。之所以称之为新公共服务理论,是因为公共服务概念本身并非这一时期学者的原创,早在19世纪末20世纪初,便有学者提出并定义了公共服务这个概念。德国财税学家瓦格纳将公共服务定义为:“将国家支付的薪金与工资进行筹划,用于支出经济或者财政的其他消费,或直接用于公共事务,这部分称为财政需求。”[18]法国公法学派学者狄骥也曾指出,任何因其与社会团结的实现与促进不可分割,而必须由政府来加以规范和控制的活动就是一项公共服务。[19] 这些学者在提出公共服务的概念时,都直接明示了公共服务

---

〔18〕 楚明锟主编:《公共管理学》,河南大学出版社2013年版,第180页。

〔19〕 [法]狄骥:《公法的变迁》,郑戈译,中国法制出版社2010年版,第33页。

的核心在于促进社会团结的、必须由政府加以控制的对于“公共”事务的处理，即公共服务的公共性质，在此概念提出时便得到了强调。但是这一阶段的公共服务概念并未对“服务”一词进行挖掘，而仅在字面意义上描述了由公共机构向社会提供的一些真正且琐碎的服务。直到新公共服务理论的出现，针对新公共管理理论的一些缺陷进行补足，并进一步挖掘公共服务作为一种公共行政模式的理论潜力，从而形成了一套全新的现代公共行政理论。

有学者指出从历史发展的角度来看，全人类在政治领域经历了“统治—管理—治理”的演变过程。[20] 这一发展历程的描绘，解释出公权力机关与民众之间关系转变的轨迹，这种变化轨迹不但与前文国家权力来源模式的分析相对应，即从君权神授到人民主权，更与公共行政领域的变革浪潮相对应。其中，“治理”的阶段也就对应着新公共服务理论所提出的更具合理性以及公共意味的公共行政模式。

通过上述总结，可以看出新公共服务体系作为一种新兴的公共行政理论，没有拘泥于细节性的、技术性的公共行政具体内容，而是通过一种统括性的视野，勾勒出极具针对性的公共行政模式新方案，完成了对于传统模式以及新公共管理理论的突破与超越。

总的来说，西方国家在公共行政领域的两次思潮以及基于这些理论创造而产生的附随性实践，都在一定程度上推进了公共行政领域向科学化、现代化的发展。从拘泥于单一专业与繁复的传统模式，到精于计算、提倡成果导向的新公共管理模式，再到专注于公共利益、公民权以及民主等议题的新公共服务模式，公共行政领域不断吸纳着先进的、现代的因素，并且与整体国家治理模式相呼应，在应对社会关系越来越复杂、利益格局越来越难以改变的固有情况下，提供

〔20〕 麻宝斌等：《公共治理理论与实践》，中国社会科学出版社2013年版，第2页。

了一种软性改革的方案。

新公共服务理论对我国公共服务体系建设以及公共法律服务体系建设的最大贡献，就在于其给出了一种关于公共服务的现代的、科学的设想，[21]这种理论的科学性不但体现在对于传统模式的糟粕进行了精确的扬弃，更在于作为针对传统模式的批判以来的第二次革新，新公共服务理论在批判新公共管理理论时，帮后进的国家避免了新公共管理理论的种种陷阱。以美国为首的公共行政改革启动较早的国家，用它们亲身经历为后来者揭示了改革路上可能遭遇的陷阱，诸如过于追求行政效率、管理模式过于严苛、忽视了人民需求与公共利益等问题，这些陷阱可能是系统性的，也可能是偶发性的，但是只有分析清楚这些宝贵的实践经验，才有可能在自身实践的时候避免重蹈覆辙。

所以，新公共服务理论为我国公共法律服务体系建设提供的宝贵经验，首先就体现在对于新公共管理式的改革陷阱的揭示，从而令我国公共法律服务体系建设的过程更加平稳、直接，而不必再“摸着石头过河”。此外，新公共服务理论的科学性还体现在其给出了一种关于公共利益的更加适合公共行政领域的观察视角。虽然商谈与合作的策论模式并非新公共服务理论首创，在公共事务领域中关于公民与公权力机关合作，通过沟通、对话的方式实现公共目的的方针构建并不在少数。但是新公共服务理论运用商谈与合作的方法，一方面批评了忽视公共利益的做法，另一方面又给出了进行公共服务这

[21] 首先便是对于公共事业本身的关注，这也是新公共管理理论最为致命的缺陷。其次，对于商谈与合作模式的推崇，这是基于前一条论述的原因新公共管理理论无法深入到的问题。最后，新公共服务理论处处体现着人文关怀，即对于人本身的重视。此外，在提出上述改进的同时，新公共服务理论并没有完全否定作为前置理论的新公共管理，而是肯定了其中具有进步性的部分，即运用技术与效率的思维与手段对陈腐的、传统的行政体系进行否定。

一体系整体目的与商谈理论的连接可能性，即对于社会公众参与公共事务积极性的促进。[22] 也就是说，将培育公民的公共意识作为公共服务实现公共利益的最终手段，是新公共服务理论为我国公共法律服务建设提供的又一贡献。

关于公民意识的培育，与后文中对于法治规训活动的论述有着联系的可能性。法治规训活动在于通过一系列宣传、教化以及与法律运作相关的法制实践，将法律运作相关知识与法治精神传播至受众的意识层面，从而通过对于社会群众意识层面的影响，为法治运行提供更为底层的运行环境。在这一种制度实践培育社会意识，又以社会意识促进社会实践的"实践—意识—实践"模式，与新公共服务理论中公民意识培育的核心十分契合。新公共服务理论中的三个核心因素中，公共利益的实现依靠公民意识的觉醒，商谈与合作模式正是处理公共事务、培育公民意识的不二良方，对于人本身的重视，将人视为目的本身而不是工具，则更与公民意识培育的核心精神相符，即一种现代的人文关怀与社群凝结。所以，可以认为，法治规训活动与公共领域公民意识的培育，正是同一套现代人文关怀内核指导下的，不同层面的实践方法。而作为公共行政领域与法律领域交叉路口的公共法律服务体系建设，则必须依循着上述理论的指引进行推进，才可能完成其自身的现代且科学的建构。

本节的主要任务是阐述"什么是以及为什么必须是法律领域的公共'服务'的形式"这一主干命题。针对为什么是公共"服务"的问题，引入了权力来源理论与具体的关系命题，说明了现代民主国家的法治建设，其决策与建设方法都不可能像传统统治模式那样自上而

〔22〕"公民意识"的相关理论阐释，参见马长山：《公共意识：中国法治进程的内驱力》，载《法学研究》1996 年第 6 期；马长山：《公民性塑造：中国法治进程的关键要素》，载《社会科学研究》2008 年第 1 期。

下地通过强制性政治命令来推进,而必须顺着权力来源的顺序,自下而上的、从根源处进行建设与革新,所以法治建设中的公共“服务”是必要且无可替代的。针对什么是公共“服务”的问题,引入了现代公共行政领域中的两次思潮,基于对前两种模式的批判性继承,新公共服务理论成为了极具现代性的公共行政理论流派,进而为我国相关实践提供了充分且有益的理论借鉴,并且由于其理论思潮的实践背景极具普遍性,在学习、移植境外经验时会减少许多麻烦。且不论实践批判部分,至少在公共服务体系建构方面,新公共服务理论对于我国公共法律服务体系建设是具有启发性的。

第二节 市场调节失灵下的法律服务论

前一节内容从公共行政的角度分析了什么是以及为什么需要法律领域的公共“服务”这一问题,本节主要从经济学的角度去讨论“为什么要强调法律服务的‘公共’性”这一主干问题。运用法经济学的理论工具分析公共法律服务问题在国内已有学者涉及,该项研究成果从经典的经济学假设引入,并从成本收益分析、效益均衡状态等分析工具入手,着重讨论了公共法律服务的资源整合与配置优化问题。[23] 这一成果自理论引出而最终回到实践,为公共法律服务体系资源整合等实践问题提供了极具可行性的建构性参考。此研究思路整体而言属于制度经济学的范畴,其研究对象也以实践中具体制度的整体为对象,具有体系性、普遍性的优势。不过,在“运用其他学

---

〔23〕 杨凯等:《公共法律服务学导论》,中国社会科学出版社 2020 年版,第 125 - 148 页。

科工具”这一思路上继续拓展,则可以运用经济学概念工具在更加细分的命题分支上对“公共法律服务”本身进行分析,继续补完关于公共法律服务领域的经济分析,从而达到进一步完善公共法律服务理论体系,为实践提供更加充分指导的目的。

一、自由市场下法律资源的集中

法律服务即一种需要消耗社会资源生产出来的服务性产品,是满足使用主体某种需求的消费品。而若要分析公共法律服务之公共的特性,并欲考察在市场经济的环境下公共法律服务的产出、消费以及流转等问题,就需要借助公共物品理论的相关工具以辅助理解。

(一)公共物品理论

现代主流的公共物品理论又称“马斯格雷夫—萨缪尔森范式”,其起源于1937年马斯格雷夫在《经济学季刊》(*The Quarterly Journal of Economics*)发表的论文《公共经济的自愿交换理论》(*The Voluntary Exchange Theory of Public Economy*)。这篇文章将以往的欧洲大陆关于公共物品理论的传统成果介绍到英语世界。保罗·萨缪尔森在受到前述文章的启发后,于1954年、1955年连续发表了两篇相关的论文——《公共支出的纯粹理论》(*The Pure Theory of Public Expenditure*)以及《公共支出理论的图形解析》(*Diagrammatic Exposition of a Theory of Public Expenditure*),这两篇文章综合探讨了公共物品的客观属性以及最优供给问题。经此,后续进一步的研究蔚然成风,最后形成了新古典主义财政学这一全新体系。[24] 关于公共物品的现代定义最终由马斯格雷夫集成,但是其间围绕着“非竞争性”以及“非排他性”

〔24〕 韩清:《西方公共物品理论的演进研究》,中央财经大学2020年博士学位论文。

的认定及其边界问题进行过一定区间的摇摆。〔25〕且不论最终如何用文字或者符号为“公共物品”这一概念进行更为精确的定义，前述学者将公共物品之公共性的讨论锚定在“非竞争性”或“非排他性”的做法已经能够提示后来的学者顺着这一思路继续讨论，即从消费者端对公共物品进行审视。

公共物品所锚定的“非竞争性”与“非排他性”。简言之，指的是相较于私人物品而言，其使用与消费并不会阻碍其他人继续进行的使用与消费。比如，私人物品依据私有物权的存在，可以合法地排除他人对自己所有物品的取得与消费，而公共物品则不可被私人所有，且除非有特例，任何一个社会成员在使用公共物品时都不可以排除其他人继续使用或占有。顺着这一思路继续进行，对实践中的公共物品进行分类研究，如何使用、消耗品与非消耗品如何区分、使用条件与环境如何界定等问题的提出，继续细化了关于公共物品的理论理解，但是也令公共物品的理论整体性变得较为零碎。〔26〕进而，基于“非竞争性”与“非排他性”的新古典主义公共物品理论也因这两个定义核心的模糊性，而被新近的研究成果所吸收融合，形成非古典的一系列新研究范式。〔27〕

前述关于公共物品的“非竞争性”与“非排他性”的讨论在公共法律服务领域中并非能够直接利用。国内学者曾对公共物品、公共服务与公共产品等概念的关系作出辨析。〔28〕与汉语使用习惯有些许不同，这种区分指出，公共产品和公共物品，在语词含义上指代具有一定物质形态的物体，而公共服务虽然可能有相关的物质载体，但

〔25〕马珺：《公共品概念的价值》，载《财贸经济》2005年第11期。

〔26〕闫磊、张小刚：《公共品非排他性、非竞争性逻辑起源与产权制度演生理论的频域分析》，载《中国集体经济》2021年第26期。

〔27〕张琦：《公共物品理论的分歧与融合》，载《经济学动态》2015年第11期。

〔28〕陈云良：《服务型政府的公共服务义务》，载《人民论坛》2010年第29期。

是其核心内容还是提供服务的一种行为过程。进而，公共服务的一部分是以物品的形式提供的，另一部分是以服务行为本身为形式进行供给。在这种分类之下，公共服务所涵盖的范围是要广于公共物品的。加之法律服务、公共法律服务与私人法律服务的区分，可以认为公共法律服务即公共服务与法律服务两个领域概念的交叉，其在形态分析上应当适用关于公共服务的特性，而从生产、供给和具体内容等角度进行分析时则应当时刻意识到法律服务的种种特殊性。

（二）法律服务

前述关于公共物品以及公共服务关系的区分，在一定程度上能够揭示出新古典主义关于公共物品理论的讨论在法律服务层面的优点与缺点。关于“非竞争性”与“非排他性”的分析主要集中在有形物的供给之上，并且其讨论的角度是从公共物品的消费端进行考察的，即公共物品的消费者能够以何种代价获得、以何种方式进行消费的角度，去描述公共物品在供应时应当注意的抽象特征，其在描述具体领域内的公共物品与服务时解释力较为薄弱。然而法律服务的分类方式，主要是以服务发生的具体领域为区分标准，能够彰显其特殊性的考察角度是生产与具体服务过程。从法律服务的生产与具体服务过程的特殊性，反推到公共法律服务与私人法律服务的供给侧分类，从而明晰法律服务的“公共性”，是与传统公共物品理论讨论相反的考察路径。

要从供给侧的角度来理解公共法律服务的公共性，则必须析取“公共”这一前缀，先将法律服务本身的经济属性分析清楚。法律服务作为公共法律服务与私人法律服务的上位概念，其指代的是一类在法律运行领域提供的服务。从服务内容上来说，其核心在于供给方向需求方提供的是基于政法相关知识的智识性输出，且这类服务具有个案特殊性。与前文关于政法话语的分析相联系，在内容上，法律服务的本质就是政法话语熟悉程度的输出，且基本上由口头语言以及相关文书为服务载体，并不会产生实体产品。[29] 从供给侧来说，这种服务天然地带有个案性，因为每一次法律服务的提供都不一定针对相同的法律关系，且因为缺少实际载体，其输出基本上都依赖于服务供给者自身的知识与经验，所以法律服务最主要最直接的成本是对于政法知识有一定理解的人。法律服务的直接提供者为一个个的个体，且这些个体还必须具备相应的职业资质与专业知识、技能，而具体情况各异的个案所需要的法律服务也不可能完全类似，所以，此类公共服务的供给成本相对地较高且不稳定。这也就是法律服务作为法律专业领域内的一种服务产品所蕴含的首要特性，也即基于供给模式与供给内容特殊性的高供给成本。这种高成本的特性是从供给侧的角度分析得出的，法律服务在供给侧所体现的高成本也并非绝对，而是一种相对的，且难以量化的高成本。与可以计算物料成本、人力成本等细节项目的基础设施建设等典型公共产品不同，法律服务的成本核算是极其模糊的。区别于依靠市场供需关系进行的定价系统，法律服务的成本需要考虑到服务内容与服务提供形式的特殊性，背后所依赖的政法智识经验以及法律人才资源是难以估量的。如果考虑到法律服务供给的直接成本仅有服务者自身的人力成本，而几乎没有其他公共产品所需要的物料成本，从而单纯以市场供需关系确定法律服务的人力成本来衡量法律服务供给中的成本总量，则无法正确认识到法律服务供给侧的核心矛盾。

法律服务供给侧的核心矛盾即法律智识与人才资源的稀缺性。这种资源的稀缺性与经济学中经典假设“资源有限而人的欲望无穷”不甚相同，法律智识与人才资源的稀缺，最主要的原因为上游供应端

---

〔29〕 比如，在最基础的法律服务中，司法审判代理人，即代理人通过自己对于法律制度内容、司法程序运作的熟悉，为被代理人提供智识性的服务。

与社会需求不匹配、社会分工导致的资源容量不足两个方面。其中，法律智识与人才资源的上游供应端即政法类院校，与其他职业技能培训不同，法律服务对于相应人才资源的教育水平与培育程度要求是相当高的，这就导致在培训环节人才资源的供应就相对较少。然而，在整体人才资源要求较高的同时，院校教育的供应端与社会需求侧不甚匹配的问题依然存在多年，国内学者将这一问题总结为，法学新学科人才培养乏力、不能满足法治实践需求，法学教育对西方国家法学理论过于倚重，法学教育存在忽视和轻视思想道德教育的现象。[30] 也有学者从法学教育整体的角度给出诊断，（我国当下）法学教育质量参差不齐，教育发展不均衡；法学教育的基础性和先导性功能没有得到有效发挥，无法满足快速发展的社会需要；充满活力的有效法学人才培养体制尚未建立；缺乏自身特色和国际影响力。其深层原因主要在于：心理层面缺乏自信；主观上缺乏创新的动力；客观上缺乏创新的机制保障。[31] 上述学者的种种分析都表明目前法科院校对于相应人才的培养仍然是跟不上社会需求的，所以会出现法律智识与人才资源的稀缺问题，并且这一问题在上游供应端的问题没有得到改善时，将会长期存在。

除法科院校在向社会输出人才与社会需求不相适应的问题以外，社会整体对于法科人才的容纳程度亦成为限制法律服务供给的重要桎梏。基于社会分工，每一行业每一领域所能发展到的规模边界，基本上取决于其社会容纳程度，即在社会群体成员意识与整体发展方针中，能够留出多少资源倾斜向某个行业，将成为划定行业边界

〔30〕 刘长秋：《论习近平法治思想中的法学教育》，载《广西社会科学》2022 年第 2 期。

〔31〕 冯果：《从法学教育大国迈向法学教育强国的历史自觉》，载《法学教育研究》2022 年第 1 期。

的决定性因素。这一因素的具体表现则为政策的倾斜、市场的需求量以及相应的定价体系。比如,一个社会中投身于法律服务(不论公共与私人)的人数的多少,虽然从开始时是由供给侧影响的,但是在一个动态调整的过程中,最终形成的行业规模,则必然蕴含着政策倾斜以及市场需求的因素。以法律援助领域举例,法律援助事业在我国的发展于20世纪末进入快车道,据统计,2001年全国范围内的法律援助机构便达到了2274个,拥有8816个工作人员,仅2001年便受理援助案件178,748个,服务咨询1,133,718人次。[32] 此时由于法律援助制度的倾斜,加之法制建设过程中对于法律援助服务需求的客观存在,法律援助领域的规模发展十分迅速,而等到法律服务市场相对饱和、政策资源倾斜力度不再增加时,相关的服务市场规模也就会迅速定型。所以,无论从法律服务的上游供给侧还是从法律服务的市场与政策支撑角度来看,政法智识与法律人才的稀缺性都是客观存在的,至少在市场供需的角度来看也将持续存在,直到上述影响因素得到改变。通过分析得知,法律服务的稀缺性将间接影响社会整体上法律服务供给的高成本且不稳定,而这一特性也将影响法律服务在市场调节中的表现。然而如何讨论公共法律服务与私人法律服务所蕴含社会功能的区别,进而提示法律服务之“公共”的必要性,则必须在自由市场这一背景之下进行讨论。

(三)法律服务的市场调节

在明确法律服务整体资源的稀缺性后,则可以分析通过市场调节的法律服务的具体运行样态。

改革开放以来,法律服务行业的市场化程度也在不断加深。

---

[32] 国家统计局社会和科技统计司编:《中国社会统计年鉴2006》,中国统计出版社2006年版,第268页。

2001 年我国律师人数为 122,585 人,律师事务所为 10,225 个,而到 2021 年我国律师人数增加至 574,042 人,律师事务所数量增加至 36,504 个。[33] 这一发展速度十分迅猛,也见微知著地反映我国法律服务市场规模扩张的具体状况。但是,隐含在这种迅猛发展背后的问题也可由数据看出,在 2021 年律师人数的分地区统计中可以看到,仅有北京、上海、广东、江苏等少数经济发达的省市的律师人数跨过 3 万人的关口,并且在其中还有北京与上海两个占地面积与人口较其他省级行政区都更低的直辖市。由此可以看出,以律师行业为代表的法律服务领域的发展在空间层面并非十分均衡。此外,虽然律师事务所个数从 2001 年的 1 万出头增加至 2021 年的 5 万多家,增长率达到 4 倍之多,但与前述数据对比可发现,法律援助机构的增长速度远低于律师事务所的增长速度,即使有政策因素的影响,也可以看出在相关行业的发展中,私人法律服务的发展是远优于公共法律服务的。

由上述数据分析可得知,在我国法律服务市场发展中,即使有着一系列政策的强调与资源的倾斜,法律服务在市场调节下的发展,受限于"高度集中于经济发达地区"及"公益性不足"这两个问题。高度集中于经济发达地区这一问题的产生尚可理解为,经济发达地区对于法律服务的需求较高,且因经济发达带来的社会容纳程度也较高,能够承担更多的法律服务的成本,所以法律服务资源集中于此。这也是由自由市场调节法律服务产品过程中不可避免的集中现象。公益性不足这一问题则突出体现了法律服务的供给侧特征,即政法智识与法律人才的稀缺性在面对公共需求时的强烈矛盾。法律服务相关资源本就稀缺,且由于自由市场调节的固然逻辑,皆往经济发达处聚集,这一现

---

〔33〕 国家统计局社会和科技统计司编:《中国社会统计年鉴 2006》,中国统计出版社 2006 年版,第 263 页;国家统计局编:《中国统计年鉴 2022》,中国统计出版社、北京数通电子出版社 2022 年版,第 19 - 24 页。

象的形成是法律服务作为特殊领域的服务内容所不能接受的。

二、公共法律服务的价值功能

公共法律服务作为具有公共属性的法律服务，其特性分析应当从法律服务这一具体内容切入，进而讨论其公共性。但是法律服务相关资源的稀缺性以及自由市场调节的现状，使法律服务“公共”属性的讨论成为了必要。

就服务内容而言，法律服务旨在向需求方提供关于法律制度以及政法运作的相关知识和非实体服务，就其服务内容涉及的领域来说可谓相当特殊。与其他社会服务相区别，法律服务所涉及的内容为正式的法律规范，其服务的提供将参与到国家法律运行的程序之中，其过程与质量将会直接影响法律运行与整体法治的建设。也就是说，即使是私人法律服务的提供，其结果也会影响作为重要社会系统的法律系统的运作。在自由市场的调节下，法律服务相关资源的流向相对单一，整体分布样态不甚均衡，这一现象已然成为客观存在。[34] 此时，重提法律服务之公共性的必要，则需要引入法律服务资源的分配这一话题。通过揭示公共法律服务相较于私人法律服务的社会功能就在于对于法律服务资源的再配分，明确其中蕴含的公共性，为公共法律服务体系建设提供价值性的目标指引。

法律服务资源的分配模式既包含前文所提及的市场调节模式，也包含着公权力机关干预市场，通过政策与各类资源倾斜从而定向培育相关行业的政府干预模式。对于此两种模式的讨论已然蔚为大

---

〔34〕 关于这一现象的研究和论述，参见陈柏峰：《送法下乡与现代国家建构》，载《求索》2022 年第 1 期；宋方青、邱子键：《论基本公共法律服务的供给侧结构性改革》，载《东南学术》2023 年第 1 期；刘国臻、唐燕勤：《广西城市更新领域推行公共法律服务的路径探析》，载《广西大学学报（哲学社会科学版）》2022 年第 3 期。

观，而在党的十八届三中全会中，更是提出要处理好政府与市场的关系这一命题。[35] 法律服务领域也不例外，如何处理好政府与市场之间的关系是发展法律服务行业道路上必须解决的重要问题。

关于公共法律服务之“公共”的特性，早有学者指出公共法律服务的核心要义就在于人民性、公平性与现代性。[36] 其中，人民性指的是以人民为中心，便捷、高效且精准的满足人民需求，这一点与新公共服务理论中以人为本的核心特征相呼应，这使相应的制度建构在一开始便具有了目标上的崇高性。公平性指的是应让人民群众在接受法律服务时充分感受到法治建设的成果，体验到法律运作的公平与正义。这一点直指公共法律服务作为法律领域的公共服务的重要特征，由于法律服务会直接参与到法律运行的过程中，因而其服务过程与质量也会连带着影响法治建设与社会整体对于法治的信心。所以公共法律服务体系建设在内容上必须达到法律领域的公正要求。现代性指的是公共法律服务体系的建设需要以现代性作为指向，适应国家与社会现代化的时代要求。这一点与新公共法律服务中关注商谈与合作的核心特征相呼应，公共法律服务作为一种现代的法律制度与理念体系，必须反映现代精神，回答现代化过程中的种种问题。公共法律服务对于这一问题的回答，则体现出法律服务之“公共”性的必要，即通过法律服务资源的分配从而实现社会整体的法治进步。

前述的法律服务资源市场调节模式已然见微知著地显露出其固

---

〔35〕 “经济体制改革是全面深化改革的重点，核心问题是处理好政府和市场的关系，使市场在资源配置中起决定性作用和更好发挥政府作用。”参见中国共产党第十八届中央委员会第三次全体会议通过的《中共中央关于全面深化改革若干重大问题的决定》。

〔36〕 宋方青：《公共法律服务的科学内涵及核心要义》，载《中国司法》2019 年第 8 期。

有弊端，而法律服务的内容特殊性又使其会在很大程度上影响法律的具体运作，所以由公权力机关高度介入，进而对社会进行直接供给的公共法律服务模式，则能够在一定程度上调整法律服务资源的整体流向，保证法律服务行业的健康发展。并且，公共法律服务的供给模式与自由市场调节模式在价值目标上有着本质的区别，虽然私人法律服务的供给在某种程度上也为社会整体的法律运作做出了不可或缺的贡献，其为社会公平正义的实现提供了更多的可能。但是市场调节模式本身的盲目性、逐利性与滞后性是不可避免的结构性故障。公共法律服务在诞生之初便秉承着公共服务理论遗留下来的价值目标与运行模式，因而在均等与普惠的层面更是受到了极高的期待，这些价值追求是自由市场模式所无法实现的。因而在法律服务领域，受到自由市场调节的部分只能作为辅助，用以补足法律服务市场在多样化、高端化需求之处的完整，而法律服务领域的供给主体，应当且必须是由公权力机关把握并调控的公共法律服务。由此形成的公共为主、私人为辅的法律服务供给模式，才能够真正实现法律服务的公共特性，以满足社会的综合性需求，实现公共服务领域中关于均等、普惠等追求，实现公共法律服务人民性、公平性与现代性的核心要义。

第三节　政法话语主导下的法治建设论

本节主要解决什么是以及为什么需要“法律”的公共服务这一主干问题。换言之，对于“法律”领域公共服务的需求从何而来，对于这个问题的解答，将从需求生成的角度对公共法律服务体系的必要性进行论证。在国家层面，中共中央《关于全面推进依法治国若干重大问题的决定》中将推进公共法律服务体系建设纳入全面推进依法治国的统一进程之中,无疑体现出公共法律服务之于法治建设的重要性。理论界对于这种联系也达成了一定的共识。[37] 也就是说,基于法治建设与公共法律服务之间的联系,可以认为公共法律服务本体的存在必要性正是基于国家层面对于法治建设的需求与推进。那么,现代国家需要进行法治建设,需要推进全面依法治国,则成为论证法律领域的公共服务必要性的重要前提。推进现代法治建设存在着必要性,而法律的公共服务与法治建设存在某种具体而必然的联系,厘清上述两个分支命题,也就能够明晰什么是,以及为什么需要法律的公共服务这一主干线索,从而完成供给与需求角度的必要性论证,也能够不再局限于政策文件与自由生长的现实实践,从基础理论层面给出现代公共法律服务体系的高效率模式与理想形态。

一、法治建设与规训活动

现代法治建设的本质即统一的权威核心通过政法话语对生活世界进行规训的进程。这一论断的核心点在于"规训"一词,也只有在厘清规训作为一种特殊的社会活动的基本特点,明确法治建设即规训的论断,进而阐释公共法律服务的存在正是法治建设完成规训的关键这一衔接命题,才能真正解决法律的公共服务的必要性从何而来的问题。

(一)法治建设

法治建设这一动词短语,体现出的是一种动态的建设过程,从历史实践的角度来说,法治建设的基本语境是从无到有、从微弱到强

[37] 如"建设我国'覆盖城乡公共法律服务体系',必须着眼于我国依法治国总任务要求,将其置于法治中国和法治社会建设的总目标之中"。参见刘炳君:《当代中国公共法律服务体系建设论纲》,载《法学论坛》2016 年第 1 期。

大、从边缘到主流的建设过程。这就使法治建设在进行时,不得不考虑具体的历史现实,并根据法治理想与具体现实之间的落差制定出兼具效果与效率的建设路径。

上述法治建设的重要前提,为法治建设的讨论提供了两条次级命题,分别是讨论作为法治建设目标的法治理想究竟为何的本体论命题,以及基于具体现实的法治建设基本路径的方法论命题。这两个命题之间在逻辑上存在前后的顺序关系,只有在明确了法治理想本体论命题之后,才有可能根据本体论命题与具体现实之间的落差规划出相应的建设路径,完成方法论命题。在明确法治建设的方法论命题之后,法律的公共服务的必要性之于法治建设的逻辑联系才能得到说明。

1. 本体论命题

在不同时期或者不同背景下,法治含义的具体指向并不相同,而是会随着观察视野的扩大,从以法律制度为对象的"就法论法"式的描绘,逐步提升到制度与环境并重的立体建构。

在各个特殊历史时期,学者们对于法治的理解呈现出相对多样的状态,对于法律内容与形式的讨论更是蔚为大观。但是在法治理想的理解全面性方面,亚里士多德的理解反而更为立体。[38] 无论是戴雪还是拉兹,甚至是富勒,其所讨论的对象均是名为法治的法律制

---

〔38〕 亚里士多德给出的基本意涵:"法治应包含两重意义:已成立的法律获得普遍的服从,而大家所服从的法律又应该本身是制定得良好的法律。"这一理解将法治分成"良法"与"服从"两个阶段,其中良法的提出要求被遵循的法律本身存在某种程度上的"良善"因素,无论是符合应然的自然法标准与历史客观规律的真理性标准,还是有利于促进社会效率的经济解释,抑或符合广大人民根本利益的政治话语,都形成了对于法律规则本身的内容要求;而服从阶段的提出,真正地将法治内涵下沉到现实生活领域,揭示了法治概念的标志性特征。所以,在法治得到实现的理想图景中,"大家"所代表的群体成员对于良法的"普遍服从"是一个必要条件,甚至是影响法治能否切实落地的决定性条件。参见[古希腊]亚里士多德:《政治学》,吴寿彭译,商务印书馆 1965 年版,第 109 页。

度应当如何的问题，上述学者对于法治理想的描绘〔39〕，其讨论更多地聚焦在如何做才是“符合”这一标准之上，也即名为法治的法律制度应当拥有诸如“稳定性”“排除特权”等特性时才是正确的、符合法治理想的，而并未跳出就法论法的学科范式以及价值立场。亚里士多德所提及的“已成立的法律获得普遍的服从”，则是从法治实施环境的角度，较早地对法治本体提出了更具现实意义的要求，也即在何种环境之下，正确的、符合理想的法治内容才能得到真正的落实。

从社会整体的角度去观察法治本体的含义，能够不再局限于法律制度内容的视角，而是将制度环境等虽然处于周边却与制度内容同等重要的影响因素纳入考量，从而给出更加全面的法治本体建构。法律制度的内容方面就如前述学者所给出的提示，需要遵循一系列重要原则，体现公平正义，实现最基本的法律功能，并且形成具有一定程度规范性的规则体系，也即“有法可依”与“科学立法”的实现。在此之外，如何令已经形成的“良法”体系发挥作用，这些周边的、“辅助性”的体制机制、社会氛围与历史惯习等内容，便形成了法治理想实现的具体环境，也即辅助实现“有法必依”与“公正司法、严格执法、全民守法”的法治运作环境。在明确由法律制度内容与法治运行环境所构建的法治本体之后，相对应的方法论命题也就呼之欲出。

2. 方法论命题

如前所述，此处的方法论命题并非法治理想图景之中法律运作的方法，也并非直接与法治运行环境对等，而是在法治尚未完全铺开之时，为了建设法治，迎接法治理想所应当做出的背景性准备。从逻

---

〔39〕［英］戴雪：《英宪精义》，雷宾南译，中国法制出版社2001年版，第232－244页；［英］约瑟夫·拉兹：《法律的权威——法律与道德论文集》，朱峰译，法律出版社2005年版，第215页；［美］富勒：《法律的道德性》，郑戈译，商务印书馆2005年版，第46－47页。

辑上来说,这些准备也仅仅是对于前文所提及的学者构思的法治本体的可行性做出推演的结果,例如法律面前人人平等这一原则将会毫无疑问地出现在对于现代法治有所了解之人的认识中,但是如何安排群体中的产权分配才算是平等、这种平等如何实现等本体与方法的问题,仍然会随着思路的推演不断下沉,从一般的、抽象的描述逐渐下沉到特殊的、具体的语境中。在这种难以停止的推演链条中,相对于法治理想的描绘稍微深入一步的追问,便是法治运作环境如何实现,法治建设如何进行的方法论命题。根据前文对于法治理想本体制度内容与运作环境二分的建构,法治建设方法论命题必须回答制度内容与运作环境如何生成的两个问题,即"如何生成科学公正的法律制度体系"及"如何形成理想的法治运行环境"。其中,对于第二个问题的回答,则与前述"法治建设是一种规训"的论断产生联系。也就是说,运用政法话语对社会成员进行规训,以期达成令法治运作能够顺利运行的法治环境,正是法治建设如何形成法治运行环境的方法论命题。其中,关于政法话语的存在、创制以及应用是这一方法论命题的必要内容,也是法治建设与运作的核心要素。

作为法治建设的方法论命题,以法治建设为内容的规训活动(以下简称法治建设规训)具有诸多的特性,包括客观性、良善性、中心性、建构性、强制性这五种属性。[40] 此五种属性从法治建设规训的

〔40〕 法治建设作为一种规训活动,其存在形式、输出结果以及所需要面对的其他竞争性规训内容,都具有客观性;法治建设活动以其在价值上的良善特性,对其他规训体系进行否定、扬弃,正是法治规训活动运行的基本过程;中心性指的是法治建设及其相应的规训活动不可能是分散的,而是由一个统一的中心进行推动;建构性指的是法治建设相对于现有的社会意识以及观念体系而言,是一整个系统化的工程,法治建设的规训活动也就是通过教育、驯化等方式将整个系统化的法治观念传播至社会个体的观念之中;强制性指的是法治建设的推动是由公权力机关作为建设中心统一推进的,社会成员无法单独拒绝或者反抗被法律制度所管辖,且社会成员难以逆转这种规训的方向,从而只能被动接受规训。

存在方式、内容特性、价值表达、实践形式以及作用模式等方面，对法治建设规训这一实践活动进行归纳描述，并在一定程度上加入抽象化的理想型构思，从而为法治规训活动的运行与实现提供体系化的思路。

在明确了法治建设的方法论命题是为了建设法治，迎接法治理想所应当做出的背景性准备，进而解明以法治建设为内容的法治规训活动所具有的客观性、良善性、中心性、建设性以及强制性等特性后，仍需要厘清，作为法治运作核心要素的政法话语在法律实践以及法治规训过程中的功能。明晰了政法话语自身的作用，再结合法治规训活动所具备的五种特性，便可以进一步回答法治建设过程中，公共法律服务作为法治环境建设的必要性。

（二）规训

规训，意为规诫教训。规者，有矫正形状用具、规则与规劝之义；〔41〕训者，有教诲、开导与典式、法则之义。〔42〕合称即以规训之，指运用某种规矩、法则进行教训、培育的活动或过程。这种过程与一般的知识性教育相区别，更体现出与师道尊严不同的等级次序之意味。在“以规训之”的语境之下，规训活动潜藏着一种区别对待的假设，也即被规训者自身的自然状态以及规训者理想之中的规训完成状态。正如“规”字的名词性含义，本身便指代着画出圆形的形状矫正用具，在这个义项中，有待被“规”的非圆形则预示着不规则、无规律的自然状态，而圆形则指向一种被规制后的，符合一定秩序的理想状态。这种前后状态的对照，凸显出规训后状态相对于规训前状态

---

〔41〕《诗经·沔水》序郑玄笺云：“规者，正圆之器也。”《国语·周语·邵公谏厉王弭谤》：“近臣尽规。”《旧唐书·列传·陆贽》：“故无必定之规，亦无长胜之法。”

〔42〕《尚书·商书·尹训》：“伊尹乃明言烈祖之成德，以训于王。”《诗经·大雅·烝民》：“古训是式。”

的秩序性与目的性，也反映出规训的主导一方对于被规训一方原初状态的否定与反对。

在福柯那里，规训（discipline）即规范化训练，其名词复数形式与“纪律”“戒律”类似，被理解为近代产生的微观视域下对于人的影响与控制的权力技术，也指一种制造知识的手段，规范化是这种技术的核心特征。在《规训与惩罚》开篇便可看到在相隔不到一百年的两个情景之下，权力对于人的两种不同的惩罚方式。第一种是较为古老的肉刑，包括生前的肉体痛苦折磨以及死后的处理等精神层面上的磨灭与否定；第二种是更为“现代”且“文明”的自由刑，运用固定的巨细靡遗的作息时间表，将被惩罚者的一切行动纳入一种严肃的秩序之中。〔43〕 这种惩罚方式的转变，意味着权力管控的运行思路以及应用场景发生了改变，由外在的、肉体的、施加痛苦的方式转变为内在的、精神的、规训的方式，即更加抽象、微观的社会控制。“惩罚从一种制造无法忍受的感觉的技术转变为一种暂时剥夺权利的经济机制”这种经济机制比起直接的肉刑更加隐秘，其作用路径也更加深刻，惩罚者通过一种潜移默化的方式实现对于被惩罚者的规训。

福柯对于惩戒与规训的探究在文化意义与社会意识层面上具有极强的批判性〔44〕，但是也需要认识到，并非所有的规训行为与结构都是负面与不正当的，即使对于规训的反思是遏制非合理性秩序无限制扩张的必要环节，但是针对社会个体以及整体意识与氛围的培养、驯化是正在发生的，必须直接面对的。从褒贬的价值判断上而

---

〔43〕［法］米歇尔·福柯：《规训与惩罚》，刘北成、杨远婴译，生活·读书·新知三联书店2012年版，第3－6页。

〔44〕“秩序借助一种无所不在、无所不知的权力，确定了每个人的位置、肉体、病情、死亡和幸福……通过确保权力毛细渗透功能的完整等级网络，管理控制甚至深入到日常生活的细枝末节。”［法］米歇尔·福柯：《规训与惩罚》，刘北成、杨远婴译，生活·读书·新知三联书店2012年版，第221－222页。

言，本书更加倾向在中性的立场上描述规训这一现象，它是现实发生的，可批判可反思的，但不必然是不正当的，也不一定是需要反对的。

在批判性之外，福柯对于规训的理解也明确地点出其作用机制正是意识层面的训诫，虽然作用过程是对被规训者在物理上施加一定的限制与鞭策，但最终形成并产生效用的正是由外而内的训练而成的意识烙印。

在由内而外的作用机制以及兼有规范性与隐蔽性的作用形式之外，规训活动在参与主体方面也体现出明显的上下层级次序。质言之，施加规训者与被规训者在整体的规训活动之中的地位是不平等的，存在由高到低、由强到弱、由众围独的方向性。在前述福柯的关于监禁惩罚的例子当中，规训的规范性载体——“作息时间表”形成了对于被规训者行动自由的严格控制，但是这种控制的运行，并非仅由一张纸质文件支撑，而是通过处于被监禁者周围的狱警、其他被监禁者的言行所体现出的对于这一作息时间表的遵守与认同，包括日常交谈与在破坏规定时受到否定性评价，遵守这一规定的所有言语与行为都构成了一种背景性的小型社会氛围。在规模与数量之外，规训活动通常伴随着知识与经验上的压制，也即信息不对称以及信息处理能力不对称所带来的不平等。对于未成年人保护与犯罪预防的研究表明，家庭与学校在教育方面的疏忽是导致未成年人进行犯罪这一反社会活动的重要原因。[45] 此外，未成年人犯罪者中，无业者与受教育程度较低的犯罪者占比较高，也能间接说明在较少地受到学校教育、社会化规训的个体当中，反社会的倾向更为突出。[46]

---

〔45〕 刘艳红、李川：《江苏省预防未成年人犯罪地方立法的实证分析——以 A 市未成年人犯罪成因和预防现状为调研对象》，载《法学论坛》2015 年第 2 期。

〔46〕 李红勃主编、中国政法大学法治政府研究院编：《中国未成年人法治发展报告（1991 ~ 2021）》，社会科学文献出版社 2021 年版，第 199 - 231 页。

即使不考虑年龄与成长因素，个体心理中的从众、权威崇拜等因素，都使得个体在行为决策时自觉或不自觉地将数量优势或者智识优势的他者意志作为自我行为决策的重要参考[47]，而正是由于这些不平等的因素，规训活动切实影响着个体的行为决策，令被规训者将规训内容吸纳为个人意志。

规训活动的作用机制是由外而内的，作用形式是规范且隐蔽的，其教化与矫正功能基于参与双方在权威、智识上的不平等。法治建设的本质为公权力机关运用政法话语进行对社会的规训这一论断的阐释，下文将从作用机制、作用形式等方面进行分析。

（三）政法话语

政法话语是法治运作的核心要素，一切与法律相关的理论与实践都是建立在以一系列法律概念、政治话语为内容的政法话语的基础之上的。

政法话语在形式上契合法律体系作为社会意识层面的观念体系，也是一种缺乏实体对应的仅存在于意识层面的内容。其具体内涵包括对于法律理论知识的掌握，对于法律程序的理解以及对于法律运作的熟悉等。不精确但较为形象的说，政法话语即对于实践中法律体系运作的熟悉程度，并且这些知识均以专业性的概念为主要形式，且熟悉程度取决于对于这些概念的理解与运用是否顺畅，甚至包含着各式文书工作与口头辩论，所以将此类知识统称为政法话语。这种话语虽然指向实践中的法律运作，但是其背后所蕴含的知识性要求还包括对于政治、行政以及多项部门法理论等背景性的内容。

---

[47] 在一例针对社会规范影响个人健康行为的研究中，研究者通过观察疫苗接种行为的环境影响，综合探讨了社会规范是如何影响个人意志的。参见郭沁：《健康行为的社会规范性影响和从众心理》，载《浙江大学学报（人文社会科学版）》2019 年第 1 期。

无论是程序的设定还是具体规范的划分,其表达的规范内容以及背后所隐藏的特殊意涵,都对社会个体在学习与理解的过程中产生了影响。

政法话语的特性与功能都决定了其推行与适用需要极高的学习与理解成本。政法话语与前述的法治规训建构性相联系,也属于一系列人为建构的理性产物,而且这种建构的过程与产品在理论上(至少在生成的环节)是缺乏公共参与的,也即政法话语是一种少数人的建构产物。与现代的立法活动相区别,政法话语的产生、推广到获得认同,其发生场域基本处于法律职业共同体,特别是法律理论研究共同体中。虽然实践中的社会交往经验以及当下的权责分配格局都会影响法律规范生成后的样态,但是政法话语从少数职业群体的理论建构上升为由国家与人民意志所认可的社会规范的演变过程,需要经历相当漫长的程序。虽然法律规范的生成、立法活动凝聚着民意,具有相应的正当性,但是作为立法活动结果的法律规范,可能导致没有参与到立法过程中的大多数人反而需要消耗额外的成本去进行学习。人民群众在法律规范方面的学习成本较高,便催生出了相应的知识性服务需求。

此外,由于以法律概念和行政知识为内容的政法话语并没有客观实体的对应,因而其理解与适用也就存在着个人性,这也与语言的个体性相对应。这种整个体系都无法解决的不稳定性,加大了职业群体与非职业群体之间的话语权差距。[48] 由于政法话语的建构性,其话语权与理解的知识天然地由创造、参与生成的小部分人获取,且其学习与运用方式也被职业共同体所垄断,这就令非职业群体成员

〔48〕 这与指向自然界的知识不同,指向自然界的知识可以通过经验观察与各类分析手段进行获取,虽然随着获取程度的加深,观察与分析条件差异所形成的话语权差异依然存在。

的个体在获取相关知识时会遇到极高的知识壁垒。加之社会分工等因素影响,使得非职业群体在学习政法话语时付出的机会成本明显高于寻求相关服务所付出的经济成本,从而形成政法话语在生成与运用端都被少数人把握着的样态。

总而言之,法治建设的本体论命题指出了制度内容与法治环境同属于法治建设的重要内容,在通过法律创制活动进行制度建设的同时,能够令法治运行更加顺畅,更能够实现法治功能与价值的环境建设也同样重要。甚至在以往法治建设都重制度内容轻法治环境的情况下,环境建设的重要性更加凸显。而法治建设的方法论命题主要集中在以推广政法话语为内容的法治规训活动之中,法治规训活动的五种特性提示了法治规训所必须具备的要素,而政法话语的特性与功能决定了法治建设方法论命题中,必须解决与前述五种特性相对应的问题,形成法治环境建设的核心工作方式。在法治规训活动五种特性以及对应运作模式的指引下,公共法律服务体系的体系定位便呼之欲出,法律领域的公共服务体系的必要性也就蕴含在法治规训活动以及法治环境建设所提示的问题之中。

二、法治化道路上的必要成本

在厘清法治建设在方法上的法治规训特征之后,便可以从生成的进路对法律的公共服务的必要性进行讨论。

法律领域的公共服务必要性就在于法治建设的推进需要由公权力机关承担相应的服务功能以及规训责任。与前述的法治规训活动五项特性相联系,法治环境建设的推进必须解决政法话语要素对于法治规训活动提出的问题,包括客观的现实影响、良善的价值输出、建构与推广的统一以及整体性强制的实现。此类目标的实现在实践中皆需要某些主体承担相应的建设责任，而公共法律服务体系的提出与建设，则可以适当地承担起这一责任。

正如前文所述，法治建设包括关于制度内容的建设以及法治运行环境的建设，这种分类与传统的立法、司法、执法的法律体系内部分工存在区别。立法、司法与执法的区分标准为法律运作环节，以及实践中不同职能部门在职责上的区分。当然，目前运用的公共法律服务的概念意项之中并不包含传统法律机构的相关职能，如拥有相应权力立法、司法、行政机构在立法、司法以及执法方面的权力以及责任。为了明确现有公共法律服务概念与从前文中推演出来的，推进法治建设必要的公权力机关所承担的任务之间的联系，需要引入一个越过法律体系范畴的相对宏观的概念——公共法律职能。

公共法律职能概念的提出，主要是为了将立法、司法与执法等传统法律机构负责的社会功能与现有公共法律服务职能囊括为一个整体，在法治内容与法治环境二分的语境之下，用以对接整个法律系统的社会功能。也就是说，虽然公共法律服务负有公共服务之名，其内容也与立法、司法、执法等直接的法律权力不同，具有一定的辅助性质，但是公共法律服务仍是与立法、司法、执法等法律权力处于同一层面的，是公权力机关向社会输出公共职能的部门。[49] 在我国现有权力架构的划分之下，司法行政机关负责公共法律服务的统筹供给，司法行政机关也即行政系统中的下属部分，本不应与立法、司法与执法机关构成的整体法律机构相提并论。但是由于在法治建设这一总体工程的语境中，传统法律机构负责的社会功能与公共法律服务所提供的社会功能却是应当处于同一层面的内容，所以本书倾向于在

〔49〕 关于公共法律服务概念命题的讨论，参见宋方青、张向宇：《公共法律服务体系建构的三重逻辑》，载《华东政法大学学报》2022年第6期。

法律体系的社会功能这一层面适用公共法律职能这一特殊概念，用以凸显出在公共法律服务职能的语境下，传统法律机构职能作为一个整体的功能。

传统法律机构职能根据立法、司法与执法的划分，形成了完整的法律运作的实践链条，从法律规范的产出、执行到矛盾的解决等各个环节，都有相应的机构对其负责。基于法律运作链条上的活动，立法、司法与执法在法治建设总体工程中所承担的任务，主要集中在制度建设与内容适用之上，而法治环境建设的任务，则缺乏与之直接对应的部门或机构。虽然在实践的制度安排中，以公共法律服务体系为首的一系列法治环境建设任务较为分散的由各行政部门分别承担，如法治宣传等内容，皆由行政司法部门发布通知，要求各行政单位在各部门的工作中贯彻落实。这种分散的法治环境建设责任承担不但在成效上难以取得理想的效果，并且在理论上也难以担起促进法治环境建设、为法治规训活动掌舵的重要任务。所以，一个相对独立的，具有一定制度地位的公共法律职能部门的建立，对于承接法治环境建设的重任来说是必要的。

公共法律服务体系中责任与职能的承担必要性，皆来自前文所分析的法治建设方法论命题中的相关内容，也就是法治规训活动的五个特征以及以政法话语为核心的运作体系。先是由法治建设本体论命题推导出来的关于运行体系以及法治运行环境的区分，从而凸显出为法律体系正常运作提供合适的社会环境以及相应必要条件的重要性，也即法治环境建设在法治建设整体工程中的重要性。然后由法治规训活动的分析得出法治建设的方法论命题中的重要环节，正是通过法治规训活动使社会环境由其他非法治的模式向适应法律运行的法治环境进行转变。要认识清楚现有法治建设成果并非绝对坚实且固定的，法律制度等具体内容在存在上均包含着一定程度上的不稳定性,这些在法律生成路径与存在方式等环节中遗留出的不稳定性,都会与非法律职业个体的日常生活场景产生一定的冲突。所以在法治规训活动的推进过程中,既要明确现有法治建设成果的建设性,更要注意这种建构性与被规训群体的日常生活场景之间的隔阂。强制性既要求法治规训活动必须覆盖到法律规范体系所管辖范围内的所有社会个体,以保证法律治理的统一性与整全性。更需要注意的是,在核算法治建设整体推进工程的成本与责任承担时,要将法律规训活动这种强制性纳入考量,即法治建设所需要付出的相应成本,不能太过于依赖在实践中被动接受的社会个体的承担。前述法治规训活动的运作皆以政法话语为核心,将关于政法话语的理解与适用等智识性内容推广出去,正是作为法治环境建设的法治规训活动的核心工作方式。以上对于法治建设方法论命题的种种分析,都指向公共部门承担相应的实践责任,公共法律服务体系的提出与建构也就呼之欲出。

在法治建设的推进过程中,为社会运作提供相配套的法律领域的公共服务体系,正是法治环境建设的责任承担,也是国家治理与社会治理法治化道路上必要的启蒙成本。这种成本的付出,正体现为公共法律服务体系的提出与建设。

此前的公共法律服务在政策文件与实践中,均由司法行政机关负责运行,本质上属于行政体系中的下属环节,而本书所指的公共法律服务体系,则是在法治建设整体大工程的背景下,基于法治环境建设的方法论命题,重新提出的一种整合性的社会服务体系,其对应的责任负担主体是国家公权力机关的整体。即使由于具体工作情况以及公权力机关内部分工等因素,需要单独的部门领导整个体系的建设与运行,这种责任依旧需要由国家公权力机关整体来承担。但是在理论上,公共法律服务体系的建设及运行其责任负担并非某个单一部门与机构的任务，而是需要由决定实施法治建设整体工程的，国家公权力机关的整体承担起体系建设的责任。公共法律服务体系建设所需要的成本投入，也应当与其他社会公共服务一样，由国家财政进行保障。这一体系的整体建设，作为法治化道路上的必要成本，必须在理论与实践上都得到重视。

综上所述，本节主要解决什么是以及为什么需要“法律”的公共服务这一主干问题。从法治建设与公共法律服务建设的关系这一着眼点入手，分析可得现代法治国家、法治社会、法治政府的建设离不开法律制度的内容建设与辅助法治运作的环境建设。法治建设的本质，则是公权力机关通过运用政法话语对社会整体进行法治规训，由此引出的法治规训活动五特征以及政法话语的存在与功能等要素，皆指向某种建设责任的承担。法治建设的推进，国家、社会以及政府的法治化，皆需要承担相应的建设责任，而这种责任的承担，就集中体现为向社会提供法律领域的公共服务，从而形成法治运行环境建设的主体内容，最终为法治建设整体工程的推进形成助力。所以，法律领域的公共服务的必要性，正蕴含于法治建设整体工程的现实需求。

本章小结

本章针对公共法律服务概念中的三个实词，提炼出公共法律服务体系基础理论所必须解决的三个主干命题。其中，关于什么是以及为什么必须是法律的公共“服务”的形式的回答，引入了权力来源理论以及公共服务理论的相关讨论，用以说明现代国家中推进法治建设的方式必须是自下而上的建设方式，且公共法律服务作为一种公共服务,其建设需要借鉴新公共服务理论中的三个核心特征。其次,为了说明法律服务之“公共”的必要性,引入公共物品与市场调节等分析工具,从供给侧说明了法律服务之稀缺性,从服务内容方面强调了法律服务必须由公权力机关把握的特性。最后,为了解决什么是以及为什么是“法律”领域的公共服务,引入了法治建设以及法治规训等话题的讨论,从法治建设与公共法律服务建设的关系进行切入,将法治建设切分为法律制度建设以及法治环境,着重分析了法治建设的方法论命题以及政法话语这一形式对于法治环境建设的影响,最终指出法律领域的公共服务体系的必要性就蕴含在法治环境的完善之中。基于上述关于现代公共法律服务体系建设的基础理论,下文将针对我国现状以及公共法律服务体系具体制度展开讨论。

第二章　我国公共法律服务体系的历史演进与实践成就

历史不单是时间维度的回溯，在规范和证成当下行动合理性的同时，还具有前瞻性的要求，[1]由此为未来行动方案的选择提供参考借鉴。任何理论、概念的发展脉络必然与制度环境以及时代背景息息相关。公共法律服务在不断的历史变动之中逐渐形成如今的体系，而在不同的历史时期之中，最具代表性的制度事实便成为了承载公共法律服务具体内容的重要载体。

在厘清相关历史发展脉络后，需要顺着历史逻辑对我国公共法律服务体系的现状做出剖析。探寻公共法律服务在历史上的形成脉络与内容变迁，寻求其中的发展逻辑来为现实实践提供历史智慧，是理解公共法律服务体系现实内涵的必由之路，也是为解答其何以"现代"的解题密钥。不仅如此，在探索不同时期我国公共法律服务具体实践样态与国家整体发展以及相关社会背景的关系时，可以发现这一体系发展的历史逻辑，正是紧紧贴合国家施政理念革新以及法治建设进程的。不同时期的公共法律服务发展，体现不同时期的国家治理模式以及政权建设的整体思路。

---

〔1〕［英］尼尔·麦考密克：《法律推理与法律理论》，姜峰译，法律出版社 2018 年版，第 89－92 页。

第一节　公共法律服务体系的历史演进

阿诺德·汤因比曾指出制度之于社会历史的重要联系。[2] 我国公共法律服务体系的建构也不例外，其理念灵魂、概念骨架与制度血肉有其自身的历史发展逻辑，而其中贯穿始终的线索，则是作为一种公共服务体系的公共法律服务与法制的关系问题，即推行公共法律服务的目的和功能与法制的关系问题。进一步说，法制与法治建设的推进，国家治理模式的变迁，在整体思路与建设背景的层面上，对我国公共法律服务的历史演进起着重要的作用。对于这一关系的理解与释义，直接影响到公共法律服务相关概念与制度的构建。

从我国公共法律服务的历史变迁来看，公共法律服务与法制的关系在理念上经历了三段式的转变。根据这些关键节点的变迁，我国公共法律服务历史演进大致可分为孕育奠基时期（1949—1978年）、逐步积淀时期（1978—2014 年）以及发展完善时期（2014 年至今）。在孕育奠基时期和逐步积淀时期虽然没有公共法律服务之“名”，但一直存在公共法律服务之“实”，即伴随中国法治历史的进程，内容上发挥着公共法律服务功能的实践始终是存在的。其中，孕育时期是我国公共法律服务工作的原初点，根据推进法制的现实需求而诞生的诸项公共法律服务内容并未整合在一个体系之内，而是

---

〔2〕“人类的社会关系超越了个人所能直接接触的最大范围之后就变成了非个人的关系，而这种关系是通过社会机构的所谓‘制度’来维持的。没有制度，社会便不能存在。事实上，社会本身就是最高形式的制度。”参见［英］阿诺德·汤因比：《历史研究》，刘北成、郭小凌译，上海人民出版社 2005 年版，第 399 页。

作为法制建设的附随,散落在各项法律制度之中。在逐步积淀时期,公共法律服务逐渐受到重视,其具体内容也在这一时段内逐渐拓展,为后续发展打下坚实基础。直到 2014 年,也就是发展完善时期,公共法律服务的概念才正式出现在中央决策文件中。在党中央的统筹安排和有力推动下,公共法律服务获得了独立的制度地位并且形成了现有实践格局。这一发展脉络的梳理,不仅要观察具体制度内容上的变化,更要考察其所在历史时期的背景,以及这一社会历史背景对公共法律服务体系的演变带来的影响。这些影响集中体现在新中国成立以来推进法制建设以及法治发展的伟大征程对于社会样态以及相关制度的强力塑造之上,下文将分而述之。

一、孕育奠基时期(1949—1978 年)

公共法律服务的形成并非一蹴而就,而是随着新中国的成立以及多种探索,经历了一个从无到有的生长过程。尽管公共管理、公共行政等相关理论与实践此时期在域外施行已久,但是这一时期的中国处于一个饱经沧桑、百废待兴的状态,任何制度与实践都会被打上时代的烙印,也必须服务于新中国的建设与发展这一重要的时代命题。所以,虽然孕育奠基时期并未出现公共法律服务之概念,但是此时期的诸多相关制度设计,在建立法制的需求引导之下,已经具有公共法律服务之"实",只是这些举措大体上属于分散的对症下药,而并非作为一个体系化的整体。

新中国刚刚成立之时,建立新法制、恢复社会秩序是这一阶段的主要目的。为新中国的建设发展创造法制环境,则是特殊时代背景下的迫切要求,也是新中国成立之初党和政府的重要工作之一。这一时期的公共法律服务相关制度的形成,围绕着"创造法制环境"这一时代要求展开建设,其主要内容基本围绕着司法功能的保障而规划，也即司法活动过程之中需要什么，便在制度上予以确认与支持。下述创造法治环境的具体举措便是置于该整体背景之下的，就其性质而言可以被统称为司法服务保障职能。以人民为中心的司法服务保障措施的实践与发展，为公共法律服务概念的提出和体系建构奠定了基础，具体而言包括四点。

其一，司法服务保障职能的确立。随着1949年《中国人民政治协商会议共同纲领》和《宪法》的颁布，新中国的法制秩序在政治上被确立，司法服务保障措施的展开也具有了宪法依据以及初步的制度基础。此时，司法制度初步建立，以人民司法制度、人民陪审员制度、辩护权制度为代表的各项司法服务保障措施也在这一时期为后续的制度体系形成与展开奠定基础，成为公共法律服务的制度雏形。为人民服务、公开审判、法律面前人人平等诸原则与理念的正式确立，在法治理念层面为法制建设与相关服务保障的施行提供了整体价值导向。所以，这一时期的公共法律服务之实，也即司法服务保障制度雏形都被宪法等相关顶层文件确定下来。

其二，人民调解制度的确立。1954年3月，政务院颁布《人民调解委员会暂行组织通则》，首次在制度上确立人民调解制度。在《人民调解委员会暂行组织通则》颁布之前，我国很多地区都已经有了关于人民调解的制度实践。在总结以往人民调解制度经验的基础上，[3]为新法律秩序下人民调解的有效展开提供了制度基础和规范

〔3〕 据不完全统计，从新中国成立到《人民调解委员会暂行组织通则》颁布之前先后颁布过有关人民调解规范的有苏北、河北、平原、松江、甘肃、浙江、山东、云南、江西、新疆、内蒙古、武汉、天津等省、市、自治区，有的大区如东北人民政府、中南军政委员会、西南军政委员会也颁布过专门指示；人民调解组织也广泛建立起来，据不完全统计，截至1953年年底，华东区已有调解委员会约46,000个，占全部乡数的80%；华北区的山西和河北，约有1/3到1/2的县份建立了区村调解委员会或联村调解站；中南、西南的绝大部分地区处于大规模典型试验的阶段。参见韩延龙：《我国人民调解工作的三十年》，载《法学研究》1981年第2期。

指引,有力促进了人民调解工作的发展。[4] 在贯彻“人民司法”理念的过程中,人民调解制度作为非诉纠纷解决机制,与诉讼纠纷解决机制合力为人民维护自身利益提供畅通渠道,共同构成了新中国成立初期司法服务保障制度的重要内容,同时也成为日后公共法律服务体系的制度内容。可以看出,在法制初建之时,司法审判实践所需要消耗的各类资源,与那个特殊时期的社会矛盾纠纷解决需求存在一定的张力,而调解活动作为传统的官方审处与民间私了之间的润滑剂,在弥合司法资源与社会需求的张力时发挥着不小的作用。《人民调解委员会暂行组织通则》的及时出台,也正是新法律秩序建立与传统法律智慧的优秀结合,为法制建设的顺利开展提供了更为温和的环境。从这一角度来说,此时的人民调解制度的确立,作为公共法律服务之实,为后续作为公共法律服务体系重要一环的人民调解的发展打下坚实基础。

其三,律师管理制度初步发展。随着新中国新法律秩序的建立,立法、司法与执法等具体法律运行的相关制度必须马上落实。其中,司法审判的运作离不开庭审的开展,无论是旧时代传统讼师的兴起与发展,还是对于域外法庭构造的经验学习,都使律师成为现代中国庭审之中不可或缺的角色。新中国的司法审判在开展之前必须解决律师管理制度这一前置性问题。在制度层面,1954 年《宪法》和《人民法院组织法》两部法律将被告人的辩护权予以明确,也正式宣告着

[4] 《人民调解委员会暂行组织通则》颁布后,人民调解制度和实践迅速发展。到 1954 年 12 月,短短 10 个月时间,全国已有调解委员会 155,100 多个。参见韩延龙:《我国人民调解工作的三十年》,载《法学研究》1981 年第 2 期。

新中国律师制度的建设正式拉开序幕。[5] 1956年国务院批准司法部《关于建立律师工作的请示报告》,该文件中对律师的性质、任务、工作机构等内容都作出了原则性规定,首次在制度上确立了律师工作在法律体系内的地位。[6] 次年,《律师暂行条例(草案)》也由司法部起草完成,并且,在法制建设的浪潮之下,全国各地的律师队伍、法律顾问处以及律师协会相继建立,为这一时期的法律运作做出了相当的贡献。[7]

其四,开展其他法制建设配套工作。法制宣传、法制教育以及法制队伍培养等工作虽还未形成体系化的制度内容,但其相关实践已初见苗头,丰富了司法服务保障工作内容。其中,针对新中国第一部法律《婚姻法》(1950年)的宣传工作相当突出。1950年4月30日,中共中央便专门下发《关于保证执行婚姻法给全党的通知》。1953年2月,中央人民政府政务院发布《关于贯彻婚姻法的指示》,随着这一文件的发布,一场席卷全国的法制宣传运动开展。其中,相关文艺表演、街道居委的各类宣传活动在形式上已基本具备后续法制宣传活动的具体内容,这次普法运动也为后续的法制宣传、教育提供了优秀的经验模板。

上述四个方面共同构成新中国成立之初司法服务保障制度与实践的主要内容。在新中国成立、新法律秩序草创的大环境大背景下,

---

〔5〕 1954年9月颁布的《宪法》第76条规定:"人民法院审理案件,除法律规定的特别情况外,一律公开进行。被告人有权获得辩护。"同月颁布的《人民法院组织法》第7条规定:"……被告人有权获得辩护。被告人除自己行使辩护权外,可以委托律师为他辩护……"

〔6〕 章武生:《中国律师制度研究》,中国法制出版社1999年版,第16页。

〔7〕 到1957年6月,全国共建立了19个律师协会、800多个法律顾问处,有专职律师2500多人、兼职律师300多人。参见熊秋红:《新中国律师制度的发展历程及展望》,载《中国法学》1999年第5期;王福强、付子堂:《实践驱动:新中国律师制度研究70年》,载《山东大学学报(哲学社会科学版)》2019年第6期。

这一时期的具体举措呈现出下述特点：

首先，此时期是中国政权创建、巩固的重要节点，也是摧毁旧法传统、创建新法制的重要阶段。这使法制秩序建构必然优先服务于这一时代要求，无论是司法活动的支援与辅助、人民调解制度的确立与沿袭，还是律师管理与法制宣传、教育等工作的展开，无一不是服务于建立新法律秩序、维护新社会稳定这一主旋律的。由此带来的结果是，尽管各项实践中已经触及公共法律服务相关内容的建设，但是这些建设成果并非完全围绕着公共法律服务这一明确的主题、经过理论验证的有意追求，而是各方面贯彻“为人民服务”理念以及服务“法制建设”的现实需求所带来的附随结果。此时期法制建设者并没有形成明确的公共法律服务概念，体现在建设内容上，便是作为公共法律服务之实的诸多措施都散落在各项法律制度中，并未形成一个统一体系。但“以人民为中心”“为人民服务”“群众路线”等理念的提出，使此阶段的公共法律服务建设从一开始便具有了正确的价值理念指导，也就在政治上实现了方向的正确把握。这一政治与价值的引领，为后续与现代法律公共服务的理念接引提供了最初的思想资源。也就是说，此阶段的司法服务保障制度建设从打基础之时便蕴含了现代公共法律服务的精神。

其次，旧有的阶级斗争范式贯穿这一时期法制建设的始终。在政治上，此时的法制建设不可避免地强调法制的阶级属性，法制建设的任务就是消灭阶级敌人、摧毁旧法体系，由此也影响公共法律服务体系建设。在法制宣传、法制教育以及法制队伍建设等方面，阶级斗争范式更是始终如一，从内容到形式上，都体现出时代的特色与限制。1952 年司法改革和 1957 年的反“右”运动用新的法律观在实践层面和理论思想层面彻底对旧法体系下的法律工作者进行法制教育，最终目的是彻底废除旧法体系。[8] 值得注意的是，由于这一时期的社会环境与历史传统之间存在一定牵连，新式法律秩序的展开并非一帆风顺，所以律师制度在这一阶段遭遇了挫折。[9]

最后，尽管法制建设者在这一阶段并没有清晰明确地提出公共法律服务概念，没有认识到这些围绕着法制建设，辅助法制运行的各项制度内容可以成为一个系统性的整体。但是在理念指引上，"为人民服务"作为政治系统中的原则和理念，已经开始逐渐渗入新中国成立初国家各项建设事业之中，党的领导作为政治原则也有力地贯穿到法制系统等各种社会系统之中，这些原则、理念与政治方向上的把控既体现出这一阶段公共法律服务内容的时代特征，也为后续发展奠定了基调，有关法制建设的实践操作和司法理念为其后公共法律服务体系的建构提供了可资借鉴与吸取的经验和教训。

在公共法律服务与法制的关系问题上，这一时期与公共法律服务相关的内容如人民调解制度、律师管理制度与法制宣传教育工作等，都明显体现出从属于法制建设的性质，在观念认识与制度地位上都并未取得能够独立于法制建设的体系与价值。在实践中，相关工作也没有专职的人员展开，这些法制服务保障措施是由内容上相关的、工序上邻近的政法工作人员承担。所以，这一节点的公共法律服务并未脱离法制建设的范畴，而是作为法制建设的内容，围绕着强烈的时代主题而进行的。依附而未独立，散落而不系统，零碎而不完

---

[8] 赵晓耕：《70 年法治变迁：为法治现代化提供历史依据和借鉴》，载《人民论坛》2019 年第 31 期。

[9] "但是，由于我国封建主义思想遗毒比较深，许多人对律师辩护工作缺乏正确认识，指责非难甚多，致使当时律师制度推行不到两年便夭折了。这是我国社会主义法制建设上的一个损失。"参见 1980 年 8 月 26 日在第五届全国人民代表大会常务委员会第十五次会议上司法部第一副部长李运昌关于《中华人民共和国律师暂行条例（草案）》的说明。

整,是孕育奠基时期公共法律服务体系的基本样态。

二、逐步积淀时期(1978—2014 年)

党的十一届三中全会后,法制建设被重点强调。随着政治决策的转变,与新中国成立初期相区别,法制秩序的建构获得了更多的实践价值。及至党的十五大提出“依法治国,建设社会主义法治国家”,强调依法治国是党领导人民治理国家的基本方略,中国法制建设发生质的改变。在这一时期,对于法治的强调与理解成为了法制建设新阶段要解决的新命题。1999 年修正《宪法》,法治与法治国家的战略地位在宪法层面被确认,[10] 法治作为治国理政的重要方略,其理念理解与相关实践都被重点关注。2012 年,党的十八大进一步强调,要更加注重发挥法治在国家治理和社会管理中的重要作用,提出“法治中国”的命题。自此,法治中国成为主流的政治命题与理论焦点。对于法治与法制关系的理解也在学界引发新一轮的大讨论,其中的概念革新与理念震动不可避免地影响着这一时期公共法律服务制度与实践的开展。也正是在对于法治理想的构思与挖掘之中,公共法律服务在理论上的地位迎来了转机。

在这一阶段,国家政治经济体制迎来重大改革,对外开放政策的实施也为国内经济环境带来新的考验,社会样态较之前一阶段发生重大转变,亟待法制的强势介入。在法制内容上,逐渐复杂多样的经济社会生活需要法制秩序的规范指引,亟待法律规范以及法制运行的扩展与完善。政治、经济等各种因素的交织与汇聚,促使社会主义法制(法治)建设步入新时期。此阶段公共法律服务概念仍未在顶层政治决策文件中出现,但毫无疑问的是,公共服务的概念已经出现,

---

〔10〕 张文显:《中国法治 40 年:历程、轨迹和经验》,载《吉林大学社会科学学报》2018 年第 5 期。

“基本公共服务均等化”已经成为此阶段政治决策层关注的重点内容。党的十六届六中全会的会议精神强调,“基本公共服务体系更加完备”是构建社会主义和谐社会的主要任务之一。此阶段各项顶层文件的重视,已经透露出对于政府在公共服务领域责任的关注,随之而来的公共法律服务建设也在这一股公共服务的浪潮之中成为定局。

作为公共服务概念中不可或缺的一部分,公共法律服务不仅是法制(法治)秩序建构中的重要命题,更是公共服务体系中的重要组成部分,对基本公共服务内容的关注必然涉及公共法律服务体系建构。所以,随着对于公共服务的关注,公共法律服务在制度与内容上也迎来一轮重要革新。此阶段公共法律服务的发展情况,主要体现在下述几个方面:

其一,在法制与法治建设的历程中推动公共法律服务体系的构建。此阶段的国家建设中心集中在经济建设领域,我国在政治决策转变到以经济建设为中心的同时,全面启动了立法以恢复法律秩序和社会秩序。但在经济建设不断拓展社会生活的背景之下,法制所需要调整的对象,即社会关系也随着经济活动的发展而不断多样化和复杂化。在不断进行立法、扩充法制调整内容的同时,为应对新的社会环境,法制运行的模式以及相关的保障制度也迎来重要挑战。无论是律师诉讼、人民调解,还是司法鉴定、公证等服务,其需求都随着经济与时代的发展而不断扩展。与此同时,司法行政机关建制的恢复和改革保障了公共法律服务体系的发展。[11] 作为公共法律服务最直接的工作联系业务部门,司法行政机关的建制意味着对于公共法律服务各项内容最直接的需求得到了体现,进而能够成为被重

〔11〕 孙业群:《司法行政权的历史、现实与未来》,法律出版社 2004 年版,第 57－59 页。

视与保障的对象。也就是说,且不论公共法律服务的体系地位与理论探索,在这一阶段,法制与法治建设的蓬勃发展,也使公共法律服务在附随法制与法治建设的过程之中得到内容上的扩充,由现实实践的需求,倒逼公共法律服务的相关制度内容进行升级、深化,从而为理论化、体系化做好充足准备。

其二,基本公共服务中有关公共法律服务的内容逐渐明晰。为彻底贯彻法治理念,摒除法律虚无主义和法律工具主义的影响,国家倡导并启动全民普法活动。"行政主导 + 多方参与"模式下全民普法活动的开展,在政府机关与社会民众两端,都塑造出良好的法治建设氛围。〔12〕 对于法治理论的积极探索,也使前一阶段仅有附随与辅助地位的公共法律服务相关内容开始得到理论上重视。法制教育取得较大发展,也因此为公共法律服务体系的建构提供了较为充足的人力资源。专业人员在数量上的扩展,也为公共法律服务的实践展开提供了队伍组织上的基础。此外,《刑事诉讼法》与《律师法》的通过,令律师管理工作与法律援助制度在法律规范层面得以确认并进一步发展,〔13〕作为现代公共法律服务中的核心部门,法律援助是与法制运作和公民社会生活接触最直接、最广泛的公共法律服务内容。其制度化的运行,为法律援助案件在数量上的发展提供了不可或缺的制度条件。律师管理与法律援助工作在制度层面的确立,为公共法律服务后续体系化的发展打下了制度的基础。市场化法律服务组

〔12〕 自1985年11月22日,第六届全国人大常委会第四次会议通过《全国人民代表大会常务委员会关于在公民中基本普及法律常识的决议》开始,时至今日我国已经先后制定八个"五年普法规划",至今这一规模浩大的法治活动仍然是公共法律服务体系的重要内容。

〔13〕 1996年,全国人大会议通过《中华人民共和国刑事诉讼法修正案(草案)》,刑事法律援助制度首次在立法上予以确认;1996年,全国人大常委会通过了《律师法》,法律援助制度得到了进一步确认;2003年,《法律援助条例》颁布实施之后,我国法律援助制度体系初步建立,进入稳步发展期。

织的兴起，极大增强了社会层面法律服务的供给能力，也丰富了法制参与者可挑选的法律服务。以往基层法律服务所、律师事务所以及公证处等是国家机器的组成部分，随着市场经济体制建设的推进它们转而成为市场体制中的一员。[14]

其三，公共法律服务的发展在质量上迎来挑战。基本公共服务均等化的推进，并未改变法律服务需求供给的非平衡状态。在理念上，基本公共服务均等化指的是政府及其公共财政为社会上不同集团、不同阶层提供一视同仁的公共服务，与“为人民服务”“以人民为中心”等工作宗旨相联系，这一价值方向的提出，既契合了现代公共服务理论，也将我国优秀的政治传统进一步的发扬。在我国，基本公共服务均等化提出之时便与城乡问题绑定。在党的十六届五中全会上通过的“十五”经济计划[15]提出：要按照普惠均等的原则，加强对于农村、欠发达地区的政策倾斜。受我国城乡二元结构的影响，城镇地区较之广大农村地区享有更丰富、更便捷的公共法律服务，基层农村则存在较多的供给缺失问题。基本公共服务均等化的推进，正是要解决在城乡二元结构的背景之下，包括公共法律服务在内的公共服务供给的公平性与有效性问题，而均等化的价值导向，也成为公共法律服务在理论研究上的重中之重。这一阶段强调的均等化问题，是建立在公共法律服务相对完整且展开的基础之上的。也就是说，公共法律服务的相关制度内容及其发展方向，已经由“从无到有”向

---

〔14〕 2000年9月，司法部发布《基层法律服务机构脱钩改制实施意见》，将基层法律服务所界定为提供法律服务的中介组织，列入清理整顿和脱钩改制的范围。由此开启了基层法律服务所实行“自主执业、自收自支、自我管理、自我发展”的自律性运行进程。与之相似，律师事务所、公证处等机构也在此前（1993年）从国家机器的组成部分过渡为市场化的中介组织，其从业人员也从“国家工作人员”转变为“职业者”。参见程维荣等：《新中国司法行政60年》，上海社会科学院出版社2009年版，第15－16页。

〔15〕 中共中央《关于制定国民经济和社会发展第十个五年计划的建议》。

“从有到优”进行转变。在数量和内容不断拓展的逐步积淀时期，公共法律服务的深度与质量问题也将迎来挑战。在体系化与制度化的进程之中面临质与量的新挑战，是这一时期公共法律服务发展的又一特点。

其四，此阶段的公共法律服务体系实践受到多种因素交织的影响，其发展仍然受到多种力量的影响与阻碍。经济方面，随着市场经济的确立，国家力量与社会力量存在一定的内在张力：在法律服务市场割据的表象之下，隐藏着行政壁垒等政治因素。法律服务并非仅公共法律服务部门可以提供，作为能够产生经济效益的一种工作，公共法律服务受到市场因素与行政因素的双重影响是无法避免的。虽然在理论上公共法律服务的提供属于公权力机关的职责范围，但是由于市场需求的缺口、定价的策略等经济因素的影响，公共法律服务仍然存在政治“寻租”与市场竞争的留白地带。此时期，诸多法律服务市场参与主体不是由司法行政机关直接管理，而是牵涉多个在国家行政体制内非常强势的部委，〔16〕这一现象也为后来的公共法律服务供给主体与层次的问题留下伏笔。此外，值得注意的是，与中央统一规划的公共法律服务发展相区别，这一阶段已经开始出现某些省市对公共法律服务体系建构的先行实践探索，〔17〕不同地区针对自己独特的区位因素以及产业要素发展在地特色化的公共法律服务，这些探索为其后的制度发展提供了有益借鉴。

---

〔16〕 例如，原经贸委大力发展着国有企业内部的法律法顾问制度，原知识产权局垄断了专利代理人的资格和考试，工商局（现市场监督管理局）批准设立了大量法律咨询公司，劳动局（现人力资源和社会保障局）、税务局甚至妇联都设有法律服务中心。参见刘思达：《失落的城邦——当代中国法律职业变迁》，北京大学出版社2008年版，第17页。

〔17〕 2011年11月，江苏省第十二次党代会明确提出“加快构建覆盖城乡的公共法律服务体系”，司法行政机关立足具体内容，鼓励各地探索实践形成了各具特色的公共法律服务模式。

此阶段公共法律服务体系建构与政治经济体制改革以及法制(法治)建设同步开展,呈现出如下特点:

首先,围绕着经济建设这一时代主题,法制(法治)建设开始成为与政治建设和国家建设同等地位的一项内容,前一阶段仍内置于法制(法治)建构中的公共法律服务体系建构也开始拥有自己的独立地位。并且由于法治理念的提出,法治建设不再完全局限于立法、司法与执法等法制运作的核心内容,其兼收并蓄的理念品质使法治建设对社会生活的覆盖更加深入也更加全面,公共法律服务体系建构开始成为社会主义法治建设的一项重要内容,并由此摆脱法制运作附庸的身份,而获得独立的制度地位。与此同时,对公共法律服务体系建构的关注成为党和政府自觉努力的方向之一,〔18〕这种认识上的突破与革新,使公共法律服务的发展与独立进程加速。"政府主导,自上而下"的权威主义建构模式,为公共法律服务系统化、体系化的建构提供了政治方面的保障。在实践经验积累到一定阶段的时候,由权威的公权力机关主导建构的模式,在该阶段有力地促进了公共法律服务体系的发展,也为后续的理性建构与优化提供了良好的基础与平台。

其次,虽然公共法律服务这一细分概念还没有明确提出,但是随着基本公共服务理论的传入与现实施政实践的需求,公共服务在国家建设的顶层文件之中已获得其重要地位,其相关论述与制度也逐渐发展完善。内置于其中的公共法律服务在实质内涵、具体内容以

〔18〕 早在1994年,时任司法部部长肖扬已提出司法行政"大服务"的思想,力推律师制度、人民调解制度、公证制度等多项改革举措。同时,有实务工作者提出"司法行政两个体系"的概念,将司法行政工作抽象出"法律保障"和"法律服务"两个体系,其中,"法律服务"体系重点突破、优先发展律师、公证、基层法律服务等工作。参见梁德超主编:《司法行政两个体系理论与实践》,法律出版社1997年版,第8页。

及建构路径等方面逐渐清晰明确。随着法律援助、人民调解等工作的开展,公共法律服务内部的业务也已成长至一定的体量,其自身的发展不仅是法制(法治)建设大背景的附随结果,而是转而成为党和政府自觉追求的结果。逐渐趋于清晰的概念、明确的制度内容等使得公共法律服务形成初具逻辑理性的制度体系,这也为下一阶段的理性建构奠定了基础。

最后,在理念上,继承了前一阶段"为人民服务""以人民为中心"的工作宗旨,这一时期公共法律服务的发展仍然保留着其人民性的价值底色。再加上公共服务理论的传入,以及新社会环境、新具体实践引发的新问题新思考,普惠化均等化等新理念的提出,丰富了公共法律服务整体在价值表达上的内涵。这些理念与要求的提出,也说明这一阶段公共法律服务的发展不仅仅局限于内容与数量上的铺开与拓展,而是考虑到了社会公平、服务有效等更加深入的课题。结合经济高速发展的时代背景,以及我国城乡二元结构的固有国情,公共法律服务的深入发展必须面对发展不均衡、不充分,无法有效覆盖现实需求这一尖锐的问题。对于公共法律服务质量的追求,成为这一阶段公共法律服务发展的又一特色。

在与法制的关系问题上,公共法律服务脱离传统法制模式的束缚,与法治理想的联系更加紧密。由于法治理想的提出与公共服务理论在国内的兴起,传统法制理论已无法适应新阶段国家发展与社会样态的变革。法律部门也必须紧密结合时代变换的脚步,扎根于社会生活的方方面面。法律问题不仅仅是法律问题,发展法制也并不仅仅为了解决法律问题,国家与社会的和谐稳定与整体发展才是法律运作的更高目标,而在内容上更包容、在价值上更多元、在体系上更丰富的现代法治理论才是符合中国特色社会主义法治建设的思想引领。在这一背景之下,公共法律服务不仅作为公共服务的组成部分，更作为法治建设的有生力量，在新阶段法治理想的引领之下发挥其服务与保障的重要作用。也就是说，在这一时期，公共法律服务虽然脱离了对于法制建设的依附，但也并非完全从属于法治建设，而是作为一个尚未独立而已凸显出独立价值的工作部门，有机地融入社会主义法治社会的伟大建设工程中。

三、发展完善时期（2014 年至今）

2014 年党的十八届四中全会作出的中共中央《关于全面推进依法治国若干重大问题的决定》揭开了依法治国的新篇章，中国的法治建设进入新的历史阶段。社会主要矛盾的转变在法治层面表现为人民群众对法治建设的期待与法治建设发展尚不平衡不充分的现状存在一定的差距。[19] 这些政策文件的出台以及理论探索的突破，为公共法律服务体系建构的发展完善提供了政治环境及理论基础。并且，新时期时代任务与社会环境的转变，也对公共法律服务体系的发展提出了新的考验。虽然经济建设仍然是国家与社会发展的重心，但是不同于以往的高速发展模式，如今的经济建设更加重视发展质量，供给侧改革与新一轮的产业升级，都不断更新着社会生活的样貌，公共法律服务若要跟上这一时期的整体发展，则必须进入到理性建构的体系化阶段。并且，随着中共中央《关于全面推进依法治国若干重大问题的决定》的出台，这一时期法治建设的任务也不再仅仅是数量与覆盖面上的增加，而是需要在法治深度、广度与精度等方面共同发展的全面推进。立法上的民主立法、科学立法、依法立法，司法上的“让人民群众在每一个司法案件中感受到公平正义”，执法上的严格执法、规范执法、文明执法、廉洁执法，每一个法律运行环节都将

〔19〕 王利明：《新时代中国法治建设的基本问题》，载《中国社会科学》2018 年第 1 期。

在质量上受到严格要求。公共法律服务也不例外，除在内容与数量上满足基本的服务需求之外，服务质量、服务深度、服务形式、服务获取者的满意程度等方面，均是这一时期公共法律服务的发展要点。

这一时期，公共法律服务概念正式在中共中央《关于全面推进依法治国若干重大问题的决定》这一中央决策文件中出现。与此同时，法律系统已经拥有与诸如政治系统等其他社会系统同等重要的地位，法治建设开始成为国家发展进程中的目的本身。概言之，此阶段法治自身成为目的，获得了较之以往完全不同的独立地位。这一思想理念的渐进转变对公共法律服务体系发展产生了决定性影响。公共法律服务体系在历经孕育奠基时期和逐步发展时期的基础积累后终于拥有了清晰明确的概念和相对完备的制度内容。

2017 年 8 月，司法部下发《关于推进公共法律服务平台建设的意见》（以下简称《平台建设意见》），号召各公共法律服务业务部门推进各大平台的建设，并取得积极成效，全国大部分地区均建成实体平台与热线平台，中国法律服务网和全部省级法网初步实现互联互通。2018 年 9 月，司法部印发《关于深入推进公共法律服务平台建设的指导意见》，对公共法律服务平台建设以及推进平台之间的融合发展做出指示，在平台建设、一体化服务、监管与保障等方面作出更进一步的部署。

2019 年 7 月，中共中央办公厅、国务院办公厅发布了《关于加快推进公共法律服务体系建设的意见》。该文件将公共法律服务与国家治理体系和治理能力现代化的水平联系在一起，肯定了公共法律服务在国家发展战略中的独特作用。并且，该文件对推进基本公共法律服务均衡发展、促进体系发展多元化专业化、创新体系管理体制和工作机制提出了新指引和新要求。

司法部于 2021 年 12 月 22 日审议通过了《公共法律服务规划》，

锚定了“十四五”时期全国公共法律服务体系建设的总体规划，并给出了2035年基本建成现代公共法律服务体系的远景目标。《公共法律服务规划》中的细化项目大致可分为总体指引、具体要求和配套保障三个部分，其中既包括公共法律资源均衡配置、服务渠道有效覆盖的基础规划，也囊括了提高社会整体法治素养、强化人才培养与组织保障等配套措施。值得注意的是，《公共法律服务规划》在“十四五”时期公共法律服务工作主要指标中提出25项指标，在其中的7项约束性指标中，保证经费预算、保证服务机构的大范围建成与各大平台的搭建占了6项。可以看出，在“十四五”时期内，强化公共法律服务资源供给和形成合理高效的信息交互模式仍然是当前阶段的核心任务，也是实现2035年远景规划的重要前提。至此，我国公共法律服务体系化建设进入新的高潮。

此阶段的公共法律服务体系建设呈现出较之以往显著不同的内容与特点，主要体现在以下方面：

其一，政策制度体系得以建立并为进一步完善公共法律服务体系建构的实践发展提供了良好的政治支持以及规范指引，公共法律服务体系化建构迈向新台阶。中共中央《关于全面推进依法治国若干重大问题的决定》中正式提出公共法律服务概念，标志着自此公共法律服务将作为一个拥有独立地位的体系在官方文件与相关实践中被认知。此前，公共法律服务及其相关内容，均是在分散零碎的状态下被提及，其作为公共服务、法律运作组成部分的重要性难以凸显，发展速度与普及广度也难以提升，而在中共中央《关于全面推进依法治国若干重大问题的决定》中获得独立概念地位后，公共法律服务的发展及其相关研究进入了高速发展阶段。公共法律服务体系在政策的支持和实践的推动下形成了自己的体系，包括以政策制度设计为核心的制度体系，以实践中理性建构为核心的实践体系，以价值理念为核心的理论体系。[20] 三种体系共同内置于公共法律服务体系，其中，制度体系提供政治动力支持，实践体系在"自上而下+自下而上"的模式下发展，[21] 理论体系则是公共法律服务体系的价值理念及其内涵演变。无论是顶层文件的多次部署、具体实践中的坚实推进，或是理论研究中的聚焦与分析，公共法律服务制度内容及其相关内涵都在政策与理论的有力支撑之下蓬勃发展。其中，中共中央《关于全面推进依法治国若干重大问题的决定》统括性地指出目前公共法律服务覆盖城乡、重在民生的工作重点，《公共法律服务意见》《关于加快推进司法行政改革的意见》《关于深入推进公共法律服务平台建设的指导意见》等顶层设计将一系列的政策制度逐步确定下来。所以，政策制度体系的建立与完善，顶层文件的重视是这一阶段公共法律服务发展的重要动力。

其二，公共法律服务体系建构实践继续推进和完善，服务形式与服务质量是这一时期公共法律服务发展的重中之重。在服务形式上，随着信息技术的发展，数字化通信与管理技术在行政领域也相继铺开。区别于传统的公共法律服务获取，平台化的服务渠道建设成为这一时期体系建设的重要内容。此间，司法部将运用现代信息化技术打造服务平台作为新时期现代化建设的重要抓手，先后发布了公共法律

---

[20] 具体而言，制度体系由涵盖公共法律服务总体规划、平台建设、工作指引、事项清单等方面的制度要素构成，是将各项工作"制度化"的结果；实践体系是国家、地方在服务机制、服务供给、服务保障方面进行积极探索的有益尝试；理论体系则涉及对公共法律服务的概念界定、价值考察等内容。

[21] "自上而下"指公共法律服务体系建设以国家统筹推进、地方积极探索为重要特征，例如在两办发布《公共法律服务意见》后，云南、江西、河南等省份相继出台具体的配套实施办法进行落实；"自下而上"模式指公共法律服务的地方实践工作中能够积累大量鲜活素材，发现真问题真诉求，对政策体系与理论体系形成有效反馈，如地方公共法律服务的特色举措为上层制度设计和改善提供了经验性资源。两种模式不断交互，从而形成了政策与理论指导实践，实践为政策与理论的改进提供经验支持的良性循环。后文将对此展开详述。

服务信息化建设的发展规划、建设指南和多项技术规范。[22] 诸多平台标准等文件的出台,都彰显着国家层面对于公共法律服务平台建设的重视。社会公众能否获取服务、获取渠道是否畅通、获取过程是否通畅、获取程序是否简便,都是影响公共法律服务质量的关键因素。针对最能够影响受众切身体验的方面做出革新,既代表着公共法律服务建设对于"为人民服务""以人民为中心"工作宗旨的坚持与传承,也体现着国家治理体系与治理能力现代化的重大进步。服务内容上,全国各地各单位出台的《公共法律服务事项清单》将公共法律服务的精细化程度进一步提升,除自上而下的顶层设计推进公共法律服务体系建设之外,地方政府对于顶层政策的理解与具体制度试水推进,形成了地方自主驱动的地方经验试点与模式探索。在中央层级给出总体指示后,各地方纷纷响应,研究出台更加符合地域发展情况的地方特色公共法律服务模式。总之,此阶段随着公共法律服务"三大平台"一体建设、服务内容的扩大、服务获取方式的进一步优化,公共法律服务的实践发展迎来新的局面。

其三,旧有矛盾仍需进一步处理,新的制度矛盾开始在公共法律服务体系建构中显现。针对经济发展不平衡、城乡结构分化的现实国情,作为公共服务重要组成部分的公共法律服务也需要一如既往地坚持普惠化、均等化的推进。2020 年出台的《公共法律服务规划》指出,目前阶段的相关实践仍然存在诸多问题,包括供给机制、管理体制、资源分布、服务质量的方面。其中,公共法律服务供给侧的问题存在明显不足,无论是供给能力、供给机制,还是供给总量或输送能力,都存在不同程度的问题。这些问题的解决既需要公共法律服务体系自身的优化与革新,也离不开国家与社会整体发展水平的提

---

〔22〕 包括《平台建设意见》《关于深入推进公共法律服务平台建设的指导意见》《公共法律服务网络平台、实体平台、热线平台融合发展实施方案》等文件。

升。经济发展不平衡、城乡结构分化的问题得不到解决，行政体制改革的推进受阻，都会为公共法律服务的运作带来外源性阻碍。这一特殊国情以及整体的社会背景，对公共法律服务普惠化均等化的实现提出了极高要求。并且，新的矛盾正在不断涌现，如多元纠纷解决机制框架下，公共法律服务体系和诉讼服务体系在纠纷解决方面都面临着制度梗阻和运行机制不畅等问题。[23] 在公共法律服务的发展之路上如何处理好这些问题，将是发展完善时期必须面对的新课题。

在这一阶段，虽然公共法律服务获得了独立地位与更多的理论关注，但是其与法治的关联并未发生根本性改变，倒不如说正是因为前一阶段的主流话语重心从单一的法制转向了多元且整全的法治，公共法律服务作为公共服务与法律运行的交点，才有机会在这一阶段完成独立的、体系化的进程。与逐步积淀时期相似，公共法律服务不仅作为公共服务的组成部分，更作为法治建设的有生力量，在获得独立地位后迅猛发展，为了更深入更广泛更精细地推进法治中国的建设进程，提供来源于法律体系外部的理论资源与政策支持，为法治的发展创造出更加良好的社会环境。

总而言之，作为整体的公共法律服务体系自新中国成立至今，经历了孕育奠基、逐步积淀与发展完善三个时期，随着新中国整体法治发展与建设的历史潮流，其制度内容从无到有、从有到精，逐渐形成了如今这一枝繁叶茂的制度样态。其制度地位，也随着中国主流政治话语的演变，从阶级斗争到经济建设，从单一法制到多元法治，逐渐获得了自身的独立地位。其制度目标，随着时代任务的变化，从辅助建立新法律秩序到为法治运作提供具有独特价值的支援，从支撑

[23] 杨凯：《论公共法律服务与诉讼服务体系的制度协同》，载《中国法学》2021 年第 2 期。

法制运作到为人民群众提供高质量、普惠均等的公共服务,逐渐具有了自身独特的价值指引。纵观体系整体的历史变迁,不难看出时代背景的影响和与法治建设的联系贯穿始终,公共法律服务的历史发展体现出时代的发展,也彰显着法治的进步,并且在不同阶段,国家施政方针以及治理模式的变迁,也直接影响着公共法律服务的发展方向以及具体样态。作为整体的公共法律服务体系,目前仍然处于2014年至今的发展完善阶段,阶段使命仍未结束,随着全面推进依法治国的进程,公共法律服务体系的发展也必将为国家治理体系与治理能力的现代化做出应有的贡献。

第二节　公共法律服务体系建设的重要成就

公共法律服务体系建设与中国法治实践互融共生,它既是中国特色社会主义法治建设取得重要成就的反映,也进一步丰富和推动了中国特色社会主义法治事业的发展。如前所述,"公共法律服务"概念直到2014年才正式在中央决策文件中出现,但服务于人民的公共法律服务实践在事实上一直伴随中国法治建设的历史进程。公共法律服务体系的制度现实体现了其与中国法治实践互融共生的耦合关系,也反映出竭尽全力地推进依法治国的历史成果。服务于法治实践是公共法律服务体系建构与发展的根本性逻辑。2019年7月,中共中央办公厅、国务院办公厅发布的《公共法律服务意见》指出,2022年,我国公共法律服务体系建设的进程应当为"基本形成覆盖城乡、便捷高效、均等普惠的现代公共法律服务体系"。在经历了数年的集中建设后,我国在基本制度框架的搭建、服务渠道的铺设等方面已然形成具有一定规模的建设成果。在 2022 年这一近期建设目标节点时,我国公共法律服务体系建设的相关成就主要体现为:全国形成了较为体系化的制度架构,重点领域立法成果突出,各地方形成了具有特色的创新实践模式等。可以认为,我国公共法律服务体系建设发展至今,体系框架与制度集群已经基本搭设完成。

一、形成了横纵立体的制度架构与创新模式

新时期背景下的公共法律服务体系的建构,是在国家政策推进和地方自主驱动相结合的模式下孕育和发展起来的,即在顶层制度设计不断深入和相关政策不断完善的过程中,辅之以地方的区域特色试行,从而实现"自上而下"与"由下至上"两种实践模式的共同驱动。[24]

2014 年出台的中共中央《关于全面推进依法治国若干重大问题的决定》开创性地宣告,全面推进依法治国需要建设全国范围内的体系完备、覆盖城乡居民的法律服务系统。2017 年国务院出台的《"十三五"推进基本公共服务均等化规划》确定基本公共服务的内容应囊括公共法律服务,其中基本公共服务的普惠性、保基本、均等化、可持续发展方向,也应成为公共法律服务工作的重点任务。2019 年中共中央办公厅、国务院办公厅联合发布的《公共法律服务意见》,在原有规划的基础上进一步提出覆盖城乡、便捷高效、均等普惠的要求,明确了基本公共法律服务和多元化专业化的公共法律服务,并在提高管理效率、加大保障力度和加强组织领导方面作出指示。2020 年 12

〔24〕 在梳理我国公共服务建设的实践时,有学者将八项中央实践以及六项地方举措及成就分列,也与本书考察结果暗合。参见杨清望:《公共服务法治化研究》,中南大学出版社 2020 年版,第 69 页。

月，中共中央印发了《法治社会建设实施纲要（2020—2025 年）》，将“为群众提供便捷高效的公共法律服务”列为加强公民权利保护的重要内容，将公共法律服务的供给实效明确为考察法治社会建设成效的重要指标。

在此期间，司法部将运用现代信息化技术打造服务平台作为新时期公共法律服务现代化建设的重要抓手，先后发布了公共法律服务信息化建设的发展规划、建设指南和多项技术规范。2017 年司法部《关于“十三五”加强残疾人公共法律服务的意见》通过对特殊群体的倾斜保护，进一步扩大公共法律服务覆盖面。随着基层政务公开的标准指引与服务事项清单的出台，也使公共法律服务体系建设在改进管理体制和工作机制的方向上继续推进。之后，司法部与人社部共同出台的《关于深化公共法律服务专业人员职称制度改革的指导意见》，则从人员保障的角度为公共法律服务的良性发展保驾护航。[25]

除自上而下的顶层设计推进公共法律服务体系建设之外，地方政府对顶层政策的理解与具体制度试水推进，形成了自主驱动的地方经验试点与模式探索。在中央给出总体指示后，各地方纷纷响应，研究出台更加符合地域发展情况的地方特色公共法律服务模式。（见表 2－1）

表 2－1　各地公共法律服务创新模式

模式分类	核心节点	主要内容	类似城市
北京模式	“四四六”模式	四大平台、四级网络、六大民生工程	德阳市

〔25〕 在针对公益律师群体的访谈研究中，受访律师普遍认为，建立公益法律人才培养的长效机制，才是保证服务供给的治本之道。参见周晓霞：《僭越与规范：我国公益律师群体形成机制研究》，法律出版社 2016 年版，第 210 页。

续表

模式分类	核心节点	主要内容	类似城市
深圳模式	500 米公共法律服务圈	深圳市光明区以 500 米为半径建设公共法律服务中心、公共法律服务工作站、公共法律服务工作室、公共法律服务点	重庆市高新区
厦门模式	法律服务集聚区	建设集多种功能于一体的综合性法务中心和法务创新实践中心	成都市
成德眉资模式	都市圈法律服务同城化	加强四地公共法律服务工作的优化协同、规划联动、政策对接	
杭州模式	功能完备的法律服务频道	将各类项目打包“进驻”支付宝,将政府购买的公共法律服务项目通过支付宝城市服务向社会投放	上海市
山东、湖北模式	地方立法推进	出台《山东省公共法律服务条例》《湖北省公共法律服务条例》	厦门市

资料来源:本表由笔者根据各官方平台发布的政务资讯整理制作而成。

部分地方从现有的公共法律服务资源入手,着重统筹调整区域内的资源分布。例如,北京的“四四六”模式〔26〕将多个平台和各级政府的责任明晰、功能框定。与注重区域总体规划的北京模式异曲同工,深圳模式从公共法律服务的地理区位分布上入手,合理分配公共法律服务资源,在物理空间层面向公共法律服务便捷化靠近了一大步。厦门经济特区在《厦门经济特区公共法律服务条例》中首创性地写入法律服务集聚区条款,探索构建集法律服务、社会宣传、理论研究、法治教育、智慧法务、文化交流等功能于一体的综合性法务创

〔26〕“四四六”模式,即“实体、网络、热线、项目”四大平台、“市级、区级、街道(乡镇)级、社区(村)级”四级网络、“法治宣传育民工程建设、法律服务利民、人民调解为民、矫正帮教安民、法律援助惠民、视频会见便民”六大工程。

新实践中心。[27] 成德眉资模式着眼于跨行政区域范围的联动协同，着力提升同城城市圈的公共法律服务共建共享水准。杭州模式在网络平台上深入创新，利用信息化技术平台拓展公共法律服务的投放渠道，在不增加民众负担的前提下将公共法律服务的各类项目植入民众常用的网络平台中，拓宽了法律服务产品的获取渠道。在拓展法律服务地方发展新路径的同时，山东、湖北等地通过地方立法的形式将中央层级的指示予以细化，形成了具有地方特色的公共法律服务条例，[28] 在强调公共法律服务建设重要性的同时，也为下一阶段的具体建设提供具体指引和制度保障。

实践中，各地依据自身客观条件，在深入推进公共法律服务供给侧改革的同时，逐步探索建立公共法律服务的“区域化”“分类化”“专门化”[29] 制度体系，针对不同区域（农村、城市开发区、高新区、粤港澳大湾区等）以及不同群体分别供给满足其需求的公共法律服务产品，为各类主体享受公共法律服务提供了更为便利的条件。[30] 与此同时，各地政府通过出台相关政策文件，充分发挥互联网数字技术、AI 智慧平台等科技手段在法律服务需求判断与发现、均衡配置具体法律服务资源等方面的优势，形成并逐渐发展出诸如“数字技

---

〔27〕《厦门经济特区公共法律服务条例》第 33 条。

〔28〕《山东省公共法律服务条例》于 2020 年 9 月 25 日审议通过，自 2021 年 1 月 1 日起施行。《湖北省公共法律服务条例》于 2020 年 11 月 27 日审议通过，自 2021 年 3 月 1 日起施行。

〔29〕“专门化”方面，珠海市在探索涉外公共法律服务做出了有益的探索。参见吴轼等主编：《珠海法治发展报告 No. 4（2022）》，社会科学文献出版社 2022 年版，第 241 页。

〔30〕如 2009 年由司法部、共青团中央发起的“1 + 1”法律援助活动，针对中西部地区法律资源严重短缺的地方，进行专项法律援助，在体现公共法律服务普惠性之外，也体现出针对特殊区域、特殊需求的专门供给。参见樊崇义、施汉生主编：《中国法律援助制度发展报告 No. 1（2019）》，社会科学文献出版社 2019 年版，第 16 页。

术+公共法律服务”“互联网+公共法律服务”等新型公共法律服务模式。[31] 在上述举措同步实施的推动下，力求实现公共法律服务资源的均衡配置。

上述地方实践的实例，体现出地方政府在利用区位优势、整合当地资源、细化落实政策等方面做出的创新性贡献，其中优秀模式的经验推广，成为进一步完善与发展公共法律服务体系的可行路径。

二、形成了具有特色的重点制度与立法成果

在时代背景、法治建设进程的影响下，公共法律服务体系整体的发展也体现在几个重点领域的深入实践与制度建设。

（一）我国法律援助的历史发展与制度成果

我国法律援助制度起步稍晚。1992 年武汉大学社会弱者权利保护中心成立，该中心为中国第一家依托高校为社会提供公益服务的民间法律援助机构，其成立标志着我国民间法律援助事业的首次亮相。此时正值公共法律服务发展的逐步积淀时期，以经济建设为中心的时代任务以及法治理想的萌芽，都使这一时期的社会对于公共法律服务的需求上升到了一定程度。在官方资源供给有限与社会需求缺口扩大的矛盾之中，有部分社会力量察觉到了这一矛盾并作出行动，反映了属于这个时代的独特社会样态。

鉴于经济发展突飞猛进、社会矛盾多样化且增量大的现实问题，司法部于 1994 年年初提出探索建立中国法律援助制度，首先在一批重点城市试点运作。[32] 广州市法律援助中心于 1995 年挂牌成立，

---

〔31〕 如武汉市司法局等有关部门制定实施的《公共法律服务实体平台管理和服务规范》，对网络平台的服务形式作出详细规定。

〔32〕 李林：《中国依法治国二十年（1997－2017）》，社会科学文献出版社 2017 年版，第 393 页。

成为全国最早的官方法律援助机构，也宣布中国法律援助事业正式拉开序幕。此后，深圳、上海、北京、武汉、南京、郑州、青岛等大型城市也纷纷成立法律援助机构，为法律援助进一步在国内铺开打下了坚实的基础。

在制度发展方面，作为法律服务体系之一的法律援助制度与律师管理、司法诉讼制度密切相关。我国早在20世纪50年代便建立了早期的诉讼与律师管理制度，1954年《宪法》和《人民法院组织法》两部法律将被告人的辩护权予以明确；1956年国务院批准司法部《关于建立律师工作的请示报告》，该文件中对律师的性质、任务、机构等内容都作出了原则性规定；1957年《律师暂行条例（草案）》也由司法部起草完成。并且，全国各地纷纷响应，建立起了相当数量的律师团体、法律顾问处等早期民间法律服务机构。这一时期正处于公共法律服务的孕育奠基时期，面临着建立新法律秩序、以阶级斗争为首的时代背景，这一阶段的律师行业还未兴起便在历史的阻力中隐去身形。也就是说，在政治斗争为首，人民权利并不被重视的时期，作为保护被告人合法权益的兜底机制，律师制度在当时并不契合时代的需求，而更遑论法律援助了。可以看出，在威权主义法制的大环境之下，作为公共法律服务核心内容的法律服务难以展现其保护人权的价值功效。公共法律服务的运行与发展，时刻与法制运行的时代背景与社会环境联系在一起。

在改革开放之后，时代任务发生变化，以经济建设为中心的国家发展战略令法治发展迎来转变的契机。作为公共法律服务之一的法律援助事业，也乘着依法治国的浪潮，在20世纪末迎来了一波大兴起大发展。

以1980年颁布的《律师暂行条例》为开端，在改革开放后律师制度又重新回到了社会主义法治建设的轨道之上。这一文件将律师界定为“国家的法律工作者”,但是也可以为国家机关以外的企业事业单位、社会团体、人民公社和公民提供法律帮助。受限于时代因素,此时的社会矛盾以及对于律师服务的需求并未完全铺开,弱势群体对于律师辩护及其他法律服务的需求也未形成一种非常显眼的社会问题,所以这一条例虽然恢复了律师行业在制度上的地位,但是并未提及律师的法律援助等社会公益责任。此时的律师在身份上仍然是正式体制内的公务员,国家对于这一时期的律师的管理方式也是统包统管,社会化程度不高。直到 1996 年《律师法》的通过,将律师明确定义为“社会法律服务工作者”,才将这一法律工作群体推向社会,并且向社会释放了一定的法律资源,规定由国务院司法行政机关对律师、律师事务所以及律师协会进行监督与指导。此外,1996 年《律师法》中首次专章规定了法律援助的相关事宜,规定公民在赡养、工伤、刑事诉讼、请求国家赔偿和请求依法发给抚恤金等方面需要获得律师帮助,但是无力支付律师费用的,可以按照国家规定获得法律援助。且律师必须按照国家规定承担法律援助义务,尽职尽责,为受援人提供法律服务。“一个国家在刑事司法领域的人权保障水平是这个国家人权保障水平的重要标志,也是这个国家人权保障的底线。”〔33〕与《律师法》相照应,《刑事诉讼法》于 1996 年修订之时,也加入了法律援助的相关条文,从司法诉讼程序的角度确认了法律援助在刑事诉讼中的地位。〔34〕 于 1996 年颁布的两部法律,打开了法律

〔33〕 孙谦:《平和:司法理念与境界》,中国检察出版社 2010 年版,第 230 页。

〔34〕 《刑事诉讼法》(1996 年修正)第 34 条规定:“公诉人出庭公诉的案件,被告人因经济困难或者其他原因没有委托辩护人的,人民法院可以指定承担法律援助义务的律师为其提供辩护。被告人是盲、聋、哑或者未成年人而没有委托辩护人的,人民法院应当指定承担法律援助义务的律师为其提供辩护。被告人可能被判处死刑而没有委托辩护人的,人民法院应当指定承担法律援助义务的律师为其提供辩护。”

援助在司法诉讼中的大门，确立了刑事诉讼中法律援助的相关制度内容，其对于法律援助在刑事诉讼中的对象、范围、程序的设定影响流传久远，也为后续刑事诉讼中法律援助的发展打下了坚实基础。

1996 年，司法部第七次部长办公会上提出法律援助的内涵："法律援助，简言之，就是为弱者、残者、少者、贫者提供法律救济、法律帮助，保护司法人权，实现司法公正，体现我国在法律面前人人平等的精神。"这一论断将法律援助事业在我国诞生之初的内涵基本表达完全。法律援助即为社会上的弱势群体提供法律服务，其目的在于保护人权、实现公正价值，这也是我国法律援助在这一时段的真实写照。1997 年，司法部下发《关于开展法律援助工作的通知》，明确"法律援助，是指在国家设立的法律援助机构的指导和协调下，律师、公证员、基层法律工作者等法律服务人员为经济困难或特殊案件的当事人给予减、免收费提供法律帮助的一项法律制度"。此定义直指法律援助在实践中的具体流程，也即相关主体应当为有需要的当事人提供减免收费的法律帮助。另外，该通知还具体规定了法律援助的对象、范围、形式和程序等更为细节的实践工作内容，为此后的法律援助工作树立了榜样。在前述法律与文件出台后，司法部通过一系列的指导与通知，要求各地尽快落实法律援助机构的设立，并且在司法案件中切实保护妇女、老人、残疾人与儿童等弱势群体。全国各地积极响应，在全国统一指示下，纷纷建立了法律援助相关的地方性法规、规章，积极组建多层级的法律援助机构，培训法律援助专业人员。法律援助事业自此在我国广泛开展。

此后，法律援助事业在我国的发展进入快车道。据统计，2001 年全国范围内的法律援助机构便达到了 2274 个，拥有 8816 个工作人员,仅2001年便受理援助案件178,748个,服务咨询1,133,718人次。[35] 这一发展速度相当迅猛,截至2018年年底,我国法律援助机构数也不过3281个。[36] 可以认为,正是20世纪90年代末期这个时段,奠定了我国法律援助的实践雏形。

法律援助事业起步与发展最为迅猛的这一时段,恰巧为公共法律服务的逐步积淀时期。受到时代背景与历史潮流的影响,法律援助乘着改革开放的春风蓬勃发展。与孕育奠基时期的公共法律服务不同,法律援助事业一起步便受到了国家层面的高度重视,恰逢政治上依法治国、法律上保护权利的主流话语革新,在政策与理论的双重推动之下,法律援助事业在起步阶段便得到了良好的型塑。这一时期奠定的各式内容,都对日后法律援助事业的发展留下了不可磨灭的影响。如专业多级的法律援助机构的开设,如精细化的、科学化的援助程序设计,如救助贫弱、保护人权的理念指导,都随着法律援助事业的运作一直流传至今仍未改变。而且,由于诞生在公共法律服务的逐步积淀时期,其与法治建设的关系也得益于由单一法制向多元法治的话语变迁。在最初的制度设计中,便可以窥视法律援助对于法治建设的重要性。制度内容被直接写入《刑事诉讼法》,并且运用了两个"应当"的条文,令一定范围一定程度内的案件全部与法律援助硬性挂钩,足以见得法律援助在保护人权和法治建设中的重要地位。

但是,这一时期的法律援助也遇到公共法律服务所共同面对的难题,即供给侧的困难。虽然在《刑事诉讼法》《律师法》《关于开展

---

〔35〕 国家统计局社会和科技统计司编:《中国社会统计年鉴2006》,中国统计出版社2006年版,第268页。

〔36〕 樊崇义、施汉生主编:《中国法律援助制度发展报告No.1(2019)》,社会科学文献出版社2019年版,第34页。

法律援助工作的通知》(已失效)等官方指令文件中确立了法律援助的具体援助对象、援助范围、援助流程以及援助的责任与义务划分,但是具体的负责机构、相应的财政支撑与人员储备并不完全明晰。其中,《关于开展法律援助工作的通知》规定法律援助资金的主要来源包括:(1)政府财政拨款;(2)律师公证处、基层法律服务机构的业务收费中提取一定比例;(3)社会捐赠。同时,要求各地成立法律援助基金会,通过依法接受捐赠、募集等形式筹措法律援助的运作资金。据统计,从2001年至2011年这十年间,法律援助机构增加不足2倍,工作人员增加不足2倍,但是受理的案件增加了3倍有余,处理的咨询人次增加了4倍有余。[37] 法律援助供给资源的增加速度远远赶不上由于经济发展、社会变化带来的社会需求的膨胀。虽然其间也有工作流程优化、数字化办公等工作方式革新带来的效率提升,但是供不应求的现实状况,难以吸引社会力量的奉献型投入模式,令供需矛盾从一开始便刻在了法律援助事业的基因里。甚至,在曾经颁布的《关于开展法律援助工作的通知》中便有"在目前国家还未对政府财政拨款作出统一规定以前,各地应当向有关部门做好宣传和解释工作,争取地方财政给予支持"的委婉表达,法律援助事业的捉襟见肘在当时可见一斑。

法律援助事业的发展并未就此一蹶不振,一直致力于解决供给侧薄弱的问题。2003年国务院颁布《法律援助条例》,这对于中国法律援助事业与制度的完善与发展,具有重要的意义。该条例开篇便明确,法律援助是政府的责任,县级以上人民政府应当采取积极措施

〔37〕 2011年全国范围内的法律援助机构达到3672个,拥有14,150个工作人员,2011年受理援助案件844,624个,服务咨询5,334,383人次。参见国家统计局社会科技和文化产业统计司编:《中国社会统计年鉴2012》,中国统计出版社2012年版,第10-30项。

推动法律援助工作,为法律援助提供财政支持,保障法律援助事业与经济、社会协调发展。法律援助经费应当专款专用,接受财政、审计部门的监督,足见当时解决供给问题的决心。该规定被相关学者称为“中国法律援助最基本的原则”,也即各级财政保证法律援助经费的原则。

除改善资金保障外,该条例还进一步细化了法律援助的范围、申请流程、审查监督、实施细节与相关法律责任等内容,其篇章结构与内容编排,较前述《关于开展法律援助工作的通知》更为详尽,更利于实际操作。此条例一经颁布,便掀起了又一股法律援助事业的发展热潮。为了敦促各级政府切实担起相应的责任,2004 年,司法部联合民政部、财政部、劳动和社会保障部、国土资源部、建设部、卫生部、国家工商行政管理总局、国家档案局九个部门共同发文《关于贯彻落实〈法律援助条例〉切实解决困难群众打官司难问题的意见》(以下简称《解决打官司难意见》),该意见要求各级人民政府按照《法律援助条例》的规定将每年法律援助所需要的经费数额,按照当地的经济发展水平以及财力状况,逐步纳入年度财政预算,并且还要根据经济发展与财政收入的增加,切实保障好法律援助事业的发展。这一指示再次强调了各级政府要做好法律援助的资金供给保障,也凸显了政府想要切实解决法律援助供给侧困境的坚定决心。另外,该意见开篇便着重强调“是我国民主法治建设中的一件大事,是党和政府落实‘三个代表’重要思想的重要举措,是坚持立党为公、执政为民的具体体现,有助于落实‘国家尊重和保障人权’‘公民在法律面前一律平等’的宪法原则,对于进一步规范和加强法律援助工作,促进司法公正,完善社会保障体系,推动社会文明进步,具有十分重要的意义”。其中体现的对于法律援助工作地位的重视超出以往的文件,在政治上、在法律上、在价值理念上都将法律援助的重要性点出。

在强调资金供给问题与地位重要性后，该《解决打官司难意见》在优化法律援助与其他业务衔接、方便人民群众、拓宽援助范围等方面给出了进一步指示。无论是要求各部门加强协调与配合，简化法律援助审核流程，还是适当扩展业务部门对于法律援助减免范围，进一步明确援助减免范围的规定，都彰显出法律援助制度扶助贫弱、为人民服务的制度底色，体现出法律援助作为公共法律服务核心业务的独特价值，其优化思路更是直接影响了法律援助制度后续发展与改进的整体方向。

21 世纪，虽然依法治国、保障权利已经成为这一阶段的主流话语，但是公共法律服务体系仍然没有取得独立的地位，其整体发展虽然相较于草创时期丰满许多，但是仍未达致科学化、精细化的程度。由于缺少公共法律服务体系整体的引领与推进，法律援助事业在高速发展之后转向注重质量的发展阶段。如果不能解决资金问题，不能跟随时代与社会变换的潮流，提供相应的法律服务，完成兼具效率与效益的制度转型，法律援助事业的发展将处处受阻。总之，这一时期的法律援助制度在坚持保障人权、为人民服务的基础之上，将正面应对供给侧薄弱的问题，并且在普惠均等的方向上进一步扩展法律援助的范围，为法律援助制度的改进与完善拉开了序幕。

党的十八大之后，中国公共法律服务事业的发展进入了发展完善时期，这一时期的时代主题转入注重质量的转型式发展。随着经济发展迈向新台阶，行政体制改革走到深水区，社会主义法治建设进入关键期，法律援助制度的发展也迎来新的挑战与机遇。得益于公共法律服务体系的独立与发展，作为公共法律服务核心内容的法律援助制度也受到了不同以往的重视。

2015 年，中共中央办公厅、国务院办公厅下发的《关于完善法律援助制度的意见》指出，当前阶段仍然存在与人民群众特别是困难群众日益增长的法律援助需求相比,法律援助工作制度不够完善、保障机制不够健全、援助范围亟待扩大等问题。在资金保障问题之外,该意见直指工作制度、保障机制以及援助范围等尖锐问题。该文件指出,法律援助工作应当将坚持以人为本、促进公平正义、推进改革创新此三点作为工作的基本原则,并且要在法律援助范围、法律援助质量、法律援助保障能力以及相关组织领导四个方面进行重点突破。其中,扩大法律援助范围、提高法律援助质量两个方面均是从保障人民群众合法权利,提升被援助人服务体验的角度进行改进。扩大法律援助的范围,与基本公共服务的普惠性要求相联系,意在扩大各类司法诉讼中可以纳入法律援助的案件范围,并且实现法律援助咨询的全覆盖,在司法诉讼程序之外,也能够保障受援助者的合法权益。提高法律援助的质量,与合理行政、高效便民的行政原则相联系,不仅在广度上做好法律援助的覆盖,更在服务的深度、效用与满意度上做出要求。推进标准化建设、完善便民机制、加强质量管理,均是从提升受援助人的服务体验,切实解决人民群众关心的问题等角度出发,为法律援助具体服务的转型升级指明了方向。切实提升法律援助保障能力、加强组织领导这两方面意在强调对于法律援助工作体制机制的优化。法律援助保障之中最重要的仍旧是资金与人员的保障,人财物等供给问题依旧是法律援助工作的痛点。该意见从明确责任、动态调整投入、加强监督管理等角度对供给侧问题给出了改善方案为后续的具体改进提供了宝贵的思路。

总体而言,《关于完善法律援助制度的意见》针对发展将近20年的法律援助制度的种种痛点,给出了相应的处理思路,并且根据党的十八大之后新时期经济发展与社会变迁的整体环境,点出了法律援助作为公共服务应该继续提升的重点。这一阶段的公共法律服务已经进入发展完善时期,随着政策重视程度提升、变革难度提高、社会关系日益复杂等环境的变化，法律援助制度亟需一次革新思路的现代转型。

2016年，国务院办公厅《关于印发国务院2016年立法工作计划的通知》将《法律援助法》的起草列入"有关保障和改善民生，加强和创新社会治理的立法项目"。同年，国务院将法律援助立法列入司法研究项目，正式开启了立法工作。经过了起草、征求意见以及三审的考验，《法律援助法》于第十三届全国人大常委会第三十次会议表决通过。《法律援助法》的通过与实施，标志着中国法律援助事业将迈上新的台阶。前述诸多关于法律援助的文件，都仅为行政法规、规章层级的内容，而《法律援助法》的出台，是在国家法律层面对法律援助工作的重要性予以肯定，并且也是20多年来法律援助工作经验累积、成果总结的一次重要标志。《法律援助法》共7章71条，从组织构成、工作流程及法律责任等层面，全方位的对法律援助工作进行了规定，其中不但吸收了以往的制度成果，如国务院各项文件所确立的工作流程以及条文编排体例，也兼收并蓄了近年来在法律援助领域的最新成果，如对于值班律师制度的确认与吸收等。总之，《法律援助法》吸收总结了20多年来中国法律援助工作的诸多经验与成果，将作为公共法律服务体系之一的法律援助的重要性提升至一个更高的地位。〔38〕

纵览中国法律援助制度20多年的发展，从起步时期的蓬勃发展，到转型时期的不断探索，再到如今的新起点，中国法律援助事业的发展伴随着时代的变换与社会的革新，持续吸收着有益的工作经验，并坚持着均等普惠的公共服务价值指引以及保障人权的制度底

〔38〕"《法律援助法》的颁布，既代表着我国法律援助制度构建发展的新起点，又标志着中国特色法律援助制度初步形成。"参见冀祥德：《论法律援助制度的中国特色》，载《政治与法律》2022年第6期。

色。在中国特色社会主义法治社会的建设征程上，作为公共法律服务的法律援助事业仍然需要继续前进。

（二）我国人民调解制度的历史发展与制度成果

调解活动极具中国传统色彩，也是中国传统文化中厌讼、止争的表现之一。中国古代的调解又称“劝释”“休和”“和解”，虽然字面称呼与具体词意颇有偏差，但是其目的均为定分止争、消除争端。调解为一种三方活动，分为争议双方与从中斡旋调和的第三方。根据第三方性质的不同，调解可以分为官方调解与民间调解，其中官方调解指的是第三方在调解时的身份为手握公权力或有权威官方指派、认证的人。官方调解的历史可以追溯到我国古代，后汉书曾记载了官员不经诉讼程序，调解民事纠纷的现象。[39] 官方调解与诉讼最主要的区别便是争议双方的争点最后是否由审判程序进行裁判，但因官方调解中第三人的公权力背景，使官方调解与诉讼程序在很多时候都仅有程序上的差别；而民间调解的类别就相对较多了，根据调解人的身份区别，仍可分为乡治调解、宗族调解与狭义上的民间调解。[40]

近代中国的人民调解应当属于传统意义上的民间调解，其制度溯源可以追溯到民主革命时期。在当时的历史背景之下，中国共产党为了建设革命根据地，就需要在根据地建设时便处理好当地民众的纠纷问题，中国共产党的人民调解传统也就由此而来。此时的人民调解的性质属于官方与民间掺杂，根据不同地区不同时期甚至不同案件的具体情况，都各有不同。如1926年中国共产党湖南党组织部制定的《中国共产党湖南区第六次代表大会之农民政纲》规定：

---

〔39〕“民有争诉者，辄闭阁自责，然后断其讼，以道譬之。或身到闾里，重相和解。自是之后，争隙省息，吏人怀而不欺。”参见《后汉书·吴佑传》。

〔40〕其中分类与争议参见史凤仪：《人民调解制度溯源》，载《法学》1987年第3期；韩延龙：《人民调解制度的形成和发展》，载《法学》1987年第3期。

“由乡民大会选举人员组织乡村公断处，评判乡村中之争执”，此处的调解人员由乡民大会选举产生。又如1931年中华苏维埃共和国中央执行委员会第一次全体会议通过的《苏维埃地方政府暂行组织条例》规定：“乡苏维埃有权解决未涉犯罪行为的各种争执问题。”此处的调解人员又由乡苏维埃委派。总之，在特殊的历史时期，在司法资源严重匮乏但是调处息讼需求又客观存在的情况下，人民调解传统应运而生。

此时期人民调解工作的突出成果，体现在后期保留下来的人民调解的三项基本原则之上，即自愿原则、合法原则以及调解不碍诉讼原则。其中，《晋察冀边区冀鲁豫区调解委员会办事细则》规定尊重争议当事人自主意愿的原则处理，〔41〕是朴素的人权保护理念的体现。同时，《晋察冀边区行政村调解工作条例》的相关规定，又将当事人调解意愿的范围，限缩至强制法与善良风俗的范围之内。自愿原则与合法原则一内一外、一松一紧，相互配合，在不危害法律制度的情况下基于人民调解中当事人以最大的自由；而调解不碍诉讼原则指的是，调解并非诉讼的必经程序，任何人都不可以以进行调解为由剥夺争议当事人提起诉讼的正当权利。这一原则出现的时间较晚，其中体现的对程序的细腻把握以及对当事人合法权利的尊重，都凸显出人民调解调处息讼与保障人权兼顾的制度品性。

新中国成立之后，民主革命、抗日战争、解放战争等时期所积累的人民调解经验开花结果，形成了1954年原政务院颁布的《人民调解委员会暂行组织通则》（下称《人民调解委员会暂行组织通则》）。该文件出现时期较早，也是第一个在孕育积淀时期便拥有较完整体系的公共法律服务部门。该通则共11条，其中分别规定了立法目

〔41〕“（调解）以说服方式取得双方当事人同意为原则，不得用任何强迫命令威吓等方法。”参见《晋察冀边区冀鲁豫区调解委员会办事细则》。

的，调解委员会性质、任务、组织规模、产生程序、调解原则、调解纪律、调解工作以及相关责任。其内容虽寥寥数语，却非常明确地规定了建立调解委员会，进行调解工作所需要的种种因素，可谓“麻雀虽小五脏俱全”。其中调解原则、调解纪律以及调解人员的产生程序，都很好地继承了革命时期流传下来的宝贵经验，并为日后人民调解制度的进一步发展打下了坚实的基础。

《人民调解委员会暂行组织通则》出台的时期，也正是中国公共法律服务相关内容刚刚萌芽的阶段。虽然因为历史因素，人民调解制度已经完成了一轮经验的积累，并得出一定成果，但是由于历史与时代的限制，使得这一时期的人民调解仍然相当不成熟。首先，此时国内的政治环境仍然以阶级斗争为纲，《人民调解委员会暂行组织通则》的规定虽然在书面上十分清晰，但是在实践执行中其规定往往得不到遵守。[42] 也就是说，此时人民调解工作的展开还是只能依托政治建设，而无法从制度层面进行处理。甚至出现了严重违背《人民调解委员会暂行组织通则》规定，擅自将人民调解委员会改为调处委员会，并与其他组织合并的情况。也就是说，在大范围运动的政治环境中，虽然寻求调解的社会需求仍然存在，但是仅凭法律文字与单一制度的支撑，也难以完成法律服务资源的有效供给。其次，《人民调解委员会暂行组织通则》本身的内容虽然继承了革命时期在调解工作上的优异经验，但是在指导思想方面也依然留存着浓浓的时代烙印。

〔42〕 “从历史事例来看，调解委员会好坏的关键，是在于领导上是否抓得紧和调解委员会的组织成份是否纯洁。过去大部分调解组织垮台的基本原因，主要是缺乏领导，干部作风不好，或者组织成份不纯。调解委员会的委员应由群众选举能够忠实地为人民服务和作风正派的人来担任，不要让坏分子混入。今后为了巩固与提高调解委员会的组织和工作，更好地发挥其积极作用，必须认真地从政治上、思想上、组织上对它加强领导，并经常进行督促和检查。”参见司法部1954年《关于〈人民调解委员会暂行组织通则〉的说明》。

《人民调解委员会暂行组织通则》在条文中写入了相当一部分的政治用语，立法目的与人民团结、爱国教育绑定，是政治意味过于浓厚的表达。[43] 此外，"人民调解"一词中的"人民"在严格意义上也并非法律领域的专有术语。因此，如何在传统与现代之间做好平衡，如何处理好法律概念中的政治用语，是人民调解制度在将来很长一段时期内需要解决的课题。最后，在现实环境问题与政治色彩之外，《人民调解委员会暂行组织通则》的内容也过于简化，虽然内容体系较为完整，但是难以支撑整个国家范围内的人民调解工作。当然，这一点可以认为是受到时代局限、立法技术与法律资源等因素的影响。总之，虽然在时间上具有革命时期的实践作为前置经验，《人民调解委员会暂行组织通则》作为人民调解制度在新中国的开端，仍然受到了这一时期的历史与社会环境的影响。但是其中的闪光点，将作为人民调解制度进一步发展的原点，在中国人民调解事业的变革之中不断流传下去。

在此阶段后，中国人民调解制度直到 1982 年《宪法》修改时才迎来转机。1982 年《宪法》中明确了人民调解委员会的设立。[44] 人民调解相关制度被写进《宪法》，足以见得人民调解制度地位之高、作用之重。值得注意的是，为了与基层群众自治这一基本政治制度相契合，在城市居民委员会获得恢复之后，人民调解委员会的产生便从《人民调解委员会暂行组织通则》时期的派出所辖区、街道、乡转变为

---

〔43〕 例如，《人民调解委员会暂行组织通则》第 1 条规定："为建立人民调解委员会（以下简称调解委员会）及时解决民间纠纷，加强人民中的爱国守法教育，增进人民内部团结，以利人民生产和国家建设，特制定本通则。"

〔44〕 《宪法》（1982 年）第 111 条第 2 款规定："居民委员会、村民委员会设人民调解、治安保卫、公共卫生等委员会，办理本居住地区的公共事务和公益事业，调解民间纠纷，协助维护社会治安，并且向人民政府反映群众的意见、要求和提出建议。"

居民委员会与村民委员会；而居民、村民委员会的产生又由居民、村民直接选举产生，所以此时期的人民调解委员会的产生，也从原来的政府主持、居民代表选举和乡人民代表大会推选，变成了直接由居民、村民委员会产生。在组织上，这一时期的人民调解委员会更加远离行政组织，且层级也没有前一阶段那么高。在政治上，前一阶段的人民调解委员会的产生更贴近于间接民主模式，且由政府的主持，而新式的人民调解委员会的产生更加贴近直接民主模式，更能够体现基层群众的真实意志。1982 年宪法中对于人民调解委员会的提及，推翻了前一时期《人民调解委员会暂行组织通则》在组织形式与委员会产生方面的一些规定，也为人民调解制度后续的革新做好铺垫，将人民调解委员会的制度历史翻开新篇章。

1982 年《宪法》更改部分规定后，1987 年发布《村民委员会组织法（试行）》中的相关规定回应了 1982 年《宪法》中关于人民调解委员会的内容，[45] 并且细化了人民调解委员会的设立过程。而且这一条文中关于人民调解委员会的内容在整部法律历经 1998 年、2010 年、2018 年的三次修改后都未有实质变动，可以认为人民调解委员会在组织产生与设立的规定由此定型。1989 年国务院针对人民调解工作发布的《人民调解委员会组织条例》中，对这一阶段的人民调解工作作出了全面且全新的规定。该条例共 17 条，在《人民调解委员会暂行组织通则》的基础之上根据《宪法》以及《村民委员会组织法（试行）》对人民调解委员会的设立与产生作出调整，对现行高位阶法律形成回应。此外，《人民调解委员会组织条例》在委员会成员选任、调

---

〔45〕《村民委员会组织法（试行）》第 14 条规定：“村民委员会根据需要设人民调解、治安保卫、公共卫生等委员会。村民委员会成员可以兼任下属委员会的成员。人口少的村的村民委员会可以不设下属的委员会，由村民委员会成员分工负责人民调解、治安保卫、公共卫生等工作。”

解启动程序、具体工作流程以及调解协议等各方面都作出了更加细化且更加明确的规定。在历史遗留的宝贵经验方面,《人民调解委员会组织条例》也进行了传承,主要体现在对于调解原则与调解纪律上的保留。值得注意的是,《人民调解委员会组织条例》在达成调解协议的问题上作出了较为详细的规定,主要针对调解协议的效力认定以及后续程序衔接做出了相应提示,此处体现出人民调解作为一项与司法制度衔接的民间调解制度,其应当体现出的专业与精细。在专业性提升的同时,《人民调解委员会组织条例》在以人民为中心等价值指引方面也做出了推进。人民调解制度毕竟是公共法律服务的重要组成部分之一,其天生的服务性与奉献性非常容易令自身陷入"公地悲剧",从而丧失不断运作的动力。针对动力不足这一点,《人民调解委员会组织条例》直接明示:"各级人民政府对成绩显著的人民调解委员会和调解委员应当予以表彰和奖励。""对人民调解委员会委员,根据情况可以给予适当补贴。人民调解委员会的工作经费和调解委员的补贴经费,由村民委员会或者居民委员会解决。"这一奖励机制的设定不但体恤了人民调解委员进行调解工作的无私奉献,更在制度层面对制度实践动力不足的问题给出的解答。总之,《人民调解委员会组织条例》作为这一阶段针对人民调解工作作出整全规定的行政法规,既解决了前一阶段的遗留问题,又保留了历史经验中的精华部分,更是在专业性与精细化方面做出突破。《人民调解委员会组织条例》的出台,完成了与旧阶段告别的制度建构,为新阶段的人民调解工作的展开与后续发展打下了坚实基础。

2002 年司法部发布的《人民调解工作若干规定》(以下简称《人民调解若干规定》),该规定在前述 1989 年《人民调解委员会组织条例》的基础之上,针对人民调解工作的各项细节作出的具体的指示。《人民调解若干规定》共有 45 条,是人民调解制度文本里数目最多的，也是对人民调解工作规定最为详细的。《人民调解若干规定》在人民调解委员会的组织产生等方面做出了一定的改进，规定“人民调解委员会委员、调解员，统称人民调解员”。既简化用语，也令调解员的称呼得到了独立的确认。此外，拓宽人民调解员的来源渠道、扩充人民调解委员会的设立主体、限制人民调解委员会的性别结构等举措，凝结了新阶段人民调解工作实践的有益经验，针对作为公共法律服务的人民调解工作进行普惠方向上的拓展，增加社会成员参与人民调解的渠道，为人民调解委员会的组织工作带来了新时代的印记。在人民调解的具体工作上，《人民调解若干规定》也从增设调解员任务、确认调解协议效力、明示不可调解案件范围、限制调解进行时间以及着重进行队伍建设等方面，对人民调解工作的具体展开进行了细节上的深入优化。《人民调解若干规定》的出台，总结了 1982 年宪法以来新阶段人民调解工作的新一轮经验，在结合以经济建设为中心的时代特色，体察社会矛盾逐渐往多样化、数量不断攀升的方向发展等社会历史背景之后，对此后的人民调解工作提出了更高的要求。这一时期的经验积累与总结，也为后续人民调解制度的突破埋下伏笔。

2011 年，由第十一届全国人大常委会第十六次会议审议通过的《人民调解法》正式施行。《人民调解法》是新中国成立以来，关于人民调解工作最权威最完备的一部法律，其吸收了自革命时期以来众多历史时期遗留下来的实践经验，一经面世便受到了学者们的好评。“《人民调解法》是我国社会各界、基层事务工作者和各级司法行政机关共同努力的结果，而立法者充分听取了社会各界的意见，较准确地把握了法律的基本原则和尺度，所取得立法成果是值得充分肯定的。”[46]也有学者认为：“该法律具有的前瞻性、开放性、务实性等优点，将为我国人民调解工作、整个非诉讼纠纷解决机制发挥有效促进作用。”[47]《人民调解法》共35条，因作为国家法律的层级考虑，其内容规定并未像《人民调解若干规定》那么细致，但是《人民调解法》在体例编排上并未完全跟随历史经验，而是做出重大调整，在分章的基础之上，将法条全文分成六章，使前后编排更有层次性与逻辑性。在总则部分，《人民调解法》把以往文件中放在中后部位的调解原则提前，放在立法目的与概念解释之后，足见其重视程度。并且，在总则中对《人民调解委员会组织条例》中的激励机制做出了保留，对人民调解作为公共服务的固有矛盾起了一定作用。值得注意的是，《人民调解法》将关于调解协议的内容聚集形成专章，这一改动体现出《人民调解法》对于调解程序、调解目的的理解革新。以往的人民调解主要目的是调处息争，化解矛盾，因而并不十分注重调解结束后的结果处理与其他程序衔接；而《人民调解法》对于调解协议的重视，体现出立法者在建构这一阶段的人民调解制度时，已经认识到在法治建设的社会大环境之下，人民调解并非具有终局性的纠纷解决程序，无论诉前化解纠纷的愿望多么强烈，也必须要保证调解当事人正当的诉讼权利。所以，对于调解协议的重视，对于调解协议效力的精细规定，凸显出立法者对于保护权利的法治理念的现代理解，也令《人民调解法》在调解协议部分与调解原则第3条产生前后一致的逻辑链条，从而形成呼应。

总之，《人民调解法》的出台，代表着人民调解制度向着法治化、现代化与科学化精细化的方向更进一步。但是也必须认识到，《人民

〔46〕 范愉：《〈中华人民共和国人民调解法〉评析》，载《法学家》2011年第2期。

〔47〕 阮婧驰：《人民调解纠纷解决机制评估与完善——兼评〈中华人民共和国人民调解法〉》，载《人民论坛》2013年第35期。

调解法》出台离现今已有10余年，且《人民调解法》对应的公共法律服务发展时期为逐步积淀时期。作为公共法律服务体系重要组成部分的人民调解工作，在中国公共法律服务发展完善时期需要以何种姿态面临新的挑战，则是下一阶段需要重点探讨的问题。

本章小结

本章通过对我国公共法律服务体系的历史发展逻辑和具体实践困境的探讨，勾勒出我国公共法律服务体系的发展现状。其中，三步走的历史发展阶段，揭示了我国公共法律服务体系的发展离不开每个时代的主旋律，更是与法治发展的各个阶段紧密联系。在公共法律服务整体发展的背景下，体系内的各项重点制度遵循着相对独立的制度发展路径，积累着实践经验。法律援助制度在保障人权、保障社会公正的道路上为我国法治建设提供助力；人民调解制度则在定分止争、保障社会稳定的方向上凸显着中国式治理的本土智慧。具体实践中形成的创新成果，则体现着我国公共法律服务体系在新时期中也不断活跃着的制度生命力。

第三章　公共法律服务体系的发展现状与实践困境

在第二章的分析中可以看出，我国公共法律服务体系发展所遵循的历史道路离不开对于法治建设这一主题的围绕。但也正由于相对特殊的历史发展以及建设路程，我国公共法律服务体系的发展与实践也仍然存在可商榷之处。具体表现为，理论上现有内容体系需要更精细的梳理与划分，实践中体系的发展路径需要进一步明确。现有政策文件以及理论研究对我国公共法律服务体系的建构与分类仍然延续着来源于制度历史的实践因素，这种情况在使我国公共法律服务体系内涵难以形成定论的同时，也为我国公共法律服务的体系的进一步梳理提供了空间。也正是由于这种实践先行、制度先于体系形成的特殊局面，使我国公共法律服务体系的进一步发展需要更加明确的路径与目标指引。本章在相关实地调研材料的支撑下，期望通过对具体区位实践情况的分析，推导出具有一定普遍性的全国性经验，将由地方实践中凸显出来的实践困境，通过逻辑演绎的方式，实现具有一定普遍性的问题诊断。

本章将聚焦于我国公共法律服务体系的发展，梳理重要文件给出的内容定位，并对其进行理论分析，进而厘清现有公共法律服务体系实践中的相关问题。最后，总结出我国公共法律服务内容体系理论与实践现状，为后文构思针对性对策提供可资参考的思路。

第一节　公共法律服务的内容体系

实践经验及制度内容丰富而理论建构相对较少，是我国公共法律服务体系的具体现状。这一情况在公共法律服务的内容方面则体现为服务产品内容多样但复杂、全面但低效。由于各公共法律服务事项自身具有各色各异的发展历史与制度品性，公共法律服务在内容体系的编排上存在可资讨论的理论焦点。

从历史发展的角度来看，我国公共法律服务体系核心概念的确立要晚于其中具体制度内容的出现及发展，例如，法律援助制度、人民调解制度等较为核心的公共法律服务项目均在 20 世纪便在制度层面基本成型，其中不乏更为久远的域外制度发展经验。[1] 这种制度内容成型先于理论构建的情况使得我国公共法律服务的体系建设不得不在兼顾现有的服务产品与制度内容的情况下进行建设。在不同公共法律产品之间进行撮合与联结，将其纳入同一个更高层次的框架体系下进行建设，这对相关的理论研究提出了相当重大的考验。

从发展现状的角度来看，我国公共法律服务体系整体建设，主要由国家层面的政策文件进行推动。究竟什么是公共法律服务，哪些服务产品应当归入公共法律服务内容体系，基本由几个重要的政策文件予以官方上的框定，且这种框定多以列举、铺陈的方式展现，且

[1] 刘帅克：《法国、荷兰法律援助制度改革情况及启示》，载《中国司法》2014 年第 11 期；赵飞龙：《英国法律援助质量控制体系及其借鉴意义》，载《河南财经政法大学学报》2020 年第 3 期。

不同的文件之间也并未形成一种统一的体系化的内容划分。如司法部于2017年发布的《平台建设意见》中指出公共法律服务实体平台的功能职责定位应当为“3 + X”模式，即以法律援助、人民调解、法律咨询等三项基本职能为主导，以其他服务为拓展职能，各地根据需要和条件自行确定。[2] 这一分类虽然极具实践指导意义，但是其内容划定并未与其它政策文件形成呼应。如2021年发布的《公共法律服务规划》将公共法律服务体系的建设内容扩充为数十项，其中涉及的产品内容也较之前的政策文件更为多样。但是，由于此规划定位较高且内容较为全面，并未将其他政策文件中的具体内容纳入规划中，因而难以与先前的政策文件产生呼应。已有学者对这种政策文件难以形成统一架构的问题作出观察。[3] 因而，对现有政策文件中公共法律服务的涵盖内容进行梳理，是进行内容体系建设的前提工作。

一、现有制度体系建设以实践探索为主

总体而言，我国目前对于公共法律服务内容体系的描绘呈现出以实践经验为主轴的局面。也就是说，在制度内容先于体系建构的情况下，我国公共法律服务体系在内容方面的建构是围绕着已有的制度实践内容以及历史经验展开的。[4] 虽然在不同的文件中关于公共法律服务具体内容的提法及呈现有所不同，但是均能够在其中

---

〔2〕 其他服务包括“律师、公证、司法鉴定、专业调解、司法考试、安置帮教、监所远程视频探视等”。参见司法部2017年《平台建设意见》。

〔3〕 “(《全国公共法律服务平台建设技术规范》)采用列举的方法对公共法律服务内容进行概括性描述，但没有涵盖目前所需的公共法律服务事项，也不能满足未来不断出现新的公共法律服务产品的需要。”参见杨凯、韩秋林：《现代公共法律服务体系建构的基本逻辑》，载《法治论坛》2020年第3期。

〔4〕 “公共法律服务体系的整体概念在2014年前后提出，此前我国部分公共法律服务内容已经有较为成熟的制度和资源基础”，参见杨凯等：《公共法律服务学导论》，中国社会科学出版社2020年版，第51页。

发现以实践经验为主的划分思路。

司法部于2017年发布的《平台建设意见》中曾对公共法律服务的相应内涵做出区分。《平台建设意见》在明确实体平台的相应功能职责时,曾提出了公共法律服务实体平台的“3+X”功能职责定位,其中的“3”为法律援助、人民调解、法律咨询等基本职能,而其中的“X”为拓展职能,可由各地根据需要和条件引入。最后,在“3+X”模式之中,法治宣传要融入其中,形成实质上的“3+X+1”模式。这一分类方式虽然也注重对于实践的指导,在公共法律服务内容的表述上较为细致,《平台建设意见》对于“3+X”模式的建构,显然更加注重公共法律服务内部差异以及地域需求差异。其中,基本职能的提法,基本上涵盖了我国公共法律服务在历史发展与实践中占比较重的三项内容,所以要求各地方政府在建设公共法律服务实体平台时必须将此三项服务作为基本职能,而其余的“X”项则为地方留下发挥空间,可根据自身的需求和能力选择性建设。《平台建设意见》这种分类方式,更具层次地为我国公共法律服务体系的建设与发展提供指导。

在《平台建设意见》中,法律援助、人民调解以及法律咨询的基本地位被强调,其原因或多或少都掺杂着既有历史经验的影响。因为无论从功能的角度去观察,还是从供给侧的提供路径来考量,这三项法律服务都难以在中微观的层面合称为一个体系,而必须从宏观的法治建设角度来将此三项法律服务统括为一个建设目标之下。也就是说,从实践指导意味浓厚的《平台建设意见》中对于公共法律服务相应内涵及建设任务的部署上,可以看出在实践方面,我国公共法律服务建设在内容上是围绕着已有的制度内容构建的,因而称这一内容体系的构建为以实践经验为主轴。这种特征还体现在司法部于2019年印发的《公共法律服务事项清单》之中。《公共法律服务事项清单》径直从公共法律服务事项内容的角度出发,对相关服务的供给主体提出了明确的实践指导,其中具体内容整理如下:(1)法治文化设施,由司法行政机关及相关部门向社会公众免费提供;(2)法治文化作品,由司法行政机关向社会公众通过各类渠道提供;(3)法治宣传教育活动,由司法行政机关及相关部门向社会公众主动提供;(4)法律咨询活动,由司法行政机关向社会公众通过公共法律服务中心(站、室)、政务服务大厅公共法律服务窗口、"12348"热线、中国法律服务网及各省级法律服务网等渠道提供;(5)法律法规查询,由司法部向社会公众通过中国法律服务网提供;(6)司法行政(法律服务)典型案例查询,由司法部向社会公众通过中国法律服务网提供;(7)法律服务机构和人员信息查询,由司法行政机关向社会公众通过非实体平台提供;(8)法律便利服务,由司法行政机关向社会公众通过各类平台提供;(9)法律援助(申请类),由法律援助机构向法律援助申请人提供;(10)法律援助(通知辩护、通知代理类),由法律援助机构向司法机关通知辩护、通知代理的犯罪嫌疑人、刑事被告人、强制医疗被申请人指派;(11)值班律师法律帮助,由法律援助机构向没有辩护人的犯罪嫌疑人、刑事被告人提供;(12)军人军属法律援助,由法律援助机构向提出申请的军人军属提供;(13)公证、司法鉴定法律援助,由法律援助机构向符合法律援助条件的当事人提供;(14)人民调解,由人民调解组织向矛盾纠纷当事人经申请或主动提供;(15)律师调解,由在公共法律服务中心(站)设立的律师调解工作室、在律师协会设立的律师调解中心、在人民法院设立的律师调解工作室向符合条件的民商事纠纷当事人经申请提供;(16)村(居)法律顾问,由村(居)法律顾问向村(居)民通过多种方式提供。[5]

---

〔5〕 文中内容有删改,具体资料参见《司法部关于印发〈公共法律服务事项清单〉的通知》(司发通〔2019〕97号)。

从司法部的这份《公共法律服务事项清单》中可以获知，国家政策层面对于公共法律服务体系具体内容的罗列基本采取全部列举的方式。这份清单中，司法部将公共法律服务的服务项目分为16项，并具体规定了服务对象、服务内容、服务提供（获取）方式、服务提供主体以及相应的政策与法律依据。这份清单在实践中极具指导价值，基本涵盖了我国公共法律服务体系内的主要内容。但是，从理论分析的角度来审视这份清单的内容，则可以发现这16项服务项目还可以根据其服务性质、服务提供渠道以及服务的需求紧迫性等标准进一步做精细的类型化分析。比如，依据《公共法律服务事项清单》的排列顺序以及具体服务内容的性质可以看出，第1—3项服务内容，均为不针对特定法律案件或特定个人需求的法治文化宣传教育服务。第4—6项服务，均为类似于行政公开的信息查询类服务，其查询内容包括法律法规、案例以及特定的法律知识。第9—12项，均为法律援助类的法律服务，由于《法律援助法》的出台，我国法律援助在实践中的服务内容也被限定为法律咨询、代理、形式辩护等内容。第14、15项均为调解类法律服务，根据具体适用场景与案件性质的不同进而分成较为普遍的人民调解以及相对专业的律师调解；第8、13、16项，均为相对独立或兜底性质的法律服务内容，其中第13项公证、司法鉴定法律援助，虽然名称中包含法律援助，其提供机构也为法律援助机构，但是究其服务性质，仍然与普通的法律援助类服务有着本质区别，而属于权威机构背书的公证类服务；而第8、16项均为兜底性质的法律服务，其内容并未明确列出，而是承担着相对全面且繁杂的整体性服务任务。《公共法律服务事项清单》对于公共法律服务内容的列举，明晰了具体行政部门在工作中需要提供何种公共法律服务。

《平台建设意见》与《公共法律服务事项清单》两份文件均对我

国公共法律服务实践工作作出了相应的指示,但是其中对于服务内容事项的划分是基于一种历史与实践的平衡,也即将已有的历史实践与相关经验统合到公共法律服务体系建设这一大项目中。这一思路首要考虑的是如何在成本有限的情况下完成公共法律服务体系的初步建设,而将现成的机构设置、职责分配、工作模板全部纳入新体系之中,则成为效率较高的选择。但是也要看到,这些以实践指导为旨归的文件在宏观体系的规划上并非完美,其对于我国公共法律服务内容的划分更多地考虑在现阶段如何最有成效地实现基本框架的铺设,最有效率地利用历史经验与现有资源,而在整体规划上仍然有待优化。

基于一定时间的实践经验与建设成果,在中共中央办公厅、国务院办公厅于2019年发布的《关于加快推进公共法律服务体系建设的意见》(下文简称《公共法律服务意见》)中曾出现了类似于《平台建设意见》的分类。《公共法律服务意见》的一级标题中,将"推进基本公共法律服务均衡发展"与"促进公共法律服务多元化专业化"并列提出,且将有关公共法律服务具体内涵的内容放在此两部分中说明,可以看出在《公共法律服务意见》中,此两种发展进路的分类已经形成。在具体分类上,基本公共法律服务部分所提及的服务项目有法律援助、基层普法、人民调解、法律咨询、公证以及国家司法救助等项目,在涵盖"3+X"模式中的三项基本内容的基础上还增加了公证以及国家司法救助的内容。值得注意的是,国家司法救助项目在《公共法律服务事项清单》中并未提及,其是否应当作为公共法律服务的一部分也有待讨论,而公证项目之所以并未成为公共法律服务实体平台的三项基本功能职责,也是因为供给主体为单独的公证机构,相较于统一的公共法律服务平台在提供机构上略有区别。因而,可以认为《公共法律服务意见》中将公证作为基本公共法律服务的内容在理论上具有一定的合理性。“多元化专业化发展”的部分所提及的项目有，促进经济高质量发展、促进党政机关依法全面履行职能、促进司法公正和社会公平正义以及为国家重大经贸活动和全方位对外开放提供的法律服务。在这一部分的要求中，以所服务的抽象对象为区分标准，细节性地规定了数项相对少见但对于经济建设、政治建设、法治建设以及社会建设都极具助益的法律服务项目，为我国公共法律服务体系发展提供了前瞻性的指引。区别于前两份重于实践指导的文件，《公共法律服务意见》更加全面且前瞻地对体系化建设做出指示，其中关于基本公共法律服务与多元化专业化公共法律服务的分类，也可看出在国家政策层面已经认识到并非所有相关的制度与实践都可以直接被统合进统一的体系中，而需要做出进一步的精细区分。

上述思路也被延续至最新的政策文件中，在司法部于 2021 年印发的《公共法律服务规划》中，也给出了与《公共法律服务意见》中相似的，以抽象服务对象为区分标准的公共法律服务内容分类。《公共法律服务规划》第 6—10 项，分别提出了提高全民法治意识和法治素养、保障司法公正、共建现代基层社会治理新格局、服务经济高质量发展、加强涉外法律服务等五项内容。其中，提高全民法治意识和法治素养，对应着普法宣传与法治文化建设等项目。保障司法公正对应着律师代理、法律援助、公证以及司法鉴定等项目。共建现代基层社会治理新格局对应着人民调解、律师调解以及村（居）法律顾问等项目。服务经济高质量发展对应着法律顾问、公职律师、公司律师等项目。加强涉外法律服务对应着涉外法治培养、涉外法律人才与机构的培育、涉外交流合作机制化等项目。可以明显看出，前三项内容所涉及的部分均为相对基础的公共法律服务，也与“3 + X”模式中的三项基本职能吻合。而后两项的内容则与《公共法律服务意见》中多元化专业化公共法律服务的内容相吻合。《公共法律服务规划》中的分类方式虽然明确了我国公共法律服务应当发挥作用的几大领域，但是其对于具体服务内容的分类思路与《公共法律服务事项清单》类似，着重于全景式的列举，没有如《平台建设意见》以及《公共法律服务意见》那样体现公共法律服务体系建设中的轻重缓急，因而也存在一定的讨论空间。

基于前述文件中关于公共法律服务具体内涵界定的梳理，可以看出在国家政策层面，对于公共法律服务究竟包含哪些内容的问题，还有待进一步整理与细化。但是，政策文件中以历史经验与实践成效为主轴的规划思路较为明显，这一思路虽然以其列举式的清晰、明确等特点，能够较好地指导实践，但是从理论端来看尚无法解决如何统合各类服务项目的问题。进言之，以实践经验为主轴的内容体系规划，难以说服相关学者、从业人员乃至普通民众，为什么公共法律服务是一个体系。虽然从先前的《平台建设意见》《公共法律服务事项清单》到之后的《公共法律服务意见》《公共法律服务规划》，可以看出整体构建思路的转变，凸显出我国公共法律服务内容体系对理论化、体系化的需求，但是对于具体内涵的理解、对于具体服务内容的编排，仍然有待理论界的进一步挖掘。

已有学者认识到我国公共法律服务基本内涵界定在整体规划上的要求，在针对2017年《全国公共法律服务平台建设技术规范》的观察中，杨凯等指出："公共法律服务的概念应当抽象化。"[6]这一论断也正是表明在已然成为独立理论体系的公共法律服务领域中，单纯的服务内容列举并不能跟上不断变化发展的公共法律服务具体内涵的要求。因而，在保证实践效果与建设效率的基础之上，为了进一步

---

〔6〕杨凯、韩秋林：《现代公共法律服务体系建构的基本逻辑》，载《法治论坛》2020年第3期。

完善我国公共法律服务具体内涵的理论建构，将各项服务内容项目有机整合至统一框架中，则必须提出一种更加整全的公共法律服务内容体系理论。

二、内容构成亟待理论统合

区别于政策文件中以实践经验为主轴的关于公共法律服务内容构成的划分与界定，相关学者更乐于从理论线索中找到串联各项公共法律服务、使之体系化的界定方法。不局限于单纯的内容构成，众多学者在公共法律服务整体体系的构建方面提供了不同于政策文件的思路。例如，许同禄等认为公共法律服务体系应当包含产品、人力、渠道等细分内容。[7] 此外，仍有不少学者就此问题作出区分。[8] 可以看出在不同的分类标准以及观察视野下，公共法律服务体系的具体内容也呈现出不同的样态。其中，最为宏观的公共法律服务体系建构，当属杨凯提出的公共法律服务六大体系的建构模式。[9] 在这一最宏观的体系建构中，以公共法律服务产品体系为引领，政策、平台、供给、人才组织以及评价标准等体系，围绕着公共法律服务产品的供给路径、供给方式、供给质量以及供给保障等方面的内容，与公共法律服务产品体系共同组成一个完备的有机的统一体系。

---

〔7〕 许同禄、刘旺洪主编：《公共法律服务体系建设的理论与实践》，江苏人民出版社2014年版，第58页。

〔8〕 更多分类参见陆娟梅：《公共法律服务体系建设探析》，载《中国司法》2015年第3期；俞世裕：《全面推进覆盖城乡居民基本公共法律服务体系建设的实践探索》，载《中国司法》2015年第4期。

〔9〕 包括关于规范公共法律服务体系建设各部门职责、经费保障、人员分配等上层设计的公共法律服务政策体系；公共法律服务产品体系；公共法律服务平台如何构建、融合的平台体系；公共法律服务如何提供的供给体系；公共法律服务机构人才如何组织的人才机构体系；公共法律服务如何进行评估的评价标准体系。参见杨凯等：《公共法律服务体系建构及其评价标准研究》，中国社会科学出版社2020年版，第40－41页。

但在上述整体、宏观的体系编排中,公共服务产品体系的界定在理论上并未形成定论,因而更有学者针对具体的公共法律服务内容作出探究。例如,刘炳君认为,公共法律服务基本外延应包含五项内容。〔10〕这种分类将目光集中在传统的法律领域,其内容基本集中在"3+X"模式中的三项基本内容之上,从理性建构的层面对公共法律服务的应然内涵给出了理论解答,其以政府提供方式及提供渠道为分类标准,并兼顾服务的抽象目的,将公共法律服务基本外延分类为法治普及宣传、专项法律援助、以法律援助与公证等项目为主的一般性法律服务、人民调解以及兜底性的一般性法律服务。此种阐释按照供给方式的特质将公共法律服务分为五类,并着重强调了供给侧最终的责任主体应当为政府,较有启发性地给出了两点公共法律服务内容体系构建的重要思路:政府的最终供给责任以及分层次的供给内容划分。

杨凯针对各地政府对于公共法律服务内涵的不同理解,整理了其中的差异与共性,通过对全国各省(直辖市)的"12348"法网或主要服务模块进行统计,作出全国网络公共法律服务产品供给图。〔11〕统计显示,法律咨询、矛盾纠纷调解、法律援助等服务内容已经得到

〔10〕包括第一,政府无差别地为全民提供的法律知识普及教育和法治文化养成所必需的公共实体平台或公共实体载体建设的相关专门性活动。第二,政府为符合特定公共法律服务规则预先设定条件的经济困难的公民和特殊案件的当事人所提供的专项法律援助。第三,政府通过政府财政购买的方式统筹组织律师、公证、基层法律服务、法律援助、司法鉴定等机构,针对特定遭遇特殊困难的公民所开展的公益性的法律咨询、刑事辩护、民事与行政代理、公证、见证、司法鉴定等一般性法律服务。第四,政府组织开展的旨在预防和化解民间纠纷的人民调解活动。第五,政府针对群体性法律服务需求所开展的一般性法律服务。参见刘炳君:《当代中国公共法律服务体系建设论纲》,载《法学论坛》2016年第1期。

〔11〕参见杨凯等:《公共法律服务学导论》,中国社会科学出版社2020年版,第39-41页。

承认或普及。并且,法律援助、法治宣传和人民调解等项目在公共法律服务体系建设之前就经历过司法系统的重点推广和建设,所以在我国法律服务领域有着深厚的基础和广泛的认可。这一统计再次印证历史实践经验在我国公共法律服务内容体系构建中的重要地位。

在农村场景的考察中,有学者认为,农村公共法律服务的具体内涵应当包括供给主体、服务内容、供给方式、服务对象、服务目的等五个方面的内容,其中服务内容应当包括法制宣传教育与法治文化建设、法律援助、基本法律服务、矛盾与纠纷调解四类项目。其认为,虽然根据不同的标准可以将公共法律服务做出多样的划分,但是无论根据何种标准进行分类,其基本内容依然由法制宣传教育与法治文化建设、法律援助、基本法律服务、矛盾与纠纷调解等四类项目构成。[12] 值得注意的是,在此分类中,关于基本法律服务的总结是具有一定创造性的,基本法律服务的总结类似于兜底性的口袋,将一些相对细分的公共法律服务项目一并装入,在理论梳理风格上显得十分清晰。同时,这一口袋性类目的划分,也表明该学者意识到法律援助、纠纷调解等项目与其他法律服务内容并非处于同一层面的问题,而法律援助与人民调解正是公共法律服务体系中为数不多的拥有单行法律规定的服务项目。因而,这些公共法律服务项目的统合问题再次突出。

这种统合问题的出现,离不开前述以实践经验为主轴的内容体系构建思路,且这一问题并非无足轻重而可以置之不理的。例如,在较早的公共法律服务地方实践中,江苏省太仓市市委、市政府印发了

---

〔12〕 陈朝兵:《农村公共法律服务:内涵、特征与分类框架》,载《学习与实践》2015 年第 4 期。

国内首个关于公共法律服务的规划。[13] 在关于这份规划的解读中，有学者认为，司法鉴定不代表当事人利益，只对客观事实作出判断，因而司法鉴定本质上是一项技术鉴定活动而非法律服务。[14] 这一对于司法鉴定性质的理解就明显与司法部印发的《关于推进公共法律服务体系建设的意见》等文件相冲突，且在2014年公共法律服务体系概念正式提出后，司法鉴定事项多次出现在国家政策文件中，其公共法律服务的性质已得到官方文件的多次确认。但是其中的问题在理论上并未得到很好的解决，政策文件"一刀切"的划分难以补足众多服务事项被纳入公共法律服务体系中的理由，在"为什么"仍未解决的时候便直接确定了"是什么"，既不利于我国公共法律服务内容体系在理论上的整全，也可能影响该体系未来的发展。

不仅如此，在人民调解这种较为基础的项目中也存在不少理论问题。《公共法律服务意见》等文件都将人民调解项目径直纳入公共法律服务内容体系中，并且作为一类基础性的服务项目而大力推进。但是，根据相关法律规定，负责实施人民调解的人民调解委员会在组织性质上区别于公权力机关，是群众性组织，[15] 而司法行政机关与司法机关、人民调解委员会仅在业务上存在指导关系。从实施组织的性质上来看，人民调解项目就与"政府主导""政府提供""政府组织"等公共法律服务核心特征[16]不相符合了。此外，从活动形式与内容上来看，人民调解活动主要向当事人提供一种居中调停的纠纷

---

〔13〕 顾潇军:《新时代公共法律服务均等化"太仓模式"改革与发展前瞻》，载《中国司法》2018年第5期。

〔14〕 顾潇军、朱强:《社会制度文明视野下的公共法律服务均等化——〈太仓市公共法律服务均等化规划(2013—2015)〉解读》，载《中国司法》2013年第10期。

〔15〕 《人民调解法》第7条规定:"人民调解委员会是依法设立的调解民间纠纷的群众性组织。"

〔16〕 早期相关政策文件与理论阐释中均有指出这一特征，随后便由"政府主导、社会力量参与"的理论阐释予以调和。

解决途径，这一过程及其效力虽然受到相关法律的约束，但是就其具体调解内容而言，与法律规定和运作并不存在特别强的联系。有学者指出："（人民调解）是我国的语境下一个约定俗成的概念……它首先强调的是具有政治性的'人民性'""人民调解作为一种专门法律术语的缺陷，即'人民'过分强烈的政治术语色彩，是一个非严谨的法律术语，难以有效地形成与其他调解的同质性关系。"[17] 这一指摘较为明显地突出了人民调解在其性质上与法律之间的张力。即使在《人民调解法》单行法律中，也花费了不少的篇幅来规定其程序产出的法律效力以及相应的司法程序衔接。因而，将人民调解项目纳入公共法律服务内容体系并非理所当然，而是需要进一步论证的，而且，基于实践经验的构建思路难以完成这一任务。

前述政策文件与学者对于公共法律服务体系的理解与分类方式已十分成熟，但是政策文件的内容较为集中于指导实践，而相关学者的成果则侧重于整体性的制度构建。但是，现有的对于公共法律服务体系的理解都较琐碎，且前后串联缺乏核心，在回答"为什么公共法律服务就应当是这些项目"的时候，显得力不从心。这一问题的出现，凸显出我国公共法律服务体系建构思路中的实践主导性，也即公共法律服务中的诸多内容均在实践中存在较长的历史与运作传统，从而使后续政策文件与学者在理解公共法律服务体系时，不得不考虑现实实践与历史因素，从而在对于公共法律服务体系内涵的理解上显得较为琐碎，这一点也可以在孕育奠基阶段的公共法律服务体系的分散性特征处找到源头。

---

〔17〕 唐俊：《调解制度构建新论》，中国政法大学2010年博士学位论文，第13页。

第二节　公共法律服务体系的实践困境

我国公共法律服务体系在历史上的发展样态可以说是一直围绕着时代主题和具体社会背景而进行的。法治建设的程度以及道路，都随着各个国家与地区各不相同的具体情况而产生区别。[18] 现如今法治已经成为我国治国理政的重要模式，法治话语获得社会意识的主流地位，习近平总书记在其法治思想中简明且深入地提出了法治对于国家发展的重要性，并且强调法治手段在人类文明中达成的相关共识。[19] 但在法治建设整体工程的推进过程中，作为法治建设整体工程重要组成部分的公共法律服务体系建设，也仍然面临着诸多需要解决的问题。

一、社会矛盾复杂化且公众法治意识有待提升

法治建设的进程时时刻刻地影响着公共法律服务相关内容在未形成完整体系时的具体形态，以前文所分的三个时期来看，目前我国公共法律服务正处于发展完善阶段，随着社会主要矛盾的历史性转变，社会发展重心由单一的经济建设转向经济建设、政治建设、文化建设、社会建设和生态文明建设"五位一体"的全面发展推进，人民对

---

〔18〕 研究不同国家的法治现代化进程，必须联系各自国家特定的经济的、政治的、社会的、文化的、历史的乃至地理环境的诸方面条件，由此探寻不同国家法治现代化进程的独特性质与特殊道路。参见公丕祥：《习近平法治思想与中国式法治现代化》，载《法学家》2022 年第 5 期。

〔19〕 "用明确的法律规范来调节社会生活、维护社会秩序，是古今中外的通用手段。"参见习近平：《论坚持全面依法治国》，中央文献出版社 2020 年版，第 19 页。

生活水平的要求逐渐提高，社会关系越发复杂化的现实也令中国社会传统因素与现代化发展之间的隔阂越拉越大，夹在历史与现代、理想与现实、自生与建构等重重冲突之下的公共法律服务体系建构与发展正面临着难以将理论落实的实践困境。

法治建设的任务不仅在于具体法律制度内容的构建和法律运行程序的理顺，还在于对于社会整体意识的规训、教化，也即让社会环境与作为国家治理模式的法治更为相容，这就需要在制度内容与程序设计以外的治理环境方面入手。但是，法治环境建设所面临的对象与其他两者不甚相同，制度内容与程序设计方面的建设所面对的是如何在法律系统内部层面实现具体个案中的公平正义，实现分配与矫正方面的合理。虽然建设难度较高，但是法治环境建设需要解决的问题是，如何将日渐复杂、价值多元、风险频发的社会环境建设成与法治运作相适应的状态，这一任务涉及问题的范围及难度，都是现有理论与实践难以解决，甚至难以摸清全貌的。所以，作为法治环境建设重要组成部分的公共法律服务体系，所要面对的问题现状也如法治环境建设所要面对的，正是现代化背景下日益复杂的社会关系，多元且难以统一的社会价值取向以及各类结构性缺陷随时爆发的风险社会。在这些背景之下，国家现代化建设所描绘的理想蓝图，又与诸多由于历史惯性而残留下的因素不相融合，因而公共法律服务体系建设在实践中的彻底落地，仍然任重道远。

风险社会已然成为审视现代社会样态的一种重要视角，中国正面临着成为高风险社会的危险。[20] 从其分析中可以看出，现代社会

---

〔20〕“目前中国可能正处于泛城市化发展阶段，表现在城市容纳问题、不均衡发展和社会阶层分裂，以及城乡对比度的持续增高，所有这些都集中表现在安全风险问题上。”参见薛晓源、刘国梁：《全球风险世界：现在与未来——德国著名社会学家、风险社会理论创始人乌尔里希·贝克教授访谈录》，载《马克思主义与现实》2005年第1期。

所面临的挑战不仅来自对历史的传统的遗留因素难以辨认、分割，也来自随着经济与科学技术的发展，人与人之间的社会结构风险、人与自然之间的生态关系风险、人与科技之间的技术垄断风险等现代风险的逐渐显露。

例如，面对关系到百姓民生、日渐严重的食品安全问题，运用法律手段对其进行规制，并且为陷入风险之中的民众提供相应的公共法律服务，是缓解社会矛盾、降低食品安全风险的有效方法。根据2021年4月29日审议通过的《食品安全法》，为了提高法律的相应威慑，直面食品安全问题，采取加重食品安全领域的处罚力度，严格整肃食品服务行业的思路。这一思路的提出并非此次修正首次提出，而是国家在面对严重程度不断加深的食品安全风险而做出的又一次调整。[21] 但是相关执法却陷入困境，在新食品安全法规的执行中，出现不少过罚不当的案例。[22] 在这些案例中，部分小商贩由于售卖小微金额的不合标准的粮油食品，而被处以相对高额的罚款。但是由于新食品安全法规的重罚规定，如此处罚在形式上并无不当。[23] 所以，如何在此类法律实践中保障作为公民的被处罚者的实质利益，使其获得更加公正的评判，是法治建设所必须解决的问题。而在此时，以人民为中心、以均等普惠为核心的公共法律服务体系，则应该承担起相应的援助与服务责任。在新问题、新关系、新风险突出时，公共法律服务如何发挥其为人民服务、辅助法治建设的重要功能，如何在保障人权、均等普惠地为社会成员分配法律资源，是我国公共法律服务实践必须面对的重要课题。

---

〔21〕 相关整肃理论探究参见高秦伟：《论食品安全规制和最佳威慑的实现》，载《行政法学研究》2016年第6期。

〔22〕 郑明鸿：《陕西榆林等地行政处罚"过罚不当"全省通报部署整改》，载新华网，http://m.news.cn/sn/2022-08/30/c_1128960175.htm。

〔23〕 《食品安全法》第124条规定。

在承担时代的任务之外，公共法律服务还必须面对前法治时代所遗留下来的历史因素，这些非法治的实践方式以及社会关系，在历史惯性的作用下一直存在于社会的各个角落，成为法治建设路上必须扫除的障碍。与前文所述的法治规训活动内容相联系，公共法律服务作为法治环境建设的重要一环，也必须在相关实践中发挥其法治规训的教化作用，坚决对历史遗留因素进行扬弃，与非法治的行为与关系作斗争。

在新中国成立之前，中国的法律传统与现代法治国家的要求相去甚远，中华传统政法理念与法律实践，在上千年的积累之中，形成了一种独特的东方专制主义政法形态，这种形态的重要特征便是“国家比社会强有力”“权力专制——集权而非仁慈”等。[24] 虽然集权与统一作为中国自古以来的政治形态特征，并非在绝对意义上的不正当，但是其中伴随的人治传统，则与现代法治的要求水火不容。有学者从话语本位的层面直接点出中国传统的人治模式与现代法治在政法话语模式上的本质区别，指出：“人治文化是一种官本位的‘权力—个人决定’型治理文化，而法治文化则属于个人权利本位的‘权利—法律保障’型治理文化。”[25] 习近平总书记也强调应当处理好人治与法治之间的矛盾关系，[26] 因而现代法治建设的一个重要任务便是在法治规训活动的推进中，全力排除历史遗留的人治因素。

但是，此类人治因素在当下社会实践与部分个体意识中仍然存

---

[24] 东方专制主义的提法以及总结，参见[美]卡尔·A. 魏特夫：《东方专制主义》，徐式谷等译，中国社会科学出版社 1989 年版。

[25] 梁平：《语义与实践：中国特色法治文化及其建设进路探究》，载《法学杂志》2013 年第 3 期。

[26] “法治和人治问题是人类政治文明史上的一个基本问题，也是各国在实现现代化过程中必须面对和解决的一个重大问题。”参见中共中央文献研究院编：《习近平关于全面依法治国论述摘编》，中央文献出版社 2015 年版，第 12 页。

在，公民对于法律规范认识不足、法治意识淡薄的现象还在各类法律事件中有所显露，在 2020 年推出的人民法院大力弘扬社会主义核心价值观十大典型民事案例之中，便有当事人私自上树将自己置于危险境地，却仍依据严重后果的责任向他人索赔的“村民私自上树摘果坠亡索赔案”。此外，违反《宪法》与《劳动法》的相关规定，藐视公民合法的劳动权益的情况在劳动仲裁案件中也时有发生。无论从何种角度进行观察，都必须看到包括人治思想在内的非法治因素在社会意识层面仍有残留，这些顺着历史惯性而遗留下来的非法治参与，正是阻碍法治建设推进的关键之处，更是公共法律服务作为法律领域的公共利益建设手段所必须解决的社会顽疾。

综上，在社会发展产生新问题，历史惯性留存旧传统的背景之下，作为法治建设重要组成部分的公共法律服务体系建设必须承担相应的时代责任，并且肩负其扫清非法治因素的重要任务，这在目标设定与制度功能的层面对公共法律服务体系建设提出了极高的要求。在实践中，公共法律服务也非常容易在新问题与旧因素的夹击中失去应有的担当。

二、公共法律服务供需失衡且市场调节存在弊端

我国公共法律服务实践正值发展完善时期，供需失衡与市场调控失灵的问题一直贯穿于我国整体公共服务实践领域，针对这一实践痛点，国家顶层文件中也多次提及公共服务均等化与普惠化的重要性。司法部印发的《公共法律服务规划》锚定了 2021 年至 2025 年全国公共法律服务体系建设的总体规划，并给出了 2035 年基本建成现代公共法律服务体系的远景目标。其中，《公共法律服务规划》在“十四五”时期公共法律服务工作主要指标中提出 25 项指标，在其中的 7 项约束性指标中，保证经费预算、保证服务机构的大范围建成与

各大平台的搭建占了6项。可以看出，在“十四五”时期内，强化公共法律服务资源供给和形成合理高效的信息交互模式仍然是目前阶段的核心任务，也是实现2035年远景规划的重要前提。这一核心任务的提出，正是为了针对目前我国公共法律服务供给侧与需求侧强烈不匹配，市场调控法律服务资源收效甚小的问题。并且，《公共法律服务规划》将县、乡两级公共法律服务中心（站）建成率与县级以上法律援助机构建成率划入约束性指标，并着重划定了5个专项指标为基层公共法律服务工作提出要求，[27]体现出重视基层、保证普惠均等的顶层设计理念。但是，这些主要指标的实现目前还面临着较大的挑战，我国公共法律服务实践的供需问题需要长期的攻坚。

在《公共法律服务规划》提供的观察思路之外，厦门市范围内的相关调研经验显示，我国公共法律服务的具体建设以及实践落地正面临着现实且紧迫的供需问题。作为调研地区的厦门市在经济发展以及社会治理等方面的水平在全国范围内处于较好队列，在“举轻以明重”的思路下，可以推演出很多发生在厦门公共法律服务建设过程中的问题，在全国范围内也具有相当的普遍性。

（一）供给不足问题突出

在对厦门市各区司法局、市局各相关业务部门（普法治理处、促进法治处、法律服务处、律师处、审批处）、市法援中心相关人员的专题调研中，活跃在一线的工作人员纷纷提出公共法律服务供需失衡的现实困境。

[27] 其中明确指向基层的指标包括“县、乡两级公共法律服务中心（站）建成率”“乡村‘法律明白人’配备率”“村（社区）法治文化阵地建设普及率”“全国村（居）配备法律顾问的比率”“村（社区）、乡镇（街道）人民调解委员会覆盖率”五项预期性指标，此外仍有“每万人拥有律师数”“每十万人提供法律援助量”“每十万人拥有公证员数”“专职人民调解员数量占人民调解员总数比例”四项以人口数量为基准的，体现普惠性的统一指标。

首先,在厦门市范围内,法律资源的分布就十分不均,市中心与边缘地区在律师事务所、基层法律服务机构的数量上就存在较大的差距,甚至一个镇街都无法找到一家律所,基层法律服务所的设立也是极为困难。在这些法律服务资源缺乏的地点,老百姓寻求法律咨询等服务时,只能依靠司法所的工作人员,而基层司法所的工作人员也在岗位分工、专业知识方面各有不同,难以提供稳定有效的政法智识输出服务。

其次,即使建立了相应的法律服务供给机构,工作人员素质也是参差不齐的。与前述法律服务供给侧的资源稀缺特性相照应,真正能够向社会提供有效法律服务的服务人员仍然十分缺乏。在厦门市各区中,即使建立了相应的村居法律顾问制度,也只能邀请执业律师充当兼职顾问,且通常都是一个执业律师负责多个社区,整体法律服务资源的供给缺口仍然难以填补。

再次,由于部分法律资源匮乏地区的工作人员在数量上的不足,导致在供给公共法律服务时的内部分工出现问题。如某区司法所基本上承担了所有的公共法律服务工作站的职能,包括法律援助、法律咨询以及公证等相关业务,其细分业务的专业性与职业化都得不到保证,在面对社会群众多样化的法律需求时,仅仅依托司法行政机关,难以保证公共法律服务的有效输出。

在厦门市的案例中,法律资源分布不均且资源总体匮乏是影响厦门市公共法律服务供给的关键因素。这一问题不仅局限于部分地区,例如,在针对广东省公共法律服务实践的观察中,有研究者发现即使广东省实现了“村(居)法律顾问全覆盖”,但是依然难以全面实现公共法律服务均等化的目标,其原因不外乎法律服务资源配置仍旧不均衡、法律服务市场化与公益性存在紧张性等阻碍供给的因素。[28] 在政策文件与学者观察中，我国公共法律服务资源不均且不足的情况已经是普遍共识。[29]

（二）社会公共需求不明确

在较为明显的供给侧问题之外，厦门市某区司法局认为，公共法律服务领域的需求侧存在无法预测的问题。某区司法局工作人员指出，原本在设计公共法律服务供给时，给每个司法所安排了每天八小时的坐班律师，但是在施行一段时间后，便因为总体咨询业务量不足，取消了这一部分的财政支出。另外，某区司法局在统计公共法律服务需求时发现，在行政机关处对于部分公共法律服务的需求量较为明显，而在街道处对于律师法律咨询业务的需求较为明显，这种细节之处的需求差异，非常难以在供给侧做出应对。这种需求侧无法预测的问题并不特殊，在另一经济较发达的区中，区司法局工作人员认为，由于需求无法预测，且上级推进公共法律服务建设的决心较大，因而花费了较多的费用为数十个社区购买了村（居）法律顾问服务，但是在施行一年后发现所承接案件数量远远低于预期，并且村居法律顾问的实际工作时间也仅为一个月一天左右，存在较为严重的供大于求现象。此外，由于推进公共法律服务建设决心较大，该区响应上级号召，成立了人民调解室、警民协调室、社区医生工作室，法律服务工作室等多个细分部门，但是均为简单挂牌，资源不集中较分

〔28〕 张紧跟、胡特妮：《论基本公共服务均等化中的“村（居）法律顾问”制度——以广东为例》，载《学术研究》2019 年第 10 期。

〔29〕 黄东东、张娜：《基本公共法律服务视野下的法律援助均等化研究》，载《山东社会科学》2020 年第 6 期。

散，因而难以在服务质量上达到一定水平。[30] 因而，在实践中需求难以预测，加之公共法律服务建设动力更多地来源于政策压力的传导，因而供给不精准、不科学、与需求不匹配的情况时有发生。相同的情况也发生在其他地市的实践中，恩施在推进民族地方的公共法律服务建设时，虽然大力推行了"律师三进"等特色项目，但是法律服务水平与社会需求不适应，法律服务供给不均等的问题难以解决。[31]

通过对于厦门市相关行政单位和业务部门的专题调研可以得知，在厦门市内的法律资源供给，都会由于经济发展水平的影响而产生分布不均的分布样态。供不应求的地区，难以维持最基本的公共法律服务体系，而供过于求的地方，又会因为对于公共法律服务需求侧的预测困难，而产生法律资源浪费的问题。厦门市公共法律服务实践中的供需失衡，较有代表性地体现了我国公共法律服务供需关系随着经济发展水平而改变的基本分布样态。这种有者愈增、缺者愈减的"马太效应"，是我国公共法律服务体系建设过程中所面临的最直接、最严峻的挑战。

（三）人才资源难以引入

在市场调控法律资源流向的时候，产生了如前文所述的马太效应，这种随着当地经济发展水平变化而改变的供需关系，是体现在空间分布上的供需失衡；而法律服务领域的市场调控失灵，还体现在私人法律服务与公共法律服务之间的行业竞争中。

在对厦门市律师行业相关公职人员以及相关从业人员的专题调

〔30〕 此外，厦门市法律援助中心工作人员指出，法律援助平台等级较低、相关部门协调沟通困难、税收方面基本没有优惠、平台人员配置与补贴存在较大缺口，这些因素都是制约该中心为社会提供有效且优质公共法律服务的因素。

〔31〕 司马俊莲：《民族地区公共法律服务体系的建设与完善——以恩施州"律师三进"模式为例》，载《中南民族大学学报（人文社会科学版）》2019 年第 2 期。

研中,有相当一部分与会人员表达了整体律师行业参与公共法律服务的窘境。首先,从人员来源的角度观察,目前能够加入律师行业、参与律师工作的年轻人,在学历水平等方面要低于公务员的整体水平,这说明律师行业对于年轻人的吸引力并不高,而由于律师行业愿意且有余力参与公共法律服务的,恰恰是这部分年轻人群体。因此,前文所提及的关于政法话语的智识资源,也即作为智识资源承载体的法律人才,难以流向公共法律服务领域。行业资深律师、在政法话语方面水平较高的青年群体,都更倾向于到市场中寻求能够支付更高对价的工作与岗位,也即向社会提供报价更高的私人法律服务。此外,由于参与公共法律服务的主力军,青年律师的生存压力大、在行业内持续发展的动力不足,因而他们承接公共法律服务案件的意愿也相对较低,基本上是凭借着社会责任感的驱动。造成参与意愿较低的原因不外于公共法律服务案件所能提供的经济支持比市场中私人法律服务案件所提供的报价低一个档次,从定价的角度来看,公共法律服务行业对于法律人才的吸引力自然比不过私人法律服务行业。因而此领域的人才资源的自然流向,与公共法律服务的现实需求相去甚远。[32] 由于法律援助服务的主要服务内容对于专业知识的要求较高,服务的提供者需要具备相应的专业背景与实践经验,而目前厦门市法律援助项目内的人员供给明显难以满足需求,所以更凸显出在目前市场关系与政策倾斜力度的调节下,法律服务资源在行业间的分配不均。

此外,公共法律服务领域所能提供的经济资源在一定程度上是

---

〔32〕 调研数据表明,厦门市法律援助中心共有 18 名工作人员,其中具有法学教育背景的有 12 人,具有法律职业资格证的 10 人;6 个区法律援助中心工作人员 8—10 名不等,基本上都只有 2—3 名具有法律职业资格证,个别区甚至无人拥有法律职业资格证。

有限的,如何通过非经济吸引的方式构建其公共法律服务的人才供给体系,从而改变法律服务行业人才的流向,扭转市场调控下法律服务资源分布不均的样态,是我国公共法律服务体系建设在实践中必须解决的问题。上述三点问题的提出与总结虽然基于在厦门市范围内的实地调研,但是发生在厦门市的问题并非具体区位中独有的问题,其反映出来的供需失衡以及市场调节困难在全国范围内也具有相当的普遍性,甚至在经济欠发达以及社会治理经验不足的地区,这些问题可能会更加突出。

三、服务缺位与资源内耗的问题突出

实践中,公共法律服务的主要承担者为行政系统内部的司法行政机关,加之其他系统中的运作也都在中国特色的科层制官僚模式中,[33]并且行政体制在相应的压力型体制的治理模式下,政府运作以及基层治理等领域都面临着难以应对实践的压力。[34]所以我国公共法律服务体系在实践中的落实也会具有行政运作模式的种种特色,从而面临相似的困境。其困境主要集中在公共目的的缺失导致的服务缺位以及体制内治理资源的过度消耗。

在公共目的的实现方面,公共法律服务作为公共服务在法律领域的重要体现,其对于公共利益的专注是公共法律服务体系建设过程中必不可少的目标设定。但由于在具体实践中,行政官员与公职人员的个体目的与公权力机构的整体目的产生偏移,从而使公共利益在科层

---

〔33〕 科层制的相关讨论参见[德]马克斯·韦伯:《经济与社会》(第2卷)(上册),阎克文译,上海人民出版社2010年版,第1114－1142页。

〔34〕 压力型体制指的是一级政治组织(县、乡)为了实现经济赶超,完成上级下达的各项指标而采取的数量化任务分解的管理方式和物质化的评价体系,参见荣敬本等:《从压力型体制向民主合作体制的转变:县乡两级政治体制改革》,中央编译出版社1998年版,第28页。

制、压力型行政体制下难以被关注。有学者将压力型体制的缺陷总结为一定程度的系统性官民疏离、领导干部的夹缝处境、部门或地方的策略性应对、体制内各级官员压力与动力的失衡、民众主体地位某种程度的丧失。〔35〕在中国公权力机关的运行模式中，科层制的层级配置以及压力型的政治任务分配模式，广泛地分布在经济、政治、文化、社会等不同的行政管理领域。在这种体制下，公职人员需要不断协调上级任务与下级执行。

这种行政系统内部管理模式并非毫无亮点，在集中社会力量、统一公权力执行、贯彻集体领导意志的方面，压力型体制能够赋予公职人员以强大的内在驱动力。也就是说，只要集体领导意志以及考评标准设定的科学且合理，那么压力型体制下的公权力机构运作效率将得到内在的驱动力保障。并且，科层制官僚体制在专业化、精细化以及高效率运作等方面的优势也十分清晰，前述新公共管理理论中曾论及，科层制官僚体制就像一台精密的机械仪器，其设定在某些程度上也存在着合理性。

但是，也正是前述这两个体制特征，使我国行政体制在面对发展中的社会背景、日益复杂的社会关系、不断增长的社会问题时，呈现出不匹配的状态。新公共服务理论在批判传统行政模式以及新公共管理理论时所指出的，此两种模式在对于公共目的重视方面存在较大的缺陷。

在实践中，公职人员所面临社会问题的复杂性、多样性以及来自考评标准、行政惯习的压力，令他们基本上难以兼顾个人利益与公共目的。来自社会问题的压力集中表现在事件数量与一线工作人员数量的强烈不对等，典型的案例为 20 世纪公安部门提出的“有困难找

---

〔35〕 李海青、赵玉洁：《压力型体制的治理限度及其调适》，载《理论视野》2017 年第 9 期。

警察”口号,“有警必接、有难必帮、有险必救、有求必应”。在特定的时代环境之下,社会事务没那么复杂,公安部门有能力处理一些社会服务活动,这也体现出中国全能型政府的历史传统。但是社会环境发生变化后,过多非紧急警情甚至是不属于公安部门处理事由的呼叫,挤占了过多的警力,甚至延误了真正需要警力的紧急事件。此现象不仅出现在执法部门,司法部门中也存在相应的“人少案多”的情况。[36] 过大的工作压力将会严重挤压公职人员在个案处理中能够提供的时间与精力。

运作主体依托于行政体制的公共法律服务体系,也不可避免地面临着公共目标无法实现的问题,如何通过行政体制改革的全面深化,更加科学合理的职权设置与内容构建来解决这些问题,是我国公共法律服务体系建设必须解决的重要课题。

在偏离公共服务目标的危险之外,公共法律服务还必须面对来自行政体制内部的治理资源的消耗。如果说服务意识缺位,公共利益与个人利益难以统一,还是从公职人员个人行动理由的层面产生的问题,那么行政治理资源的内耗,则是来源于行政体制架构设定的结构性问题。在直面公共行政第一线的行政执法领域中,治理资源的内耗问题特别突出。[37]

从我国行政机关的内部运作来看,行政系统的条块分割非常容易产生内部的沟通协调成本,从而导致最终传输到行政体系末端的

---

〔36〕 李正清:《当前人民法院人员短缺与断层的思考》,载《中国审判》2010 年第 7 期。

〔37〕 传统行政执法体制机制的弊端在于,传统执法权分散于不同的部门机构,普遍存在行政执法条块分割、职能交叉、各自为政、执法合力难以形成的情况。从横向上看,主管部门与执法主体边界不清,执法与监督一体化,执法主体权力分散且职能交叉,执法机关设置杂乱。从纵向看,同一业务主管部门的各个层级都有执法权,存在“一头多管”“多层执法”“重复执法”等现象。参见夏德峰:《综合行政执法改革的难题及其破解》,载《中国行政管理》2016 年第 6 期。

执法实践中的资源和意思理解出现偏差。要理解行政治理资源的内耗,首先必须理解在公共行政领域中治理资源所指究竟为何。从公共产品的角度来看,作为公共服务体系重要组成部分的公共法律服务体系,其主要目的便是向社会提供相应的公共法律服务产品,而生成这种服务产品所需要消耗的资源,根据前文关于法律服务供给侧特性的分析,主要来自相关公职人员对于法政话语的了解程度,也即智识层面的资源。这种资源供应基本上源于公共法律服务人员本身,因而其个人的智识、时间、精力以及对于公共利益的热情与抱负便成为生成公共法律服务产品所需要消耗的最直接的治理资源,但直接源于服务人员本身的治理资源非常容易消耗在行政体制的日常运作中。

从过程上来看,行政运作的具体工作和监督措施由位于行政体制上层的官员制定,然后通过层次明确的级别系统中逐层传递,最后在行政体制底层的部门负责落实这些决策与机制。这种层级推进的模式至少存在两种问题,一是内部控制失灵的问题。也就是说,每一个层级都有自己的运行逻辑和行动思维,每一次执行意思的传达,在行政机关内部层级之间的传递都有可能在有意或无意的情况下被误解和扭曲,因此在最终端的服务实践中产生偏差。二是信息传递损耗带来的信息不对称问题,由于做出整体指令的层级所获得的信息来源于活跃在实践第一线的服务人员,且因前述内部控制失灵问题造成的偏差会影响行政系统上下两端的信息获取,决策层的信息如果偏离实践太远,且上级的各类管制措施都有可能遭受相应的反制措施,由此产生的信息偏差越来越大,行政决策层能够做出符合具体实践需求的指令的可能性也就越低。

从另一个角度来看,要形成一次合格的行政治理产品输出过程,所需要的人力、财力以及物资如果是一个定量,那么在一定的时段和地域范围内的资源供给不变,消耗在行政系统内部管理的资源越少,行政系统所能产出的产品就越多。比如在道路交通执法中,当地交通执法部门的交警人力、出警机动车数量以及相关辅助工具的配备,就构成了这个部门的行政治理资源的基本要素。如果编制供给分配不均,机动车调配不合理,公职人员疲于文书或其他事务而无暇出警,这些问题都会导致该交通行政部门能够向社会提供的道路交通行政治理产品的质量以及数量。

除了层级之间的治理资源损耗,条块冲突以及职能部门割裂所造成的治理资源损耗也不容忽视。按照资源投入与产品产出模型,如果行政部门投入到行政程序性事务以及非本业务部门事务的资源过多,那么公职人员能够真正参与一线的具体行政治理实践工作时间就会非常有限。

总体而言,由于实践中公共法律服务的主要承担者为行政系统内部的司法行政机关,所以我国公共法律服务在实践中的落实不可避免地会受到行政体制设置等方面的影响,从而产生偏离公共利益的服务缺位以及治理资源内部消耗的具体实践风险。

本章小结

本章通过对于我国公共法律服务内容体系在政策文件与理论研究中具体样态的考察,发现由于我国公共法律服务实践先行、理论后至的历史惯性,其内容体系也呈现出以实践经验为主轴的样态。在承担着历史任务的情况下,我国公共法律服务体系应当转换为以法治建设这一体系目标为主轴的内容体系。同时,也要认识到我国公共法律服务体系在实践中面临的种种困境。在法治发展方面,由于现代社会风险丛生,历史残留因素仍未改造完全,公共法律服务体系将在新问题与旧习惯之间担起法治建设的时代任务。在行政体制方面,由于我国公共法律服务实践主要依赖于行政部门的运作,因而在科层制与压力型体制的影响下,我国公共法律服务体系建设面临着公共目标的丢失以及治理资源的损耗。在市场关系方面,通过对于从业人员的专题调研,可以得知公共法律服务领域内的供需失衡主要体现在空间与行业两个方面。其中,空间方面的失衡指的是法律服务资源的供给基本上随着当地经济发展水平的变化而改变,因而在经济发展水平不均衡的各地区之间,公共法律服务所能提供的资源也难以达到供需均衡的要求。而行业间的失衡,指的是在目前的政策倾斜力度以及市场调节下,公共法律服务领域对于法律人才的吸引力远不如私人法律领域,从而使我国公共法律服务建设需要在人才吸引等方面做出革新。

第四章　现代公共法律服务体系建设的完善与拓展

前一部分集中讨论了我国公共法律服务体系在内容理论上的现状以及具体实践中的困境。其中,以实践经验为主导的公共法律服务体系构建思路遵循着制度历史延续下来的惯性,将现有的司法行政机关的相关职能径直纳入公共法律服务的内容体系中,并且制度体系运作面临着社会环境、供给系统、工作机制等方面的顽疾。通过法治建设这一宏大时代背景的引入,可以看出我国公共法律服务体系建设的时代任务与历史使命,既需要在微观层面为法律制度运行提供帮助、为个案当事人或社会公众提供基于公平公正的法律咨询与救援,更需要在宏观层面切实推进法治建设的整体进度。在市场方面,要从根本上解决我国公共法律服务的资源与供给问题,则必须深入到法律服务的整体市场建设中,通过相应的市场建设以完善社会公共法律服务的资源供给。在工作机制与组织效率等方面,则可以在体制内部引入相应的保障与监督机制,减少相关治理资源的内部损耗,并且通过对具体社会矛盾的纠纷化解,以缓解公权力部门的压力,实现更好的社会效果。在实现了 2022 年体系“基本建成”的近期目标后,我国公共法律服务的体系建设不应当局限于从无到有的阶段性成果,而应当从优化体系架构、深入供给痛点、落实服务能力、提升社会效果等方面进行全方位的升级。因此,本章试图在分析重点领域的建设以及深化过程中,突出这些重点项目对于体系建设整体的拓展作用,并且在公共服务、市场建设以及社会治理等理论的指引下,完成对于体系发展方向以及实践模式上的具体指引。

无论是在理论上对于公共法律服务内容分类的项目统合问题,还是实践中的各类困境,其解决方案均要回到公共法律服务体系的整体建设中去,并且在现有发展的格局上更进一步,这就是对我国现代公共法律服务体系建设进行拓展及完善的理论价值与实践意义。2019 年 7 月,中共中央办公厅、国务院办公厅联合发布的《公共法律服务意见》指出,公共法律服务是全面依法治国的基础性、服务性和保障性工作。如果将此文件中的服务性与保障性理解为前述服务法律制度正常运作、保障人民合法合理权益,那么公共法律服务体系在推进全面依法治国重要工程中的基础性,就体现为一种在更加宏观、更加广义的层面发挥作用的体系功能。将这种宏观体系功能凸显、确立下来的过程,即公共法律服务体系建设的拓展与完善。这种对于公共法律服务体系广义理解的来源,既包括实践中对于公共法律服务内涵拓展的需求,也包含着理论上推进全面依法治国、实现中国式法治现代化的必然要求。

第一节 公共法律服务内容构成的完善

对于我国公共法律服务内容项目之间的理论阐释与关系调和,需要回到历史惯性与时代任务这一重要关系中去寻找答案。在前文对于相关历史的梳理中可以看出,我国公共法律服务体系的发展样态一直围绕着时代主题和具体社会背景而进行。面对国家与社会整体发展中出现的种种问题,处于公共服务与法律治理交叉之处的公共法律服务如何发挥其为人民服务、辅助法治建设的重要功能，如何保障人权、均等普惠地为社会成员分配法律资源，对于这些问题的回答实际上成为我国公共法律服务在整体发展思路上的路径选择。其中，对于法治建设目标的坚持成为我国公共法律服务在理念上的应然发展方向。司法部于2021年12月审议通过的《公共法律服务规划》中也将"为保障司法公正、促进社会治理、服务经济高质量发展，建设更高水平法治中国、平安中国提供优质高效法律服务"作为我国公共法律服务体系建设的指导思想。[1] 可以看出，在国家政策文件中法治主题的不断出现，明示我国公共法律服务体系建设的发展方向与建构主轴必须以法治建设为核心。理论界也对此达成了基本的共识，宋方青总结出公共法律服务对于全面依法治国的重要功能，提出"在我国，公共法律服务是政府公共职能的重要组成部分，是全面依法治国的基础性、服务性和保障性的工作"[2]。杨凯站在全国一盘棋的"总体战"高度，指出我国公共法律服务体系建设不仅是政府行使公共管理职责的途径，更是全面依法治国、建设中国特色社会主义法治体系不可缺少的一部分。[3]

法律领域供给公共服务的必要性，蕴含于法治建设整体工程的现实需求。背靠着法治建设的重要历史背景，在法治建设工程的运行过程中，为社会运作提供相配套的公共服务体系，正是对于法治环境建设的责任承担。因而，通过考察与法治建设这一核心线索之间的关系，来确定公共法律服务内容构成的边界，调和具体产品项目之间的张力，正是从公共法律服务体系建设自身所应承担的体系责任

[1] 参见司法部2021年12月30日印发的《公共法律服务规划》。

[2] 宋方青：《公共法律服务的科学内涵及核心要义》，载《中国司法》2019年第8期。

[3] 杨凯等：《公共法律服务体系建构及其评价标准研究》，中国社会科学出版社2020年版，第4页。

推导而出的。法律援助为何与人民调解共同作为“3 + X”模式中的公共法律服务平台基础职能，法治宣传与公证为何能够放在同一体系下进行讨论。对于这些问题的回答，除了现实层面的政策文件框定，还应包含明确的逻辑联系。这一内在的逻辑核心，即法律运作与法治建设。只有把握住法律运作与法治建设这一逻辑核心，才能将公共法律服务各项具体内容串联起来，使之成为一个具有统一目的、具有内在逻辑顺序的整体性体系，而不仅仅是政策框定的制度集群。在第一章的基础理论分析中，公共法律服务在法治建设、公共行政以及法律资源调控等方面的理论意涵已展示清晰，能够将公共法律服务体系的整体目标固定下来的逻辑核心，也必然能够为公共法律服务具体内涵的辨明提供助力。换言之，只有将现有框定的服务项目都置于法治建设与法律运作这一更宏大的讨论背景与分析框架之下，才能够更加有条理地将具有独特历史发展和制度特征的各类服务项目统合在公共法律服务内容构成之中。

一、运用法治建设理念统摄公共法律服务项目

不同的公共法律服务实践对于法律运作与法治建设的参与程度均有不同。前文已述，公共法律服务体系建设作为公共服务在法律领域的体现，其必要性与法律运作、法治建设紧密相连，因而公共法律服务的体系目的也当然的与保障法律运行、促进法治建设绑定。此外，公共法律服务作为一种公共服务，其为人民服务、以人为本的价值追求也使得其体系初衷便应为帮助贫弱、保护人权、促进社会公平。因此，处于法治建设与公共服务交叉地带的公共法律服务体系，其制度目的的落地，也与其能够促进法治、保障人权的功能相联系。因此，依据与法律运作、法治建设的联系紧密程度以及服务接受者获得救济的紧迫程度，对现有公共法律服务体系内容进行阐释，则有助

于甄别何种公共法律服务项目是实现公共法律服务体系目的与价值最为核心的内容，何种公共服务项目是针对法治环境建设所必须施行的配套内容，从而为公共法律服务的实践发展提供更具可行性的思路。总体而言，我国公共法律服务体系所供应的服务内容可以分为保障公民权利的公共法律服务产品以及保障法治运行的公共法律服务产品。

（一）侧重保障公民权利的公共法律服务产品

习近平总书记曾强调保障公民权利对于法治的重要性，“如果人民群众通过司法程序不能保证自己的合法权利，那司法就没有公信力，人民群众也不会相信司法”〔4〕。因而，能够直接保障公民权利的服务产品就是最能体现我国公共法律服务本质属性的服务内容。〔5〕其中，法律援助作为实践开端较早，直接向受援对象提供服务，且能够直接介入到法制运作过程中的公共法律服务项目，当仁不让地成为保障公民权利的公共法律服务产品的核心内容。

例如，法律援助制度在世界范围内影响程度都极高，甚至在没有形成系统的公共法律服务概念体系的国家中，法律援助更是直接在狭义上与公共法律服务画等号。从世界范围来看，现代的法律援助制度并非历史特别悠久的一项公共服务，英国作为世界上最早确立法律援助制度的国家，在 1949 年才形成由律师管理协会负责的法律援助体系。〔6〕然而就在短短几十年间，已有超过 150 个国家与地区

---

〔4〕中共中央文献研究室编：《习近平关于全面依法治国论述摘编》，中央文献出版社 2015 年版，第 67 页。

〔5〕人民性是我国公共法律服务的核心要义之一。参见宋方青：《公共法律服务的科学内涵及核心要义》，载《中国司法》2019 年第 8 期。

〔6〕赵飞龙：《英国法律援助质量控制体系及其借鉴意义》，载《河南财经政法大学学报》2020 年第 3 期。

建立起以公权力机关为核心,以社会力量为辅助的现代法律援助体系。[7]

法律援助是公民的一项权利。早期的法律援助主要是慈善行为,不是公民的权利,且更多地被当作是富人对穷人的施舍。为了改变这种情况,将法律援助变为公民的基本权利,让法律援助脱离一时兴起的慈善,而成为常态化社会制度的需求便被提出。1966 年联合国颁布的《公民权利和政治权利国际公约》相关条款,将法律援助作为公权力机关应当承担的一项责任。[8] 法律援助逐渐成为公民的一项权利的同时,也成为国家义不容辞的责任。法律援助对穷人来说不再是施舍,也不再是可有可无。作为国家责任,国家有义务组织人员实施且保障符合条件的人员获得法律援助,并予以立法,完善组织体系,加大资金投入。

在我国,《法律援助法》的通过与实施,标志着中国法律援助事业将迈上新的台阶。《法律援助法》共 7 章 71 条,从机构与人员、形式和范围、程序和实施、保障和监督以及相关法律责任等层面,全方位的对法律援助工作进行了规定,其中不但吸收了以往的制度成果,如国务院各项文件所确立的工作流程以及条文编排体例,也兼收并蓄了近年来法律援助领域的最新成果,如对于值班律师制度的确认与吸收等。中国法律援助制度历经 20 多年的发展,从起步时期的蓬勃发展,到转型时期的不断抗争,再到如今的新起点,中国法律援助事

〔7〕 康晓光、冯利编:《中国第三部门观察报告(2017)》,社会科学文献出版社 2017 年版,第 53 页。

〔8〕 由《公民权利和政治权利国际公约》第 14 条第 3 款丁项可知,各国政府的法律援助责任,也就是任何被提起刑事指控的被告人完全平等地有资格享受最低限度的保证即"出席受审并亲自替自己辩护或经由他自己所选择的法律援助进行辩护;如果他没有法律援助,要通知他享有这种权利;在司法利益有此需要的案件中,为他指定法律援助,而在他没有足够能力偿付法律援助的案件中,不要他自己付费"。

业的发展随着时代的变换与社会的革新，不断吸收有益的工作经验，并坚持着均等普惠的公共服务价值指引以及保障人权的制度底色。

我国《法律援助法》在第1条规定中阐明了其立法目的。[9] 其中，法律援助的制度目的与公共法律服务体系保障人权的价值追求、对于法律顺利运行的支持功能存在非常直接的对应关系。也就是说，法律援助体系目的在规范文件中的表达，正切中公共法律服务体系目的的核心部分。对人权保障的有力维护，对法律运作的必要支持，对法治公正的价值追求，构成了我国法律援助体系目的的规范表达，也与公共法律服务体系的整体目的形成呼应，在理论上与现代公共法律服务的核心要义——人民性、公平性与现代性实现统一。

2012年12月20日，联合国通过《关于在刑事司法系统中获得法律援助机会的原则和准则》强调了法律援助对于法治建设的重要作用。[10] 刑事司法工作作为人权保障活动的前线领域，其对于法律援助的高度需求，正体现出公共法律服务在保障人权、维护法律运作、保障社会公正的重要特质。

前述三种体系目的的设定与实现，与法律援助服务自身的特质是分不开的。前文已提及，法律援助服务发端于实践中的慈善现象，这种无偿的救助行为在法律领域为部分弱势群体的权益保护发挥了重要的作用。因为法律领域的慈善行为这一源头，法律援助即使在近代上升为国家责任之后，也保留着其援助、救助的特质。也就是说，法律援助针对的援助对象为需要法律服务而出于各种原因无法

---

〔9〕《法律援助法》第1条规定："为了规范和促进法律援助工作，保障公民和有关当事人的合法权益，保障法律正确实施，维护社会公平正义，制定本法。"

〔10〕法律援助是享有《世界人权宣言》所界定的其他权利包括公平审判权的基石，是行使这类权利的一个先决条件，并且是确保形式司法程序基本公平并且得到公众信任的一个重要保障。参见顾永忠主编：《中国刑事法律援助面临的机遇、挑战与对策》，中国政法大学出版社2015年版，第366页。

获得的特殊人群。这些特殊人群往往在智识上对于政法语言缺乏认知，并且在社会立场上陷入法律纠纷，因而处于一种急需外力救助的弱势状态。法律援助服务的出现，为这些在法律领域陷入弱势地位的特殊人群提供了一种基于崇高价值追求的援助服务。并且，由于被援助者处于经济资源或法律资源缺乏的劣势地位，因而法律援助服务的提供也应当保持一种慈善的本色，不在经济层面寻求利益回报，形成一种单向的服务输出。在法律援助法草案提请二审的过程中，草案吸收了诸多关于保证法律援助质量、扩大援助范围的相关建议，法律援助的慈善本色更是被直接表述为“不花钱的法律服务”“当你的合法权益遭到侵害，却请不起律师打官司时，法律援助能助你一臂之力”〔11〕。这种无偿提供服务的慈善本色，正是法律援助服务在经济方面的体系特质。

在援助弱势群体之外，由于近代司法程序的发展以及对程序正义的不断强调，使辩护权的人权保障功能得到重视，〔12〕法律援助已然成为刑事审判领域人权保障制度的重要组成部分。有学者指出，刑事法律援助在法律援助体系内部也是极为特殊的，“法律援助制度的发展，虽然伴随范围与对象的扩大，并延伸到民事领域与行政领域，也开始涉及非诉领域。但万变不离其宗的是，刑事法律援助始终是法律援助的基本内容，也是各国与国际社会有限推进发展的部分”〔13〕。这一论断较为准确地指出了刑事法律援助在法律援助体系整体中的重要地位。法律援助是公民享有的公正审判的权利。可以

---

〔11〕 张宝山：《不花钱的法律服务，让困难群众都能享受——聚焦法律援助法草案二审》，载《中国人大》2021 年第 12 期。

〔12〕 陈光中：《如何理顺刑事司法中的法检公关系》，载《环球法律评论》2014 年第 1 期。

〔13〕 孙道萃：《中国特色刑事法律援助制度的立法完善》，载《江西社会科学》2021 年第 6 期。

认为,法律援助保障人权、保障司法公正的体系目的,很大程度上是在刑事司法领域实现的。法律援助通过为深陷刑事司法程序的犯罪嫌疑人、被告人提供强制介入代理与辩护服务,保障了被援助者的合法权益。刑事司法律师通过其专业知识与技能的输出,为被援助者在面对公权力机关的追诉时提供政法智识上的帮助,从而在保证程序正义的基础之上,维护了刑事司法法律的顺畅运作。这种为犯罪嫌疑人、被告人此类特殊人群提供帮助的特殊形式,正凸显出法律援助服务维护法律运行、保障社会公正的重要特质。法律援助针对受援助者的个体需求,提供一种智识性的专业服务,其体系相对完备,甚至其本身的地位都上升到成为公民权利一部分的程度;而其他的针对公民权利的公共法律服务产品也在保障人权、保护权利的主轴之下被统合于我国公共法律服务的内容构成中。

司法部于2019年印发的《公共法律服务事项清单》中,有相当一部分服务项目都可以统合至信息获取类目之下,对应公民在法律领域的信息获取与知情权利。区别于其他领域的知情权,法律领域的信息获取与相关智识的掌握,可以认为是与公民自身权益直接挂钩的内容。[14] 因而,法治建设的重要实现方式,便是在社会整体层面提升对法律领域信息与智识的理解。

不仅如此,现代法治的原则性要求之中,法律的公开性也是法治建设中不得回避的问题。[15] 而这种对于法律公开的要求,在实践中

---

〔14〕 有学者指出:"如果老百姓连他有什么权利都不知道,他怎么去维护自己的权利?如果他知道自己有什么权利又不知道用怎样的方式去维护自己的权利,有可能走向问题的反面。"参见刘作翔:《法治文化的几个理论问题》,载《法学论坛》2012年第1期。

〔15〕 相关原则参见[美]富勒:《法律的道德性》,郑戈译,商务印书馆2005年版,第46-47页;[英]约瑟夫·拉兹:《法律的权威——法律与道德论文集》,朱峰译,法律出版社2005年版,第215页。

便表现为公权力机关通过一定的渠道、平台向社会公众展示稳定的、具有权威性质的法律文本。但是,信息获取本身并非理所当然,现代社会处于一种信息爆炸的状态,对于有效信息的获取及掌握,本身便与社会个体的自身处境、能力相关。也就是说,要达到法治原则所要求的公开,仅仅由公权力机关进行公示仍然是不够的,在实践中还必须考虑到社会上不同个体的信息获取能力,因而必须通过一系列辅助性的宣传与公开方式来更好地实现公民在法律领域的知情权。这一辅助性措施的需求,则恰好符合公共法律服务与法治建设之间的辅助性建设关系。也就是说,法律相关知识的公开与宣传需要更进一步地在社会中传播,而公共法律服务体系因其辅助法治建设这一属性而理所当然地成为这一责任的承担者。

司法部于2019年印发的《公共法律服务事项清单》的前几项便从各个角度提出了满足公众对于法律领域的知情需求的服务措施,具体包括提供法治文化设施与作品、进行相关宣传教育活动以及提供信息咨询与查询服务。〔16〕 司法部于2021年发布的《公共法律服务规划》更是将“提高全民法治意识与法治素养”作为我国公共法律服务体系建设的重要组成部分,这一系列文件明显地将法律信息与知识的传播作为公共法律服务内容构成中无可争议的组成部分,而诸如案例查询、机构信息查询、案件咨询等具体的法律服务项目,则全部统合于公民知情权这一权利之下,成为能够与其他公共法律服务产品在理论上涵摄于同一体系之下的重要产品集群。

总而言之,保障权利作为当下核心的法治话语,法治建设对于公民权利的保障、对于法律救济的提供都是至关重要的,公共法律服务体系所能够提供的产品内容,也正需要统合在权利保障这一法治建

---

〔16〕 司法部《关于印发〈公共法律服务事项清单〉的通知》(司发通〔2019〕97号)。

设的重要课题之下。

（二）侧重保障法治运行的公共法律服务产品

区别于直接对接具体公民权利的公共法律服务产品，保障法治整体运作的服务产品是公共法律服务为法治建设保驾护航时的又一利器。与法律援助等向服务对象直接提供倾向性较为明显支援的产品不同，保障法治运行的公共法律服务产品，旨在为法治具体运作中的各类具体需求提供服务。这类需求究其本质，也就是厘清权利与义务，化解纠纷的种种手段。

例如，公证服务作为一类依法执行的证明活动，是保障法治运行的代表性公共法律服务产品。我国《公证法》第 2 条规定了公证活动的概念。[17] 这种证明活动赋予公证产品以特殊的证明效力，最显著的便是在进入到司法诉讼等相关程序时作为证明涉案法律关系的证据，进而影响到相关裁判的作出。因而，虽然公证服务并未直接影响具体法律关系或直接介入法律程序，但是其独特的公证效力也为法治具体运作提供保障。具体而言，这种保障作用需要深入到公证活动的性质与制度目的中进行探讨。

国内对于公证性质的研究可以追溯到 20 世纪，陈六书等在考察了域外经验以及我国公证历史的基础上，明确了公证活动不解决具体纠纷、区别于司法与行政行为等特性。[18] 此外，独立性、非营利性等特性也都随着《公证法》的出台和相关理论研究而一一确立。[19] 其中，独立性指的是公证机构不接受其他组织与机构的影响，依法独

[17] 《公证法》第 2 条规定："公证是公证机构根据自然人、法人或者其他组织的申请，依照法定程序对民事法律行为、有法律意义的事实和文书的真实性、合法性予以证明的活动。"

[18] 陈六书、赵霄洛：《论公证的性质》，载《法学研究》1984 年第 6 期。

[19] 李全一：《公证机构的非营利性质》，载《中国公证》2006 年第 1 期。

立地行使公证职能。[20] 这种独立性的强调,凸显出公证机构在行使职能时必须保持一种中立,其公证活动并非针对某一主体提供倾向性的帮助,而是依照法定程序为相关法律事实和文书提供真实性与合法性的证明。所以,公证的独立性、中立性使其成为法治运行中一种独特的支持力量。非营利性指的是公证机构在运营与活动时,主要以公益为目的,这又从营运目的的角度将公证与其他私证活动区分开来,虽然公证活动并非公权力机关直接实施的活动,但是其公共属性也依然体现在其对公共利益,特别是司法证明领域公共利益的追求中。有学者研究指出,公证制度这种处于公私之间的定位,来源于私法公化与公法私化两个过程。[21] 其中私法公化指的是,私意自治在自由市场发展受阻时也遭遇信任危机,此时公权力的介入,既在一定程度上矫正了无限制的契约自由,也为市场行为提供了一种更加权威的证明服务,刺激了经济的发展。公法私化指的是,在国家全面管控、全能政府向有效政府与有限政府转向的过程中,公证的权能也逐渐下放,最终演变成受到国家管控的独立机构这样一种兼具公私的性质现状。

公证制度在目的与功能方面也相对独特。在规范意义上,公证活动主要的效力包括法定证据效力等四项内容。[22] 其中,法定证据效力是公证活动辅助法治运作的核心功能,作为公证活动产物的公证文书在司法审判、仲裁以及其他相关场合,都能发挥其作为事实与合法性证明的特殊功能。相对的强制执行力指的是公证活动在事实上也构成了对于待公证事实的判别,在一定的领域和条件下,公证活

〔20〕《公证法》第6条规定:"公证机构是依法设立,不以营利为目的,依法独立行使公证职能、承担民事责任的证明机构。"

〔21〕王京:《公证制度的法理分析》,载《中国公证》2006年第7期。

〔22〕司法部《关于我国公证制度和公证书效力的复函》(司发函〔1994〕005号)(已失效)中曾确认"公证书具有证据效力、强制执行效力和法律行为成立要件效力"。

动的产物具有强制执行的效力，这体现了公证活动的准司法特征。[23] 法律行为成立要件效力指的是在法律规定的需要公证的事项中，公证活动的运作便成为具体法律事项的成立要件。[24] 上述公证制度的规范效力，构成了公证制度在法治整体运作体系中的直接功能，其过程与效用虽然并未直接作用于某一社会主体的法律救济中，但是也凭借其独特的证明效力，为公众的经济活动提供了一类具有权威的法律服务。在理论探讨上，我国公证制度对于法治运作的意义还在于对社会纠纷的预防与化解。苏力曾指出，提供稳定预期是法律的重要功能，"法律的主要功能在于建立和保持一种可以大致确定的预期，以便于人们的相互交往行为"[25]。公证制度在法治运作之中的抽象功能，正在于为待公证的法律事项提供一种先于司法裁判的权威判断，从而就具体案件中的法律关系提供相对稳定的法律期待，从而便于社会公众的日常交往与经济交易，将社会纠纷化解于司法程序之前。有学者指出，我国公证制度在稳定合理预期，促进经济发展方面具有正向作用，能够满足国家对于宏观调控的需求，也能够满足市场主体对降低交易风险与交易成本的需求。[26] 这一论断鲜明地指出了在经济社会生活之中公证制度所体现出的法律制度的功能。这种对于社会纠纷的预防与化解，前置于司法裁判等法律程序，且区别于正式的公权力机关，为社会公众提供了差异化的法律服务。也有学者指出，公证是通过证明以实现对于民事秩序的调节

〔23〕 薛凡：《公证文书的效力》，载《中国公证》2006 年第 8 期。

〔24〕 《公证法》第 38 条规定："法律、行政法规规定未经公证的事项不具有法律效力的，依照其规定。"

〔25〕 苏力：《法治及其本土资源》，中国政法大学出版社 1996 年版，第 7 页。

〔26〕 孙红梅：《公证——一种预防性的法律证明制度》，吉林大学 2007 年博士学位论文，第 56－58 页。

的法律机制。[27] 这种观点是从公权力实施的角度出发，点出了公证制度对于社会秩序的调节作用，其本质上仍然属于公权力调控社会秩序的范畴，因而也体现出其“公共”的属性。

综上，公证活动的特殊性质，使其在法治体系中处于亦公亦私相对模糊的位置。其对于法治运作的功能十分独特，既能够在微观上为社会公众提供证明类的法律服务，也能够在宏观上实现对于社会秩序的调节。但是其性质与功能的独特使其体系地位也相对难以确认。公证活动这种境况恰好与公共法律服务体系在制度目的与性质方面存在契合关系。公共法律服务体系在性质上既强调“法律服务”这一内容性质，又不失“公共”这一目标属性，在助力法治运行这一总体框架的统合之下，公证活动可以顺理成章地成为公共法律服务内容体系中的组成部分。

又如，人民调解活动在性质上也处于一种模糊地带，其与法律领域的联系并不如其他司法制度那么明晰。《人民调解法》从调解主体、工作方法以及相关原则等方面对人民调解进行了定义。[28] 人民调解制度虽然是针对特殊个体而提供的法律服务，但是其具体服务内容与法律援助体系等公共法律服务项目有着本质的区别。这一区别就在于其他法律服务项目的供给主体在角色定位上处于辅助者的立场，向服务接受者提供基于政法话语的法律知识输出，以求服务接受者能够在了解法律内容、相对公平的情况下处理法律纠纷，顺利地完成相关法律程序。然而人民调解制度则不尽然，人民调解服务供给者在服务过程中扮演的角色更接近于裁判者，其供给机构承担的

---

〔27〕 蒋笃恒：《公证制度研究》，中国政法大学2002年博士学位论文，第4页。

〔28〕 《人民调解法》第2条规定：“本法所称人民调解，是指人民调解委员会通过说服、疏导等方法，促使当事人在平等协商基础上自愿达成调解协议，解决民间纠纷的活动。”

法定义务比起提供公共法律服务，更像是承担公共司法职能，即司法审判的职能，而人民调解的本质属性以及体系定位，则在与其他公共法律职能、公共法律服务的对比之中凸显。

人民调解与司法审判有着显著的区别，其能够成为我国公共法律服务体系的组成部分，也与其所提供的活动产品有关。首先，人民调解承担的法定职责与司法审判不同，人民法院是我国唯一能够依法行使审判权的司法机构，而人民调解活动的性质为民间群体的自治性活动。其次，组织性质有着本质的区别。人民调解服务的主要承担机构——人民调解委员会在性质上仅为群众性组织，接受基层人民法院在业务上的指导，而不具备国家公权力机构的组织性质。再次，提供的公共产品不相同，司法审判作为一种公共活动，其向参与者提供的是生效判决的法律效力，其背后蕴含的是国家公权力对于经过审判后的法律关系的确认，即一种基于国家暴力的对于法律关系的公权力认证。人民调解作为一种公共法律服务，其为参与者提供的是一种基于群众自治的说服、斡旋，这种介入纠纷的服务效力并非来源于暴力基础或者任何强制性的力量，而是出自一种对于群众自治的自觉遵守。最后，实施的效果存在区别。司法审判所提供的公共产品包含着公权力意志对于作为诉讼标的法律关系的确认，这种公权力认证不但包含了对于当事人法律关系的确认，还蕴含着能够帮助胜诉当事人强制执行的救济属性。也就是说，司法审判活动在裁判生效后，对于涉诉的标的拥有着强制实现的效果。人民调解提供的调解服务仅仅基于群众自治的自觉遵守，调解程序本身并无任何强制性的要素，而人民调解达成的调解协议也仅在经当事人统一参与的特殊司法认定程序后才产生强制执行的效力。因而，人民调解与司法审判的最大区别，就在于其背后的理论基础与制度定位不同。

人民调解所仰仗的并非暴力基础也并非公权力意志，从这一角度来说，人民调解所提供的公共产品与公共法律服务整体确实存在一定的联系。但是将人民调解活动纳入公共法律服务内容体系中，仍然需要解释人民调解活动与其他公共法律服务事项之间的差异。

首先，人民调解承担的服务职责与以法律援助为首的公共法律服务基础项目有着本质的区别。人民调解作为群众性组织所提供的公共法律服务，其职责在于介入被服务者所处的具体法律关系中，化解基层的社会矛盾纠纷。其他公共法律服务项目的职责，则倾向通过法律知识资源的输出，以填补服务接受者在法律知识方面的信息差，从而保障服务接受者的合法权益。其次，人民调解在组织机构上也与其他公共法律服务存在着区别，从《公共法律服务事项清单》中对于公共法律服务项目的16个分类中可以得知，其中除人民调解服务以外的服务项目，其提供主体均为公权力机构及其下设的工作单位。人民调解委员会的成立与组织形式虽然受到《人民调解法》的调整，但是其最直接的权力来源仍然是群众自治，而非公权力机关的授权。最后，人民调解所提供的公共服务产品与其他公共法律服务有着本质区别，虽然同属于公共法律服务体系下的服务项目，但是调解活动所蕴含的化解具体纠纷的特殊功能，则是一般的公共法律服务项目所不具备的。

所以，人民调解作为一种特殊的公共法律服务项目，其组织形式、活动方式、功能输出，与其他公共法律服务事项存在明显差异，需要用一种更为宏观的理论架构将其纳入，而以法治建设为主轴的公共法律服务产品内容构成分类则可以很好地完成这一任务。从化解纠纷、稳定社会秩序的角度来看，人民调解活动与公证活动在不同的层面为了同样的目标而运作着，而这一目标的设定则可以直接定位到“保障法治运行”这一公共法律服务体系的必然要求中。类比于公证活动,人民调解活动同样面临着功能独特但体系定位模糊的境况,人民调解委员会并非国家公权力机构,其行使的权能也并非典型意义的国家公权力,但是其调解的产物却能够提供相应的公共产品——化解纠纷、稳定秩序,因而在公共法律服务概念出现之前,人民调解制度在法治建设体系中的位置并不明确。但是,在“保障法治运行的公共法律服务”这一更为高层次的概念统摄之下,人民调解制度与公证制度一样,在以目标设定为划分依据的产品体系之中获得了相应的体系定位,并与其他法律制度的关系也能够逐渐明晰,从而与公共法律服务体系的其他产品在制度目的上最终殊途同归。

更进一步地说,公证制度与人民调解制度在公与私、法律与其他社会调控工具这些分类上的模糊,其实是由于我国在建设社会主义法制的历程中与外来制度、理论存在不相适应的部分。如前文所述,“人民调解”中的“人民”二字包含着过多的政治成分而难以成为一种严谨的法律术语。这一问题背后隐含着的是我国悠久的传统与历史在现代化过程中,与外来文化无法直接相融的境况。人民调解制度在我国公共法律服务体系的各类服务事项中算是历史悠久且极具中国特色的服务项目,其历史起源可以追溯到我国传统文化中厌讼、止争的社会取向中,而人民调解的直接制度来源,也可以追溯到近代民主革命时期。在当时的历史背景之下,中国共产党为了建设革命根据地,就需要在根据地建设时便处理好当地民众的纠纷问题,中国共产党的人民调解传统也就由此而来。[29] 与西方国家法律理论和制度建构中泾渭分明的取向不同,我国传统文化中对于社会之“治”的宏观目标更为看重,即以建设目标为最终旨归。这一特征可从“法

〔29〕 史凤仪:《人民调解制度溯源》,载《法学》1987 年第 3 期。

制”到“法治”的话语变迁及其背后的理念变迁之中看出。2011 年 3 月全国人大常委会的工作报告宣告，中国特色社会主义法律体系基本形成。作为中国特色社会主义法治建设事业总纲领的中共中央《关于全面推进依法治国若干重大问题的决定》，将依法治国与以德治国相结合作为全面推进依法治国的重要原则之一。习近平总书记曾重点论述了德治与法治的关系，认为在国家治理中需要德治与法治共同发挥作用。[30] 这一论断将社会主义法治的理论内涵大大提升，既吸纳了现代法治理念中的先进成分，又将中国传统政法文化中对于道德的提倡继承了下来。这种不独尊法制，而更重综合性治理路径的整体性思路逐渐蔚然成风。江必新等在总结百年法制建设的经验教训时指出，既要坚持厉行法治，也不能排斥政治、德治、自治的作用。[31] 张文显也指出“中国特色社会主义法治体系”是法学的新概念，也是法治中国建设的新思维。在中国特色社会主义法制体系形成之后，应当进一步将法治建设的中心任务进化为建设符合中国国情的法治体系。[32] 这种话语的转变，恰好对应着我国公共法律服务体系概念的提出与建设逐渐兴盛的历程，因而在划定公共法律服务内容边界的时候，也应坚持这种以最终建设目标为旨归，海纳多种治理手段的中国式法治思维，将体系定位不甚明晰的各类法律服务均吸纳至“保障法治运行的公共法律服务”的概念统摄之下。这种以制度目的为标准的辨析体系，既能够调和不同法律服务之间的定位

---

〔30〕“治理国家、治理社会必须一手抓法治、一手抓德治，既重视发挥法律的规范作用，又重视发挥道德的教化作用，实现法律和道德相辅相成、法治和德治相得益彰。”参见中共中央党史和文献研究院编：《十八大以来重要文献选编》（中），中央文献出版社 2016 年版，第 185 页。

〔31〕江必新、戢太雷：《中国共产党百年法制建设历程回顾》，载《中南大学学报（社会科学版）》2021 年第 4 期。

〔32〕张文显：《法治与国家治理现代化》，载《中国法学》2014 年第 4 期。

关系,也能够突出中国式法治现代化的先进理念,因而具有其他建构框架所不具备的理论优势。

二、划定公共法律服务项目的范围

在明确了我国公共法律服务内容构成可以分为以制度目的为标准的两类公共法律服务产品后,还需要进一步讨论这些产品的供给边界。由于历史传统与实践经验的影响,目前较为繁杂的公共法律服务内容的对应外延,已经难以通过列举的方式来完全的描述了。而通过一定分类标准和概念建构统合公共法律服务的各类产品,又会面临着边界模糊却不断扩大的问题。也就是说,虽然运用抽象的手段可以对现有的公共法律服务产品进行分类与统合,但是这些抽象的分类标准为了理论的整全,其本身含义并不封闭,以无限的概念去统合有限的实践,难以贴合实践的现状。

我国公共法律服务体系建设在内涵理解方面面临着服务项目琐碎且缺乏整体性的问题。虽然在各个政策文件中公共法律服务体系已然具有制度体系上的独立地位并且获得了诸多发展的机会,但是无论在理论建构还是在实践推进中,过度琐碎的内容会分散对于公共法律服务本身的关注,在众多的公共法律服务项目中产生迷失感。此外,在公共法律服务体系建设的时候,必须面对的问题是前文所述的在法律服务供给侧上存在的结构性供需失衡问题,法律服务资源固有的稀缺性、分布不均且资源流向不符合公共利益等问题,都会像前文所述的那样一直滞碍着我国公共法律服务的发展。

我国公共法律服务实践中的供需失衡是一个需要长期攻坚的问题,也是在建构我国公共法律服务内容体系时必须纳入考量的实践现状。因而,基于资源有限、供需失衡的具体境况,公共法律服务内容必须在内部做出区分,进而实现次序化的供给。

(一)公共法律服务产品需要分层次供给

公共法律服务产品的次序化供给指的是,在公共法律服务内容体系内部,对相应的法律服务产品进行排序,并通过差异化的供给,以求在资源有限且供需失衡的情况下,达到公共法律服务体系建设的最大效用。

对于服务产品供给的排序,必然是公共法律服务内容构成的一部分。由于我国公共法律服务体系的历史发展特征是实践为首,概念体系后发,因而在其内容中包含了大量且细致的相关实践,其中有的形成了独立的制度,拥有单行法律如法律援助、人民调解等,有的仅存在于规范性文件和具体工作经验中,如法律咨询、法律顾问等。对于这些形态各异、功能相去甚远的法律服务产品,不可能在供给上等而视之,必须根据一定的标准将其进行排序,从而更加贴合实践需求,实现更好的体系功效。

现有的政策文件中,2019 年 7 月中共中央办公厅、国务院办公厅发布了《公共法律服务意见》中提出了"推进基本公共法律服务均衡发展"和"促进公共法律服务多元化专业化"两个发展方向,因而就有了"基本公共法律服务"这一概念指称。已有学者对基本公共法律服务的意指做出概括,认为基本公共法律服务是在公共法律服务中选取旨在保障全体公民生存和发展基本法治需求的纯公共服务和能够实现普惠性的准公共服务。并且提出在供给范围方面从知识、途径和救济等三个层次去满足基本公共法律服务需求。[33] 这一对于基本公共法律服务的界定与国家级规划文件中对于基本公共服务的

〔33〕 宋方青、邱子键:《论基本公共法律服务的供给侧结构性改革》,载《东南学术》2023 年第 1 期。

定义类似,[34]明确地指出了基本公共法律服务是在公共法律服务中选取出来的一类更为基本、更为迫切的服务项目。也有学者将基本公共服务的界定标准用基础性、广泛性、迫切性和可行性四个性质来概括,[35]其中广泛性与迫切性的提出,较有启发性地揭示了基本公共法律服务在受众范围和紧急程度上面的特征。

实际上,《公共法律服务意见》中对于基本公共法律服务的提出与建构,基本上是围绕着均等普惠的思路进行的,其中区分的三项内容分别为均衡配置城乡资源、加强欠发达地区的建设和保障特殊群体,这一分类的整体逻辑是按照公共服务均等普惠的要求,对公共法律服务领域进行平行的移植。并且,该政策文件与后续理论研究中对基本公共服务的界定思路,也基本遵循着实践优先的逻辑。但是《公共法律服务意见》作为国家级别的政策文件,其中关于基本公共法律服务的指示较为大而全,基本涵盖了社会公众所能够明确感知到的法律服务需求。并且,该文件中关于基本公共法律服务的部分与促进多元化专业化的部分,在公共法律服务项目上存在重合,如两个部分均包含着对法律援助服务项目的改进指示。由此观之,《公共法律服务意见》中关于基本公共法律服务的建构,其重点不在于对内容构成进行区分,而毋宁在于如何推进公共法律服务体系整体的均等化普惠化发展。此外,考察《公共法律服务意见》中关于推进基本公共法律服务均衡发展以及促进多元化专业化两部分中的服务对象与责任主体,可以看出基本公共法律服务部分强调的服务对象就是最具广泛性的社会群众,而多元化专业化发展的服务对象则是以业

〔34〕 基本公共服务,指建立在一定社会共识基础上,由政府主导提供的,与经济社会发展水平和阶段相适应,旨在保障全体公民生存和发展基本需求的公共服务。参见《国家基本公共服务体系"十二五"规划》。

〔35〕 于泓源:《关于推进基本公共法律服务的思考》,载《中国司法》2014 年第 4 期。

务为分类标准，分为经济、党政、司法和对外等领域，《公共法律服务意见》中此两部分的联系既非并列也非递进。因而该文件中对于基本公共法律服务的提出与建构并非完全意义上的基于公共法律服务体系内部的排序，而毋宁是指一种宏观发展路径的选择。

另一种区分出现在 2017 年司法部发布的《平台建设意见》中。该文件在对公共法律服务平台建设的具体指导中，对实体平台的级别定位与功能做了详细区分。去除接受投诉、处理行政审批等非服务类事项，最高级别的公共法律服务中心需要提供最为广泛的服务项目。[36] 这些功能涵盖了法律咨询、法治宣传以及法律援助等项目的部分工作。次一级的乡镇（街道）公共法律服务机构则主要承担化解矛盾纠纷、基础法律服务等职能。最基层的公共法律服务工作室［村（居）法律顾问］扎根于基层农村与社区，主要提供法律咨询、法治宣传以及其他律师类的法律服务。

从《平台建设意见》关于实体平台分等级的功能安排来看，法律咨询与法治宣传在实践中是服务层级最基础、服务范围最广泛的公共法律服务产品，而法律援助与人民调解等服务项目直面具体纠纷，则需要多机构相互配合，消耗的服务资源也较多，因而只在最高级别的公共法律服务实体平台进行供给。这一服务产品分类通过供给成本、供给范围等标准的区分，对“基本公共法律服务”做出了进一步的区分，从而更加明确地揭示了不同公共法律服务在实践中的显著区别。

前述文件从不同的角度对现有公共法律服务产品进行了区别指

---

[36] 具体而言，包括如下事项：接待现场来访，解答法律咨询；受理、审批法律援助申请，指派法律援助人员承办法律援助案件；解答人民调解业务咨询，受理、指派、分流和协调处理人民调解案件，做好矛盾纠纷化解工作；提供专业调解服务，结合实际提供公证、司法鉴定等法律服务，导引律师诉讼代理等法律服务业务；开展法治宣传教育和各种形式的法治文化活动。

示，但是出发点却截然不同，《公共法律服务意见》中对于基本公共法律服务的强调，是基于均等化普惠化的目标进路，而《平台建设意见》中对于公共法律服务中不同产品的区分则是基于一种实施成本与实践需求的综合考量。

但是现有政策文件与理论研究中的分类，仍然难以满足公共法律服务体系建设实践中对于服务项目分类精细化的需求。根据我国公共法律服务体系建设所面对的现实背景，要完成公共法律服务在内容体系上的理论构成，则必须在综合现有分类的基础上，进一步确定公共法律服务的供给次序，并为抽象化的公共法律服务概念划定供给边界。

由于资源的有限性以及供需关系的不均衡，我国现代公共法律服务需要进行整合提升，[37]而这种整合必须遵循一种最能贴合体系建设目的的逻辑线索。根据基础理论部分对法治建设方法论命题的讨论，公共法律服务体系的功能与目的不外乎在环境建设的层面推进法治建设的整体工程。因而，能否最直接地推进法治发展，就是用以衡量现有公共法律服务产品次序最有效的判断标准，而能够直接推进法治建设的直观体现，也可从介入具体法律程序的程度来进行观察。

从服务项目切入法律程序、介入法律关系的程度来看，法律援助是最能够直接影响法律运作的服务产品。根据我国法律援助所划定的援助范围，可以看出需要接受法律援助的对象基本上都是对于公共法律服务最迫切最渴求的那一部分群体。受援对象在法律关系上深陷法律纠纷中，急需相应的法律服务以脱离诉累，但是法定的受援助对象或是在经济上难以承担市场定价下的社会法律服务的成本，

〔37〕 宋方青：《现代公共法律服务整合提升的保障机制》，载《中国司法》2022 年第 5 期。

或是由于各种情况难以获取有效的法律服务帮助。因而为了保证法律公正、保证程序有效,由国家最终承担相关支出的法律援助便成为了面对这些急切需求的有效供给。

与其他公共法律服务相区别,法律援助对具有急切需求的受援助者提供的法律服务,其显著的特征便是同时具备急迫性与不可替代性,而其他的"基本公共法律服务"等服务项目,都难以同时具备这两个特征。比如,虽然法治宣传在法治建设整体工程之中的基础地位已成为共识,且这种传播法律知识、培育法治精神的方式难以通过其他渠道去替代。但是社会整体对法治宣传的需求是长期且持久的,很难在一个较短的时间内称之为有急迫性,因而在为公共法律服务产品进行排序时,无法将法治宣传与法律援助等量齐观。又如,虽然在个案中社会主体对于人民调解或者仲裁等纠纷化解机制的需求较为迫切,但无论是调解还是仲裁,均有司法裁判作为后备的救济手段,因而在不可替代性方面难以与法律援助平齐。

所以同时具备急迫性与不可替代性的法律援助,在所有公共法律服务产品中具有最为基础性的地位,这也是域外法制实践如此重视法律援助的原因之一。并且,在服务内容厚度的层面,法律援助所包含的内容也是其他公共法律服务所不能及的。从域外经验来看,法律援助服务体系作为一类具有丰富内涵的公共法律服务项目,在域外的法律服务实践中便占据核心地位。有研究成果对美国、英国、德国、法国、日本以及荷兰的公共法律服务制度与实践做出考察,发现这些国家大都没有形成统一的法律服务体系,即使在公共服务职能体系较为发达的美国与英国,其公共法律服务的产品体系也主要集中于以法律援助为首的一系列公共产品供给制度中。[38] 虽然域

---

〔38〕 具体域外制度内容参见杨凯等:《公共法律服务学导论》,中国社会科学出版社2020年版,第158-171页。

外实践中并未形成如中国公共法律服务体系这样统一的制度集群，但是其以法律援助为核心的公共产品供给体系仍然可以事先为社会提供公共法律服务的实际功能。在针对法国与荷兰法律援助制度的专项研究中，有学者发现域外实践中法律援助制度的综合性极强，“法国和荷兰法律援助服务是全方位的，既包括诉讼代理、辩护服务，也包括法律咨询、调解等服务”[39]。从域外诸多具体实践中可以看出，法律援助服务体系在实践中完全有能力承担向社会提供公共法律服务的核心功能。

甚至，在法律援助服务体系内部，也存在着轻重缓急之分。学者在分析刑事法律援助体系的经费支出时有所提及，在法律援助经费短缺的情况下应当对法律援助的重点领域进行优先供给。[40] 无独有偶，针对刑事法律援助的关注情况，仍有不少学者认为应当适度提升法律援助领域内的聚焦程度。例如，有学者指出：“我国法律援助作为一项民生工程，民事、行政和刑事案件都应该提供援助。但三类案件援助的必要性有别……刑事案件的法律援助具有保障人权、彰显公平正义的功能，是典型的国家责任，需求应当优先满足。”[41] 学者们敏锐地察觉到在资源有限，需求缺口长期存在的情况下，将公共法律服务体系建设与发展的力量集中到一处，是更具效率与可行性的发展方案。这种整合思路运用到我国公共法律服务内容体系中，便体现为公共法律服务产品应当呈现出次序化供给的格局。

---

〔39〕 刘帅克：《法国、荷兰法律援助制度改革情况及启示》，载《中国司法》2014 年第 11 期。

〔40〕 “通常尽量控制甚至缩小民事法律援助的范围，从而确保依法应当指定辩护的犯罪嫌疑人、被告人都能获得法律援助。”参见陈永生：《刑事法律援助的中国问题与域外经验》，载《比较法研究》2014 年第 1 期。

〔41〕 陈光中、褚晓囡：《刑事辩护法律援助制度再探讨——以〈中华人民共和国法律援助法（草案）〉为背景》，载《中国政法大学学报》2021 年第 4 期。

在法律援助之外,最具综合性且不可替代的公共法律服务项目便是法律咨询服务。法律咨询与法治宣传同样作为向受众提供关于法律知识的法律,在效果实现机制上存在不同。具体而言,对于服务受众来说,法治宣传是一种较为被动的知识传播方式,虽然可以通过创新宣传方式、加强受众互动等方式提升法治宣传的效果,但是法律咨询却是服务受众主动寻求法律知识,其主体动力不在一个层面。并且,社会个体对于法律咨询的需求通常具有个案性,即一案一问、一事一询,因而在法律咨询活动中法律知识传播的目的性、专业性较强,因而效果也更加明显。法治宣传的内容通常是较为全面且体系化的普及性知识,因而其活动目的并非短期解决某一法律问题或纠纷,而是一种更为长期更为底层的目标。从直接影响方面来看,法律咨询虽然不如法律援助那般可以直接介入法律程序与法律关系中,但是其在个案中提供法律知识的功能也不可忽视。如果在个案中当事人没能有效地获取相关的法律知识,则当事人的合法权益遭受侵害的可能性大大增加。

并且,法律咨询在服务内容的厚度上也较为丰富。根据《平台建设意见》对公共法律服务工作站与基层法律顾问等实体平台的安排,提供法律建议、代写法律文书、参与其他需要法律知识支撑的活动,都可以纳入法律咨询的服务范围内,因而法律咨询产品在均等化普惠化的发展路径上必须被重视。

根据上述分类思路,公共法律服务产品的次序化供给应当在考虑实践成本、历史经验的基础上,将与法律运作有最直接联系的服务项目放在首位,尽可能地做到优先供给最急迫、最不可替代的服务项目。在我国公共法律服务体系促进法治建设、保障人权的体系目的指导下,法律援助以其需求的急迫性与解决方案的不可替代性,在理论上应当成为我国公共法律服务内容体系中最优先保障的产品。

（二）多元化专业化供给应当有选择性

在明确最为基础最应当优先保障的公共法律服务事项后，仍然需要为公共法律服务内容体系划定边界，探讨我国公共法律服务究竟应当提供到何种地步。

2014 年司法部印发《关于推进公共法律服务体系建设的意见》指出，司法行政机关是公共法律服务供给主体。在 2019 年 7 月中共中央办公厅、国务院办公厅发布的《公共法律服务意见》中也规定公共法律服务是政府的公共职能。根据相应的政策文件定义，我国公共法律服务的最终责任主体应当是以司法行政机关为主的政府，而政府在供给公共法律服务时并非十分轻松。[42] 公共法律服务供给问题突出，相关现象已经在政策文件中予以确认。[43] 面对实践中供需不均的现实局面，我国公共法律服务体系建设需要在一段时间内承受投入总量不足的负担。所以在实践中必须谨慎选择供给产品的发展与增量，令不同层级的责任主体承担不同层次的公共法律服务责任，形成有序的体系建设格局。

在《公共法律服务意见》中，我国公共法律服务的专业化发展方向集中在促进经济发展、促进党政机关履职、促进司法公正、促进对外开放与交流这四个领域。可以看出，在这些领域中提供的公共法律服务，都与前述的基本公共法律服务存在显著区别。例如，在促进党政机关依法全面履行职能的公共法律服务中，主要的措施就是为党政机关配备更多的法律顾问或法律人才，提高其中公职律师的覆

---

〔42〕 各地普遍存在财政供给水平、投入总额和分配额差异大的现象，同时经费的落实与管理也不尽到位，总体而言，各地对于公共法律服务的扶持力度远未达到应有的程度。参见宋方青：《现代公共法律服务整合提升的保障机制》，载《中国司法》2022 年第 5 期。

〔43〕 参见司法部 2021 年 12 月 30 日印发的《公共法律服务规划》。

盖面。这一服务项目的对象为资源较为充沛的党政机关，且服务内容多为咨询、参与决策类等，在专业性方面更加强调供给侧对于党政机关职权与禁止事项的理解。而在促进司法公正领域，公共法律服务多体现为加强与法律援助、公证的衔接层面，更多地涉及工作机制与相关制度的设计与执行。上述两个例子中的公共法律服务并非直接作用于社会公众的服务产品，因而存在生效迟缓且效用感知不强的特性。但是，由于对于特定领域的深入，因而在为这些专业化的公共法律服务需求中，所需求的法律服务资源更加稀缺，服务成本更加难以控制。

不仅如此，由于专业化服务的直接服务对象并非具有广泛性的社会公众，因而其需求能否纳入，或者是否应该纳入公共法律服务体系的供给边界中，需要更进一步的讨论。从供给与资源的角度考虑，公共法律服务体系的出现，正是由于自由的社会法律服务市场无法满足国家与社会整体多层次的对于法律服务的需求，加之对于特定公共利益的维护，因而需要以司法行政部门为代表的公权力机关承担起责任，对法律资源进行重新配置。在这一理论预设之上，公共法律服务的内容体系应当以政府能够切实有效调配的法律资源为边界，并且在保证供给最基础的公共法律服务产品的同时，根据剩余资源来确定专业化发展方向。简单来说，比照《平台建设意见》，不同层级、不同需求、不同供给能力的责任主体，应当在次序化供给的基础上，形成相互配合、互相呼应的实践格局。例如，在保证基础项目如法律援助、法律咨询等服务产品供给能够较好地满足社会需求时，需要承担较多公共职能的党政机关则可以选择投入一定的公共资源以支付专业化服务。

此外，公共法律服务产品的专业化供给虽然可能难以体现在短时段的社会需求中，但是其对于法治建设的作用同样不可忽视。并且由于其专业化的发展路径更具宏观效果,因而后文将就更加宏观的公共法律服务体系的拓掘展开讨论。

在明确了中国式法治现代化的大背景统摄下的公共法律服务内容体系后,公共法律服务体系的体系建构也有了拓展成为更为宏观的法治建设方案的可能性。公共法律服务供给与推进主体的多元化,不仅在供给侧为公共法律服务的拓展提供了基础,也在目标设定层面对我国公共法律服务体系建设提出了更高的要求。

以我国公共法律服务体系建设基础理论中对于法治环境建设的论述为前提,公共法律服务体系的发展最终目的正是保障人权、维护社会公平正义,并且在实现国家与社会治理法治化,也即中国式法治现代化的道路上提供辅助性的贡献。因而,通过法治环境建设的相关内容,助力法治国家、法治社会的最终建成,实现公共法律服务的体系目的,也是公共法律服务体系的应然内容。由此,至少有三个方向的公共法律服务体系拓展应当被重视,包括:基于法治意识提升的文化建设;基于供需关系调节的市场建设;基于法律治理的调解机制建设。

此三项体系拓展方向,分别针对的是社会意识领域、法律服务供给领域以及基层治理环境三个方面的建设,也为相应的实践困境提供了一种更加宏观的解决方案。其中,法治文化建设作为法治规训活动的核心内容,在整肃法治精神、培育法治信仰方面具有独一无二的作用,也是从社会意识层面改善法治环境的根本路径。法律服务市场建设作为优化法律服务供给模式的主要途径,对增进法律服务资源供给总量、平衡法律服务资源地域分布、增进法律服务行业吸引力具有关键作用。通过法律服务市场的建设,法律服务行业得以健康蓬勃发展,最终才有可能应对法律服务整体供需不均的制度顽疾。对于社会纠纷调解机制的改进,有助于在基层社会治理层面降低基层社会矛盾对于法律服务行业的需求,通过纠纷解决方式的分流,使诸多基层矛盾化解在萌芽状态,在需求调处资源较少的状态下完成社会矛盾的化解。此三个公共法律服务拓展方向各有重点又相互配合,法治文化建设负责社会意识领域的感化与引导,法律服务行业的市场建设负责从更基础的层面解决法律服务供给侧的孱弱问题,社会矛盾调解机制则负责把守法律服务的需求侧,将社会矛盾化解于萌芽。

第二节　通过法治宣传建设改善法治环境

习近平总书记在2018年"国家宪法日"曾强调培育法治信仰的重要性,指出"要在全党全社会深入开展尊崇宪法、学习宪法、遵守宪法、维护宪法、运用宪法的宣传教育活动,弘扬宪法精神,树立宪法权威,使全体人民都成为社会主义法治的忠实崇尚者、自觉遵守者、坚定捍卫者"〔44〕。并且,中国共产党第二十次全国代表大会的报告中,法治文化建设的重要性也被再次强调。〔45〕可以看出,我国对于法治文化建设的重视从未放松。

法治宣传作为法治文化建设的重要一环,其重要性已得到明确,

〔44〕习近平:《弘扬宪法精神　树立宪法权威　使全体人民都成为社会主义法治的忠实崇尚者自觉遵守者坚定捍卫者》,载《人民日报》2018年12月5日,第1版。

〔45〕"建设覆盖城乡的现代公共法律服务体系,深入开展法治宣传教育,增强全民法治观念。""弘扬以伟大建党精神为源头的中国共产党人精神谱系,用好红色资源,深入开展社会主义核心价值观宣传教育,深化爱国主义、集体主义、社会主义教育,着力培养担当民族复兴大任的时代新人。"参见《高举中国特色社会主义伟大旗帜　为全面建设社会主义现代化国家而团结奋斗——在中国共产党第二十次全国代表大会上的报告(2022年10月16日)》,载《人民日报》2022年10月26日,第1版。

而其独特的运作逻辑以及潜移默化的生效机理应当予以更进一步的讨论与解析。本节将从构建以政法话语为基础的公共法律服务项目出发,讨论中国特色社会主义法治文化建设的有效路径,进而明确作为公共法律服务的法治宣传教育在何种意义上能够实现对于中国式法治现代化的助力。

一、法治宣传的实践功能与制度目的

与社会意识层面的法治文化建设直接相关的公共法律服务项目,则包括以法治宣传为首的,国家机关多主体法律宣传架构。以2017年《关于实行国家机关"谁执法谁普法"普法责任制的意见》文件的出台为标志,我国以普法活动为代表的法律宣传责任主体正式定位为所有国家机关。[46]

法治宣传,即通过各类媒介,将统一的、体系化的法治精神与法律制度内容向社会大众传播,其运作的核心就在于宣传内容与宣传途径两个方面。

在宣传内容方面,法治宣传教育的核心内容即为法律治理的精神价值、法律制度内容等。例如,新中国成立初期关于新婚姻法的宣传活动。1950年4月30日,中共中央便专门下发《关于保证执行婚姻法给全党的通知》。1953年2月,中央人民政府政务院发布《关于贯彻婚姻法的指示》,要求开展新法学习活动。随着这一文件的发布,一场影响全国的法制宣传运动开展。这一法制宣传的内容便为新婚姻法的相关内容,此活动通过全国范围内的大规模宣传,令全国人民在婚俗方面的社会意识得到了一次革新。在特定的法律制度内容宣传以外,以普遍的、抽象的法治精神内容的宣传活动也作为法治

[46]《实行国家机关"谁执法谁普法"普法责任制》,载《人民日报》2017年5月18日,第6版。

宣传教育的一部分,发挥其宣传功能。中宣部、全国普法办等部门曾联合举办基于新媒体法治宣传的作品征集活动,用以在全社会范围内营造学法信法的良好氛围。[47] 这一活动以不特定的法治内容为标准,以活动促宣传,引导全社会参与法治视频作品征集活动,达到法治宣传的最终目的。

总体而言,法治宣传教育的具体内容应当包括习近平法治思想、中国特色社会主义法治文化与法治精神、以宪法为核心的中国特色社会主义法律体系等相关内容。而在具体宣传实践中,上述内容由于其体系性以及理论性较强,且考虑到社会大众整体对于政法话语、知识了解程度相对较低,因而需要将前述宣传内容进行更加大众的转化,才能有可能最大限度地发挥法治宣传教育的功效。

在宣传形式上,法治宣传教育的具体形式呈现出多种多样的局面。仍然以前述 1950 年关于婚姻法的宣传为例,在中央发出指示后,各地纷纷响应号召,针对婚姻法的具体内容,以各类宣传形式,将婚姻法打击旧糟粕、解放婚姻自由的法律精神送入人民群众的脑海。具体宣传形式,既包括座谈、宣讲等核心宣传模式,也存在将婚姻法相关内容与精神融入话剧、戏曲等文艺形式,更加生动地将法制宣传内容表达出来。此外,表彰模范行为、严惩违反新婚姻法行为的工作内容,也从法律运行的角度向社会输送了相关的法制知识,展现了国家坚决践行法制的决心。此次法治宣传活动在形式上充满了创新,也为后续宣传活动留下了宝贵的经验。随着时代的发展,数字科技的进步促进了许多新媒体的诞生,而与时俱进的法治宣传教育工作也乘上新媒体形式的快车,运用高科技平台与手段推进法治宣传教育工作的开展。北京海淀区运用新时代科技与新媒体手段,令法治

---

〔47〕《第十八届全国法治动漫微视频作品征集活动启动》,载《法治日报》2022 年 7 月 9 日,第 1 版。

宣传的形式与时俱进，更具时代特征。海淀区通过强化网站、微博、微信等新媒体平台的法治宣传工作，令法治宣传与人民群众的距离更加亲密，其在网络平台上推送的普法作品累积观看量已达百万人次，影响力可见一斑。[48]

我国法治宣传的直接制度目的，在于提升社会整体法治意识，使社会民众更加适应法律治理的国家与社会运作模式，从而改善法治运行环境。换言之，令法治融入每一个公民的生活世界中，令法律制度内容的覆盖范围更加广阔，令法律治理的影响能力更加深入，令法律运作更加顺畅，在全社会范围内形成良好的法治文化与法治氛围，是我国做好法治宣传最直接的目的。2021 年第十三届全国人大常委会通过的《关于开展第八个五年法治宣传教育的决议》（以下简称《八五决议》）指出，我国在新时期内进行法治宣传教育的必要性与相应的工作目标，凸显出我国坚持实施法治宣传教育的决心。

二、以法治文化建设引领法治宣传工作

虽然我国在法治宣传的实践历史上做出了相当的成果，但是在中国式法治现代化的目标引导之下，现有的法治宣传教育的公共服务产品仍然需要进一步地落实，在实效的层面进一步提升宣传教育、提升社会法治意识的能力。为此，则需要在夯实宣传教育基础，提高宣传教育层次两个方面进行建设。

应当指出的是，虽然我国关于法治宣传教育的工作从未放松，但是取得的成效仍然有进步的空间。在国务院关于“六五”普法决议执行情况与“七五”普法决议执行情况的两次汇报中，诸多问题存在重合，体现出重症顽疾的解决难度之高。国务院关于“六五”普法决议

[48]　《北京海淀打造数字化普法新高地　全时空匹配群众法治需求》，载《法治日报》2022 年 6 月 23 日，第 7 版。

执行情况的汇报中指出，与全面依法治国新要求和人民群众新期待相比，（法治宣传教育工作）还存在一些问题和不足：有的地方和部门对法治宣传教育重要性认识还不到位、普法宣传教育机制还不够健全、法治宣传教育实效性有待进一步增强，全社会厉行法治的积极性和主动性有待进一步提高。从中可以看出，无论是部门还是全社会，对于法治宣传教育的重要性认识都稍显不足，普法宣传教育机制不健全、实效有待增强等问题较为突出；而国务院关于"七五"普法决议执行情况的汇报显示，普法工作还存在执行部门不够重视、区域发展不平衡不充分、相关责任没有落实、普法质量不高等问题。这次汇报相较于"六五"普法决议执行情况的汇报，凸显出了更多问题。在提及重视程度不够、普法宣传教育机制不健全、实效有待增强的问题之外，此次报告中还指出了普法力量不足、经费保障不足、普法内容质量不足等更为具体的实践问题。通过几次工作汇报的对比，可以看出虽然在国家与中央层面对法治宣传的重视程度一直没有放松，但是在实践中长期存在执行不力、效果不足等问题，而对于这一问题的分析，则必须回到法治宣传教育运作逻辑的分析中。

目前，我国法治宣传教育工作在宣传内容与宣传形式上都实现了一定的成果，但是其效果仍然不及预期，必须从更为深层的运作逻辑入手。

首先，法治宣传的内容在实际上不仅仅局限于相关法律制度以及政法知识，更重要的在于法治精神、法治文化的宣传与渲染。法治文化在广义上可以认为是囊括理念、制度以及器物等层面的，与我国法律实践相关的各种要素。[49] 狭义上指的是优秀的、具有先进性的

〔49〕 相关概念辨析参见梁漱溟：《中国文化要义》，学林出版社 1987 年版，第 5 页；李德顺：《法治文化论纲》，载《中国政法大学学报》2007 年第 1 期；刘作翔：《法治文化的几个理论问题》，载《法学论坛》2012 年第 1 期；王金霞：《论当代中国的法治文化概念》，载《中国政法大学学报》2014 年第 1 期。

传统法律智慧以及本土化的现代法治理念，在进行法制宣传工作时，狭义的法治文化是提升宣传教育效果的工作重点。联系法治宣传教育工作的目的可以看出，法治宣传最终的效果是要在普及法律知识的情况下，提升法律运行的整体效果，营造法治运作的社会环境与心理氛围。在2014年10月召开的党的十八届四中全会上，法治文化概念正式出现在中央的报告中，大会通过的中共中央《关于全面推进依法治国若干重大问题的决定》明确指出："法律的权威源自人民的内心拥护和真诚信仰。人民权益要靠法律保障，法律权威要靠人民维护。"因而，弘扬社会主义法治精神，建设社会主义法治文化，形成相应的社会氛围，使全体人民成为社会主义法治的忠实崇尚者，才是法治宣传更为深层的目的。也就是说，在单纯的普及政法知识之上，关于法治精神、法治信仰的培育是对于法治宣传工作更为重要的工作目标。

要通过何种宣传内容来传递社会主义法治精神、形成社会氛围，是关于社会主义法治文化建设内容应该为何的等价命题。这必须联系到前文所讨论的法治规训活动的相关特征，作为法治规训主要活动内容的法治宣传，在面临的实践问题上，必定与法治规训的客观性与建构性产生联系。其中，法治宣传内容的建构性，使得作为宣传内容的法律具体制度设计与人民群众的日常生活距离相对较远。若仅对法律制度内容进行传播，而疏于法治精神与法治文化方面的宣传，则容易产生"精通法律的违法者"这一违背实质法治的现象。

中国传统思想中便有着关于法律内容与法治精神分离的论述，"道之以政，齐之以刑，民免而无耻。道之以德，齐之以礼，有耻且格。"（《论语·为政篇》）这一论断描述的便是仅以政治纪律、法律内容教育民众，人民群众虽然有可能因为趋利避害而采取不会遭受惩罚的策略行为，而只有通过道德层面的宣传与教化，才能够使人民群众在意识层面具有对法律与制度的崇敬与信仰。也有学者指出，只有公民在了解法律的基础上对法律规则作出积极评价，才会愿意并实际遵守规则；反之，如果做出了消极评价，且不遵守（法律）不会带来处罚或者违反规则的成本较低甚至会从中获利，那么遵守该规则的可能性就小。[50] 相关论述并非我国传统思想独有，哈特在描述对于规则（rule）的认识时，也曾区分了两种类型——外在观点与内在观点。其中外在观点指的是人们遵守规则的动力来源于趋利避害的本能，即为了躲避惩罚而被强制（be obliged）去遵守规则。而内在观点指的是人们出于对某种规则发自内心的认同，采取符合规则要求的行动，即负有义务地（have an obligation）主动遵守相关规则。[51] 这一区分有助于增进对于法治宣传内容的理解。如果将法治建设作为法治宣传的最终目的，那么在理论上区分法制宣传与法治文化建设便是十分必要的。与传统的法制建设不同，中国式法治现代化追求的是一种国家与社会整体运作模式法治化的目标，相应的法治宣传就不能仅仅停留在宣传法制内容的层面，而要上升到在社会意识层面树立社会主义法治信仰标杆，形成社会主义法治文化认同。通过对人民群众遵守法律动机的分析，可以发现，如果要达成法治建设的整体性目标，则必须要将能够培育法治精神、法治信仰的内容纳入法治宣传的工作中。为了使人民群众“有耻且格”，发自内心地尊崇法律，而不是单纯地趋利避害，则需要将法治宣传教育工作提升至法治文化建设、法治信仰培育的新高度。所以，从内容的角度考虑，法治宣传教育的内容应当拓展至能够培育法治精神、法治信仰的深层次内容，也就是中国特色社会主义法治文化建设上，而不能仅停留在法律内容科普的层面。

---

〔50〕 朱景文主编：《法社会学》，中国人民大学出版社 2005 年版，第 358－365 页。

〔51〕 [英]H. L. A. 哈特：《法律的概念》（第 2 版），许家馨、李冠宜译，法律出版社 2006 年版，第 84 页。

其次,法治宣传的形式并非相关制度与顶层设计所能够限定的,毫不夸张地说,任何与法律运作、法治建设的相关事件、案例,甚至新闻媒体报道,都在有形或无形、有意或无意中,改变着社会大众对于法治的认知与理解,影响着中国特色社会主义法治文化的认同程度。如果仅将法治宣传教育的形式限定在国家机关按照上级指示做出的部分行为之上,则难以看到我国法治宣传工作实效不足的问题所在。深入分析可以发现,法治宣传作为一种客观的实践活动,其面对的对象的客观性,必然影响其宣传内容的相关属性。有学者在分析法治秩序时曾指出,公平正义等观念以及法治信仰等内容的培育,不仅是基于具体经验基础的,而且与人们的日常生活经验息息相关。[52] 这种对于观念可经验性的分析能够启发法治文化建设在形式上的认知。在以往的法治宣传工作中,对于法治宣传形式的认知被局限在如何通过媒介传播的形式,向社会大众传递法律知识等相关信息。从公权力机关工作方法的角度来看,这种理解是必然的,因为法治宣传作为一项政府职能,必须通过某种工作的做出并且留下痕迹,才能纳入行政绩效的考评体系中,这就回到了前文关于科层制官僚与压力型体制对公共法律服务提供的影响。在实践中,虽然关于法治宣传的顶层设计与上级指示看上去十分完备,但是再完备的制度设计与行动方案在具体落实中都容易降级为行政工作人员应付工作的内容。[53] 这一描述在某种程度上也揭示了法治宣传的形式也只剩下形式的严肃问题,而在这种工作体制之下,法律知识的宣传效果尚且不明,法律信仰、法治文化的形成更是难上加难。

---

〔52〕 高兆民:《法治文化与法治秩序:从罗尔斯思想实验说起》,载《东南大学学报(哲学社会科学版)》2018 年第 3 期。

〔53〕 Lipsky, *Street – Level Bureaucracy: Dilemmas of the Individual in Public Services*, Russell Sage Foundati – on, 1980, p. 11 – 12.

回到法治宣传教育客观性的问题上,虽然在压力型行政体制下,法治宣传教育被理解为、被"降格"为一种行政工作,而且是需要留下痕迹且纳入考评行政任务,所以其形式化的趋势在所难免。但是,法治宣传作为法治规训活动的主要内容,其客观性使社会公众对于法治的认知并不会以某些个体的意志为转移,在法治宣传形式化、行政任务化的同时,一些非规范的宣传形式正在以潜移默化的形式改变着社会意识层面对于法治模式的认可程度。也就是说,与行政部门的任务分配不同,任何与法律运作、法治建设的相关事件、案例,每一个社会个体所经历的每一件法律事件、案件,都改变社会公众对于法律的认知。也就是说,司法机关甚至公权力机关的一举一动,都在实质上成为法治宣传的一部分。一次不公正的审判比数次破坏法治的具体行为为祸更甚,因为具体的违法行为只是在个案层面违反了法律,而不公正的审判则是在源头上破坏了法治。[54] 这一论断放在法治宣传的领域中也同样适用,一次不公正的判罚、执法,一次公权力机关的失职,都将污染整个公权力机关公信力的水源,也会将社会公众对于法治的信心降至更低。因而,2017 年《关于实行国家机关"谁执法谁普法"普法责任制的意见》将广泛的普法工作责任机制推行,正是对于这种客观层面普法教育需求的反应。[55]

更为关键的是,由于这种经验性体验的影响力要远远大于不具备实际体验的传统法治宣传形式,从而使法治宣传的投入产出比十分低下。马克思主义认为,实践性是人类社会生活的本质属性,即使在精神生产的过程中也受到物质行为的影响。[56] 所以,如何在现有

---

〔54〕[英]弗兰西斯·培根:《培根随笔集》,曹明伦译,人民文学出版社 2006 年版,第 178 页。

〔55〕《实行国家机关"谁执法谁普法"普法责任制》,载《人民日报》2017 年 5 月 18 日,第 6 版。

〔56〕《马克思恩格斯选集》(第 1 卷),人民出版社 1995 年版,第 1、60 页。

的法治宣传执行体系下完成对实践性内容的统一，是从法治宣传形式方面提升宣传效果，进而真正形成中国特色社会主义法治文化的又一改进出发点。

三、提升法治宣传工作的有效输出

针对前述关于法治宣传教育体系的现状与问题，法治宣传服务作为公共法律服务体系重要建设项目的一部分，也应当从公共法律服务体系的视角出发，在公权力机关更好地向社会提供公共产品的立场上，对作为法治文化建设重要途径的法治宣传教育体系做出改进。

首先，在内容方面，法治宣传教育应当紧扣公共法律服务体系目的这一宣传重心。也就是说，法治宣传应当以改善法治环境、助力法治建设的实际效果为导向，输出更加贴合目标的宣传内容。如前所述，单纯的法律制度内容输出并不足以形成改善法治环境的宣传产品，而只有以法治精神的传播、法治信仰的培育作为宣传目的，在社会意识层面形成相应的法治文化环境，才有可能通过法治宣传，使民众产生关于法律规则的内在视角，获得对于法治整体的信仰与认同。而只有在社会公众中形成广泛的法治认同与法治信仰，中国特色社会主义法治文化的建设与形成才有合适的社会土壤。

有学者给出基于法治文化认同的实践路径，认为培养法治文化的认同感，应当遵循情感认同—价值认同—行为认同的基础模式。其中，对于法治宣传最为关键的便是如何通过宣传工作在社会公众中培育出关于法治文化的情感认同与价值认同。[57] 这一培育路径与公共法律服务体系理论基础中公共服务目的的论述相联系，前文

---

〔57〕 龚延泰：《法治文化的认同：概念、机理、意义与路径》，载《法制与社会发展》2014年第4期。

已述,新公共服务理论将培育公民意识作为公权力机关提供公共服务的主要目标之一。也就是说,法治宣传教育作为公共法律服务的组成部分,应当以培育公民意识、使公民觉醒关于法治的理解及信念,进而通过对于法治精神的宣扬以及法治信仰的培育,最终实现改善法治环境、助力法治建设的公共法律服务体系目的。具体而言,要使法治宣传实现前述的效果,则必须在普及基本法律制度知识的基础上,实现道德、价值层面的输出。习近平总书记在党的十八届四中全会上提出,要建设“法治与德治相得益彰”的法治文化。[58] 这一指示表明了德治的因素在法治整体建设中的重要作用,并且对于德治因素的强调,不但拓宽了中国式法治的理论内涵,并且也彰显了中国式法治现代化在实践立场上与其余法治理论的根本区别,因而这种德治的教化作用也应体现在中国特色社会主义法治文化建设中。法治规训活动的良善性在这里明确了法治宣传教育在道德层面的任务,由于法治规训在其过程中必须强调法治的良善性,并以其在道德上的优位去否定那些非法治、非现代的要素,所以法治宣传教育也必须在价值层面明确传达出法治的良善性,进而引起社会公众对于这种正确的共鸣。这一要求在实践中是十分困难的,因为这涉及法治宣传工作者自身对于传媒活动以及传媒作品的认知,需要对于法治极高的信仰与创作热情,才能创作出真正影响社会公众,塑造群体凝聚力和道德感的宣传作品。

幸而,我国在社会意识层面的思想资源十分丰富。《八五决议》指出,要做好法治宣传教育工作,应当大力弘扬社会主义法治精神,其中关于社会意识与道德建设层面的措施主要包括:围绕着宪法,以宪法为核心的法律制度宣传教育以及围绕着社会主义法治文化建

---

〔58〕《中国共产党第十八届中央委员会第四次全体会议文件汇编》,人民出版社 2014 年版,第 24 页。

设、社会主义核心价值观等概念的创造性发展。[59] 此两种措施提示了我国法治宣传教育工作在内容方面的改进方法。第一,坚持党对于法治宣传的全面领导,围绕着宪法精神与中国特色社会主义治理模式这一核心,讲好中国道理、中国故事,运用宪法精神的感召力,完成社会公众意识层面对于宪法认同感的构建。第二,要在立场上与人民站在一起,坚持法治建设面向人民、法治宣传为了人民。有学者指出:"无论在政治逻辑上,还是在实然和应然的法理逻辑上,法治建设(法治宣传教育)的内容应当要及时回应人民的关切。"[60] 虽然由于政法知识的缺乏,社会公众对于法律知识的接受程度较低,但是法治宣传作为公共法律服务的组成部分,必须贯彻人民至上的价值取向,要以群众喜闻乐见、易于接受的方式开展法治宣传教育。第三,通过宪法宣誓制度、国家宪法日等重要程序与节日的设定,使相关内容在实践中融入社会意识,在实质上完成关于道德与信仰的法治规训活动。第四,在法治宣传教育中实现法治文化层面的精神建设,培育形成以社会主义核心价值观为核心的社会整体价值观。社会主义法治文化以及社会主义核心价值观,都是体系化的社会意识内容,且都关涉到社会个体对于集体的认同。有学者指出,法治文化的重要性与特点便在于其是一个群体内部的集体意识,而并不是某个个体的独自思考。[61] 所以,围绕着社会主义法治文化以及社会主义核心价值观,向社会公众传播体系性的、统一的、价值上正确的文化体系,能够在社会群体中形成一种基于同一文化、同一价值观的集体认同,

[59] 深入宣传宪法和宪法相关法,全面落实宪法宣誓制度,加强宪法实施案例宣传,阐释好宪法精神和"中国之治"的制度基础;加强社会主义法治文化建设,弘扬社会主义核心价值观,推动中华优秀传统法律文化创造性转化、创新性发展。

[60] 饶世权:《中国共产党百年法制(治)宣传教育历程及其经验与启示》,载《思想理论教育导刊》2021 年第 9 期。

[61] 刘进田、李少伟:《法律文化导论》,中国政法大学出版社 2005 年版,第 45 页。

从而实现从集体认同到法治认同的转化，完成法治宣传教育工作在内容上的任务。第五，在宣传领域加强公众参与，使更多社会公众参与到法治宣传教育中。新公共服务理论指出，能够凝聚社会共识、寻找公共利益本真面目的手段必然为一种基于理性的商谈与合作。在此理论基础之上，让社会公众真正参与到法治宣传里，发出真正属于人民的声音，自然能够引起社会群众的共鸣，进而产生基于沟通、交流的集体认同感，寻得法治宣传领域的公共利益实现途径。

其次，在宣传形式方面，法治宣传教育应当突破行政任务模式的狭隘认识，将所有公权力行为的做出与展现都当作法治宣传的形式来看待。《八五决议》已然注意到法治宣传教育不应当仅仅是某些宣传部门的单独责任，而应当是公权力机关，特别是法律相关部门的整体责任。文件指出，应当推进普法与依法治理的有机融合，并且着力提高普法工作的实效性。具体而言，实践措施包括：将依法办事的能力与法治素养纳入国家工作人员的考评体系，以促进国家工作人员学法用法，带头树立法治信仰。在领导干部群体内建立相应的法律学习体制机制，重点提升少数关键的法治能力。扩大普法的广泛程度以及创新普法活动形式，切实提升实效。[62] 此类实践内容重点在于将国家工作人员的日常工作行为纳入法治宣传的形式体系中。只有在公权力机关以及相关工作人员遵纪守法、发挥带头作用时，社会公众才有可能产生对于法治的信仰。党的十八大以来，习近平总书

〔62〕 第一，要落实好国家工作人员学法用法制度，把法治素养和依法履职情况纳入考核评价干部的重要内容，引导国家工作人员树立社会主义法治理念，提高依法办事的意识和能力；第二，重点抓好“关键少数”，发挥领导干部带头示范作用，建立领导干部应知应会法律法规清单制度，让尊法学法守法用法成为领导干部自觉行为和必备素质；第三，注重把普法深度融入立法、执法、司法和法律服务全过程，开展实时普法；第四，加大以案普法、以案释法力度，使典型案事件依法处理过程成为全民普法的公开课。

记多次强调,一定要“让人民群众在每一个司法案件中感受到公平正义”。从这个角度来说,一次次公正的审判,一份份合法合理的判决书,就是最好的法治宣传材料。所以,从形式上来说,法治宣传教育不应当是单个部门的责任,而应当是国家机关整体所承担的一种概括性的责任。

在这一论断的引导下,法治宣传工作在形式上必须要突破行政任务的狭隘认知,将基于公权力机关、公职人员本职工作的实践材料当作法治宣传最好的形式,这才有可能令法治宣传的国家责任真正落实到公权力机关整体之上。此外,由于社会传媒的发达,网络通讯技术日新月异,当下的舆论环境已然不同于以往任何的时期。正所谓文化思想的阵地,我们不去占领,敌人就会去占领。在社会舆论方面,法治宣传还必须发挥其对于不良思想、非法治因素的否定作用。对于有争议的社会问题、司法案件,公权力机关应当在正确的立场上引导社会舆论,在保证言论自由的同时不能放任舆论自由发酵。任何在宣传方面的不作为和失位,都将产生严重的后果。所以,在面对舆论时的主动出击、有力引导,是从侧面做好法治宣传工作的不二法门。

综上所述,法治宣传教育因其独特的运作逻辑和基于社会意识层面的生效机理,在目前法治建设的阶段下仍然存在实践中的困境,进而影响中国特色社会主义法治文化的构建与形成。作为公共法律服务体系的组成部分,法治宣传体系应当在提供公共产品、服务社会公众、助力法治建设的层面做出贡献,将法治宣传教育升华为中国特色社会主义法治文化建设。通过对相关工作的内容与形式的分析可以发现,法治宣传内容不应当仅仅局限于对法律制度内容的有限科普,而应当站在人民的立场上,将人民至上的价值内容贯彻至法治宣传的全方面,并且要在社会主义法治文化以及社会主义核心价值观的思想基础上，在社会公众的意识层面植入对法治的信仰，并且借助法治宣传领域的公众参与，引发社会公众的共鸣，在社会意识层面切实推进中国特色社会主义法治文化的建设，从而最终实现作为公共法律服务的法治宣传的体系目的。在形式方面，法治宣传教育应当突破行政任务模式的狭隘认识，将公权力机关的每一次作为、公职人员的每一次工作，纳入法治宣传的形式体系，从源头上发挥公权力机关以及公职人员的模范带头作用，并且主动引导社会舆论，做到有作为、不失位，才能在实践中改善法治宣传工作实效不足的顽疾。

第三节　优化法律服务市场环境改善供需失衡

与法治文化建设类似，法律服务市场建设并非指向特定的被服务者，而是针对法律服务供给问题的拓展性建设项目。对应我国公共法律服务体系建设基础理论中关于自由市场调控法律服务市场的描述，法律资源的稀缺、公共法律服务的国家责任属性、自由市场调节的无力、法律人才的逆向流动，是我国必须进行社会法律服务市场建设的基本前提。由于建设社会法律服务市场的直接原因是期望通过社会法律服务市场的额外供给，弥补以公权力机关为主的公共法律服务供给在地域、行业、专业化多元化等方面的缺口，因而社会法律服务市场建设在严格意义上并不属于公共法律服务的产品体系中。但如前文所述，对我国公共法律服务体系进行拓展的核心逻辑在于保障法律制度运作、助力法治建设，而建设社会法律服务市场在功能上显然是属于法治环境建设的重要组成部分，因而社会法律服务市场的建设能够作为拓展性的公共法律服务建设项目，在公共法律服务体系的整体指导下，致力于法律服务供给侧的问题解决。本节将从对于社会法律服务市场概念出发，进而分析出应对公共法律服务供给侧缺口的有效方案，即优化社会法律服务市场的建设体系。

一、强化公共法律服务的社会供给

社会法律服务市场概念的提出基于公共法律服务与私人法律服务的分野，即在公共部门直接提供的公共法律服务体系之外的法律服务供给方，与社会上法律服务需求方共同形成的法律服务市场。其中涉及的市场双方包括法律服务的供给方以及法律服务的需求方，对于这两方的进一步分类则衍生出外延各不相同的近似概念。

关于公共法律服务供给体系，国内已有研究成果下了定义，相关学者认为，公共法律服务供给体系的内容包括供给主体、供给路径以及供给资源等。[63] 对于公共法律服务供给体系的这一定义，完整地将供给主体、对应需求方以及法律运作动态过程的相关属性都囊括入内，较好地体现了公共法律服务供给体系的具体内涵，并且对于供给主体的分类方式，明确区分了供给方的性质区别，兼顾了供给模式的不同，完整反映了我国公共法律服务供给体系的理论样态。

但是，前述定义将考察视野聚焦在公共法律服务这一服务类别之上，而与公共法律服务相对的私人法律服务，和公共法律服务一同组成的法律服务整体，才能够从概念上囊括对我国法律运作与法治建设整体产生影响的相关市场的核心要素。并且，作为公共法律服

〔63〕“公共法律服务供给体系，是由政府机关统筹提供或社会多元主体参与提供的，为满足各类主体在社会公共生活中的法律服务需求，从供给侧到需求侧供应路径上的所有公共法律服务资源的总称。”“后文将公共法律服务供给体系分为政府供给、市场供给、志愿供给三个部分。”参见杨凯等：《公共法律服务体系建构及其评价标准研究》，中国社会科学出版社2020年版，第142－143页。

务体系的有力补充，私人法律服务在促进法律服务整体专业化、多元化发展的路径上具有更为显著的价值，因而将二者合称的法律服务概念，更有利于分析整体社会法律服务市场上的供需关系以及供给侧样态。所以，本书倾向于在法律服务整体概念的基础上，对社会法律服务市场的建设路径进行分析。而在其中，公共法律服务体系作为基于国家责任的公共产品供给体系，公共法律服务产品的应然供应方，当然的成为社会法律服务市场整体的一部分。

前文已有说明，法律服务供给最根本的要素是关于政法话语的了解程度、法律知识，表现为最小供应单位即法律领域的专业人才。并且，法律服务本质上就是政法知识输出方——法律人才运用自身的智识资源为法律服务的接收方——社会公众提供各种形式的专业性服务。法律人才与法律服务此两者为理论上构建法律服务市场所必须确立的核心概念。

在明确法律人才是法律服务供给的根本要素，法律服务为政法知识输出后，可以发现法律服务市场的供给侧即参与交易的法律人才数量的多寡以及水准的高低，而法律服务市场的需求侧即为社会公众对法律人才数量及其专业知识的综合需求。明确了上述基础后，则可以根据同样的思路将相关概念辨析清楚。

公共法律服务与私人法律服务。公共法律服务是法律人才或法律工作者作为公权力机关所属工作人员，或由公权力机关承担费用派遣的法律服务，其主要特点为服务资源，即法律人才的酬劳由公权力机关以多种形式承担；而私人法律服务即由非公权力机关承担费用的各项法律服务，包括私人或社会组织提供的法律服务，也包括需要需求方支付对价或由供给方志愿免费提供的法律服务。此种分类的优势在于，利用法律服务这一项目的特殊性质，将模糊不清的公共法律服务供给体系转化成较为明确的法律人才资源，并且以法律人才的酬劳来源进一步区分了公共法律服务和非公共法律服务在供给本质上的区别,即是否由国家财政支撑。

由此,一些十分容易混杂的概念也可以被彻底区分开,如政府购买公共法律服务的具体性质,若以法律人才的酬劳来源为标准,则可以轻易地辨其本质。政府购买公共服务在西方国家与之对应的概念有"公共服务社会化""公共服务民营化""公共服务市场化"等,国内现有研究对于政府购买公共服务的界定主要存在几种观点:(1)政府购买是一种履行职责的公共活动;[64](2)政府购买包括直接提供以及通过社会力量间接提供;[65](3)政府确定购买服务的种类并承担支付责任;[66](4)政府运用社会福利预算通过直接拨款或公开招标等方式进行购买;[67](5)政府购买就是将原来的部分职能按照效率最优的原则交由社会力量执行。[68] 可以看出,前述多种对于政府购买公共服务的定义与论述,基本在支付主体、职责主体、服务供给方、定价方式以及验收方式等方面存在通项。但是,此类定义方法最核心的内容仍然是"政府支付费用",即政府购买公共服务的本质,也是

〔64〕 政府购买(公共)服务是指政府为履行政府服务社会公众的责任与职能,通过财政支付全部或部分费用,契约化"购买"营利或非营利组织或其他政府部门等各类社会服务机构的服务,满足公众公共服务需求的政务活动。参见郑卫东:《农村社区政府购买公共服务研究》,中国社会科学出版社 2012 年版,第 44 页。

〔65〕 王浦劬、[美]莱斯特·M. 萨拉蒙等:《政府向社会组织购买公共服务研究——中国与全球经验分析》,北京大学出版社 2010 年版,第 4 页。

〔66〕 政府与非营利组织或其他政府部门签订契约,由政府界定服务的种类及品质,向受托者支付费用以购买全部或部分公共服务。参见虞维华:《政府购买公共服务对非营利性组织的冲击分析》,载《中共南京市委党校南京市行政学院学报》2006 年第 4 期。

〔67〕 政府从社会福利预算中拿出经费,向各类提供社会公共服务的社会服务机构,直接拨款资助服务或公开招标购买服务。参见罗观翠、王军芳:《政府购买服务的香港经验和内地发展探讨》,载《学习与实践》2008 年第 9 期。

〔68〕 顾平安:《推进政府公共服务的合同制管理》,载《理论前沿》2008 年第 18 期。

由政府财政承担的公共服务，只不过供给主体由传统的政府部门演变成社会部门而已。这一核心的提取思路与法律人才酬劳来源的区分思路大体相同，并且，公共法律服务作为中国特有的理论创新，其含义在传统的公共服务论域之外仍存在特殊之处。换言之，公共法律服务体系建设能够将社会法律服务市场建设包含在内，其在理论上是由天然内生的公共性质以及以法治建设为旨归的体系目的共同构成的。

上述关于政府购买公共服务的论述，都将核心概念定位在公共服务之上，是因为与“公共服务”相对应的“非公共服务”，无论涵盖范围还是概念性质都有着较大且难以融合的区别。一些仅能由政府提供的、体现公权力固有职责的公共服务甚至是作为政府存在必要性的象征而存在的。但是公共法律服务具有独特的发展历史，我国公共法律服务体系脱胎于实践，其内容分散在各项制度中。虽然这些制度在历史上曾经为政府供给了应然职责内容，但是随着时代的发展，有不少内容已经从政府供给的模式中脱离出来，实现了市场化的发展，因此在讨论社会整体的法律服务与公共法律服务时存在一定的模糊，而必须以是否依托于公共财政作为最明确最核心的区分点。

最典型的如我国的律师制度与公证制度。1980 年颁布的《律师暂行条例》（已失效），该条例中将律师的性质定义为国家的法律工作者，且律师的工作机构为国家出资设立的法律顾问处，这一时期的律师及其工作机构，无疑就是公权力机关内部的组成部分，其运行与支出均由国家负责。直到 1996 年全国人大常委会通过的《律师法》，将律师定义为向社会提供法律服务的社会工作人员，并将法律顾问处改变为律师事务所，改变了以往长期施行的国家独资经营模式。由此，我国律师服务业正式揭开了市场化的序幕。从我国律师制度的变迁中可以看出，作为法律服务最集中、最典型的律师服务，其在市场化的过程中表明了法律服务的提供能力与权力并非由公权力机关所独有。即使政府将相关法律服务的功能分离，进行市场化的变更，也不会从根本上损耗其作为公权力机关的职责与属性。实际上，由于法律服务相关内容的繁杂，基于效率考量的社会分工模式，使公权力机关在提供公共法律服务的时候在很大程度上不得不依赖社会机构。针对此种现象，已有学者指出，在公共服务方面的政府购买是政府采购行为的下位概念，这种购买也应当遵循政府采购的理论与实践要求，遵循相关法律并实行规范管理。[69]

所以，在提高公共财政所能达成的实效，精简政府机构的考量之下，公共服务包括法律服务的供给市场化在所难免，这也是包括公共法律服务在内的公共服务整体都需要构建多元供给主体模式的根本原因。最关键的是，由于法律服务最小供应单位为法律人才，作为公共法律服务核心概念的法律服务，其是否由公权力机关提供，在政治上并没有特殊的意味，仅在是否由政府财政支持的意义上存在区别。所以，公共法律服务与私人法律服务的合称并无不妥，反而是作为合称的社会法律服务因其抽离了公共与私人的区分，而在概念上有着更为清晰、指代更为准确的优势。甚至，由于作为核心供给要素的法律人才的流动性，在供给侧单纯的区分法律服务的公共与私人难以准确地描述某一范围内具体法律人才资源的状况。因而在对法律服务市场进行分析时，将公共法律服务与私人法律服务合称为社会法律服务是更为稳妥的选择。

---

〔69〕 政府购买公共服务的性质不过就是政府采购在服务项目上的另一种称谓，政府购买公共服务需要遵循政府采购的相关法律法规，在现行政府采购框架内，对纳入采购目录的服务项目采取竞标集中采购与项目合同管理，其重点在于规范采购流程，减低采购成本，提高财政资金使用效率。参见马俊达、冯君懿：《政府购买服务问题研究》（上），载《中国政府采购》2011年第6期。

二、明晰社会法律服务市场的关键要素

在已经明确相关概念的具体含义后，便可以在理论上构建出社会法律服务市场的相关衔接要素。

法律人才的稀缺性是构建社会法律服务市场的重要前提。在作为最小供给主体的法律人才进入社会法律服务市场之前，其前置的生产环节便是拥有法律学科的学校以及相关职业培训的单位，这一环节统称为法律人才培育环节。法律人才一般都是通过法律人才培育机构的专业训练并经过职业分流后，才走向了社会法律服务市场，成为社会法律服务供给侧中的一部分。在这一环节，法科学生在成为法律人才，具备供给法律服务的职业能力之前，需要进行大量的训练以及严格的考核。在法律人才培育环节中，培育机构整体的数量与规模，将直接影响由这一环节进入到社会法律服务市场的人才的总量，而培育环节的培育质量以及考核标准，将直接影响输出到社会法律服务市场的人才的质量。也就是说，法律人才的稀缺性，在培育环节便早已形成，究其原因，不外乎法律学科知识的掌握需要通过大量训练才能够掌握。以 2020 年的数据为例，2020 年毕业普通本科人数为 420.5 万人，其中获得法学学位的毕业生仅为 147,207 人，约为毕业总人数的 3.5%。[70] 并且，由于我国学科与学位分类的设计，在统计中获得法学学位的并非全部都为法律专业，这就说明能够获得法学学位的法律专业学生数量需要在此基础上进一步减少。然而如何通过设计培训过程、吸纳更多法科学生，以获得法律人才输出在质量与数量上的突破，则是影响社会法律服务市场中法律人才资源多寡的重要环节。这使培训环节的设计与建设成为社会法律服务市场

〔70〕 国家统计局社会科技和文化产业统计司编：《中国社会统计年鉴 2020》，中国统计出版社 2020 年版，第 4－17 项。

上游环节建设的重要内容,无论在质量方面还是数量方面,法律人才的培育环节都至关重要。换言之,如果要从根源上改善社会法律服务市场上供需不均衡的现状,必须在法律人才培育这一市场上游环节做出应对。

从过程的角度来说,法科学生在完成培训环节,获得供给法律服务的职业能力后,在进行职业分流后,真正选择进入法律服务行业的法律人才才能够进入社会法律服务市场供给侧的统计中。也就是说,在从法律人才培育环节到社会法律服务市场的过渡环节中,也存在接受法科教育的人才分流至其他行业的情况。并且,这一分流情况的严重与否,也将直接影响能够进入社会法律服务市场的法律人才的质量与数量的情况。影响职业分流的因素不外乎法律服务行业相对于其他行业的吸引力,即法律职业的吸引力。构成这种吸引力的要素包括行业整体薪酬、发展前景、工作环境、工作内容带来的正向回馈如职业荣誉感等,如果其中某项如行业整体薪酬较低,那么法律职业对于法科学生的吸引力就会减弱。在针对厦门市律师行业以及公证行业的专题调研中,律师从业者表示由于薪酬问题,“青年人生存压力大,在行业内持续性发展的动力不足”“除了办案费用和个人生活费,青年律师的经济状况普遍不佳”。公证行业从业者表示编制数量不足、人力资源不足、工作人员去向不稳定等问题已然成为公证行业发展的阻碍因素。进而,法律服务行业职业状况导致的分流,将会对社会法律服务市场供给侧造成严重影响。

在法科学生完成专业培育,通过择业进入法律服务行业,成为社会法律服务行业供给侧的一部分后,仍然面临着业务性质上的抉择与分流。除了供职于法律领域的公权力机关,绝大多数的法律人才都流向了企业法务以及职业律师的岗位上。其中,企业法务类岗位主要针对企业内部的法律相关事务,为所供职的企业提供基于劳动合同的法律服务,其服务双方相对稳定,而职业律师则在面向社会接受法律案件的过程中,向社会公众提供相应的代理类或咨询类的法律服务,其服务双方相对不稳定。在上述类别外,仍有法律人才流向大学、研究所等特殊性质的事业单位,随着社会法律服务市场化程度的加深,高校内的法学教师也参与到社会法律服务市场交易中,向社会提供更具专业性的法律服务。在上述的分流中,仅有律师事务所、基层法律服务所、律师、基层法律服务工作者负有依法提供法律援助的法定义务,而在此类别之外的法律服务工作者,则不需要承担相应的公共法律服务义务。由此可以看出,即使在进入了法律服务行业,法律人才依然需要通过进一步的抉择,才能进行法律服务业务领域上的分流。但是稍显特殊的是,由于有政府购买的供给形式存在,所以即使有的法律人才流向不需要负担法定的义务服务岗位,也可以通过回应政府的购买需求而参与到公共法律服务的供给侧中。

在这一环节中,影响法律人才择业与分流的影响因素为相关法律服务的定价。如果公共法律服务的定价较高,体现为公共法律服务相关职业的薪酬以及政府购买公共法律服务的价格较高,则较容易从非公共法律服务市场上吸引法律人才。相反,若公共法律服务定价较低,则从事非公共法律服务行业的法律人才选择公共法律服务行业的热情也会显得较低。但是,在社会法律服务市场中,影响相关定价的因素过于复杂。比如,法律服务的定价显然会受到当地经济发展水平的影响,由《法律援助法》第 52 条第 2 款规定可知,法律援助补贴的标准由省级政府根据当地经济发展水平以及相关服务类型进行确定。[71] 虽然在实践中各地区发布的关于律师服务收费的

---

[71] 《法律援助法》第 52 条第 2 款规定:"法律援助补贴的标准,由省、自治区、直辖市人民政府司法行政部门会同同级财政部门,根据当地经济发展水平和法律援助的服务类型、承办成本、基本劳务费用等确定,并实行动态调整。"

指导办法所规定的法律服务指导价格都相对接近，因为其中规定的指导价格幅度较大，因而在实现全国统一定价标准的同时，也失去了部分定价的指导意义。但是，法律援助补贴标准与律师服务收费指导定价之间仍然存在一定的差距。以云南省为例，云南省人民政府于2003年颁布的《云南省律师服务收费暂行标准》至今仍然生效，其中规定的代理不涉及财产关系的民事、行政和仲裁案件诉讼费，每件收费不超过5000元；而云南省司法厅、省财政厅于2022年研究制定的《云南省法律援助补贴管理暂行办法》规定，在民事、行政诉讼案件方面，本州市、县范围内以及跨州市、县办理的案件补助为1200—3500元/件，跨省区办理的案件补助为4500元以内/件。考虑到其间通货膨胀导致的物价上涨因素，可以看出非公共法律服务市场上的律师服务费用较法律援助案件能够提供的律师服务补贴仍然偏高。虽然法律援助案件作为公共法律服务，在社会公益与道德层面对法律服务从业者存在一定的正向激励，但是公共法律服务相对较低的定价格局仍然会使得公共法律服务案件在社会法律服务市场上的吸引力不足。

综上所述，社会法律服务市场上的影响因素，以法律人才资源的培养与供给为线索，包括作为上游环节的法律人才培育，法律服务职业整体的吸引力，以及法律服务市场上的定价格局等内容。在公共法律服务供给侧的缺口短期内难以解决时，只有针对上述市场影响因素，对社会法律服务市场的整体进行修正与优化，才有可能从法律服务供给体系的根源上缓解供给不足的局面。

三、引导社会法律服务资源流通

通过对社会法律服务市场的概念以及影响因素的分析可以得知，公共法律服务作为社会法律服务市场中的一类产品，其供给侧的状态受到社会法律服务市场中多种因素的影响，而只有从这些影响因素入手，对社会法律服务市场进行优化，才能够从法律服务供给体系的源头上缓解公共法律服务供给不足的问题。

（一）改进法律人才培育环节

法律人才培养作为社会法律服务市场的上游环节，其培育规模与质量直接影响社会法律服务市场人才资源的供给情况。因而，有必要针对具体社会法律服务市场的供需格局对法律人才培养环节进行相应的改进。

法律学科教育与职业培训的重要性已成为学界共识，毫不夸张地说法律学科教育与职业培训将影响我国法治建设的进程。〔72〕习近平总书记也曾指出，法学教育需要打破高校与社会之间的壁垒，充分发挥实际工作部门在实践教学方面的优势，发挥事务部门在法治人才培养中的积极作用。〔73〕有学者指出："跨学科性、复合性法律问题的不断涌现，越来越需要中国法学提供充足的理论滋养，越来越需要中国法学研究回应现实需要，也越来越需要中国法学教育培养真正适应实践需要的法学专业人才。"〔74〕不仅如此，在坚持中国特色社会主义道路自信、理论自信、制度自信、文化自信的背景之下，中国特色社会主义法治思想以及法治理念更需要在法学教育中占据指导思想的高地。

但是，在现实需要越来越迫切的情况下，我国法学教育体系下培

---

〔72〕 柴荣：《论新中国法治思想与法学教育的发展》，载《当代中国史研究》2010年第3期。

〔73〕 法学学科是极具实践性的学科，法学的教育必须要处理好知识教学与实践教学的关系。参见习近平：《论坚持全面依法治国》，中央文献出版社2020年版，第174－180页。

〔74〕 刘长秋：《论习近平法治思想中的法学教育》，载《广西社会科学》2022年第2期。

育出的法科学生对于市场的需求来说仍然存在不适应的情况。针对本科生就业情况的研究指出,我国法律学科教育与社会多元化多层次的具体需求不相适应,法学专业难以就业的情况持续已久。[75] 同样的观察结果出现在对中美法学教育状况的比较研究中,研究认为我国法律学科教育与职业教育虽然在增速与规模上发展较快,但是我国法学基础性教育与高级研究性教育的比例差距较大,这使得我国法学教育对于社会的供给存在结构性失衡。[76] 该研究在分析我国法学毕业生就业情况后,给出了法学毕业生供给结构性过剩的诊断,并且这种结构性过剩实际上是整体专业教育分布不均衡在低层级教育阶段的集中表现。也就是说,我国目前法学教育环节向社会法律服务市场供给的法律人才与实践中的市场需求不甚相符,具体表现在低层级的法科专业学生过多,而复合性、国际化、高层次的法律人才供给不足。此外,前述研究提出的“法学学术人才充足”,所反映的问题实际上是法学教育内容以理论教学为主,且以西方国家法学理论为主,而缺乏实践性的、中国本土化的教学内容。由此产生的问题也就反映在,法科学生在培育中所形成的知识体系并不足以支撑其在脱离培训机构进入法律服务岗位时,能够快速地形成稳定可靠的实践性法律服务输出。

面对前述种种法律学科教育与社会法律服务市场需求侧的偏

---

〔75〕 王伯庆、陈永红:《中国本科生就业报告技术报告》,载王伯庆、陈永红主编:《就业蓝皮书:2019 年中国本科生就业报告》,社会科学文献出版社 2019 年版,第 1－10页。

〔76〕 “我国的法学教育规模在经过十几年的高速扩张后,逐渐进入平稳发展和结构调整阶段。与美国相比,我国法学教育总体规模更大,以本科层次的基础性法学专业人才教育为主,法学学术人才充足,而研究生层次的高级法学专业人才教育规模较小。这可能是我国法学毕业生供给结构性过剩的原因之一。”参见郭二榕、沈文钦、王顶明:《法学学位体系和教育规模的中美比较研究》,载《学位与研究生教育》2020 年第 11 期。

差，对法律人才的培育环节进行改进，是推进社会法律服务市场健康发展、实现公共法律服务体系目的、助力法治建设的必然要求。首先，必须从法学学科的培育内容入手，法学作为极具实践性的学科，在法学教学中打破学校与社会的藩篱是十分必要的。通过与各法律实务工作单位的合作，创新联合培养方式，开发定向培育新模式，让法科学生在学习理论知识的同时积累实践经验，这样才有可能令法学教育培育出符合市场需求的法律人才。其次，改善法科教育层级配置，科学分流法学人才，针对市场需求完善多层次的法科培育体系。在高端实务型法律人才空缺的问题上，有学者指出应当在高层次的法科培育层级中进行科学分流，通过提高法律实务人才的培养规格、明确不同取向的人才培养目标、深化法律专业学位的研究生教育改革等方式，培养出能够应对实践需求的高端实务型法律人才。[77]

总而言之，针对具体法律服务市场的需求，更具前瞻性地对我国法律教育进行改进，不仅是我国法学学科发展的重要路径，更是作为社会法律服务市场上游环节的法律人才培育机制，在面对公共服务供给侧体系性缺口时必须做出的改变。

（二）完善法律服务市场定价

在考察我国法律人才培育现状时曾发现，我国法学毕业生在社会法律服务市场方面的供给存在结构性过剩。这一问题的出现，不仅仅是我国法科教育与社会需求不相适应的问题，更在于从人才培育到进入法律服务市场之间的择业与分流。如前所述，造成社会法律服务行业人才流失的主要原因为法律服务行业的吸引力与其他行

〔77〕 袁钢：《我国法律博士专业学位设置的必要性和可行性》，载《中国高教研究》2020年第1期。

业相比吸引力较低。

解决这一问题的思路,则必须回到关于法律服务市场的要素本身之上,即法律服务的定价问题。已有学者对法律服务整体市场的定价标准做出研究,认为在政府为公共法律服务定价时需要同时考虑公共服务的有偿性与公益性。[78] 前文已述,法律服务的定价受到多种因素的影响,除了当地经济发展水平的影响,法律服务自身的定价水平还在一定程度上被区域内整体市场关于法律因素的容量影响。与基础理论中关于法律服务资源稀缺性的论述相呼应,整体市场关于法律因素的容纳程度指的是,基于社会分工,每一行业每一领域所能发展到的规模边界,即在社会群体成员意识与整体发展方针中,能够留出多少资源倾斜向某个行业,将成为划定行业边界的决定性因素。这一因素的具体表现则为政策的倾斜、市场的需求量以及相应的定价体系。在此三种影响因素中,政策的倾斜在实践端已经做出努力,若期望进一步拓展整体市场关于法律因素的容纳程度,则必须从市场需求与定价体系入手。

首先,社会法律服务的市场需求方面还存在很大的空间,随着公共法律服务体系建设的不断推进,社会公众的法治意识逐渐觉醒,在法律规范应当成为社会中人们的行为习惯与纠纷解决方式时,对于社会法律服务的市场需求也就会越来越旺盛。所以,社会法律市场服务建设的必经之路——发掘市场需求,恰好与公共法律服务体系的体系目的——推进法治建设、启蒙公众法治意识相契合。在公民法治意识觉醒后,社会法律服务市场的需求侧也就会不断增长,随着法律服务需求的增长,市场能够容纳的法律服务职业者也就越多,进而也就更能够促进法律服务市场的健康发展。此外,社会法律服务

〔78〕 薛永毅、尹芳元:《"枫桥经验"在政府购买人民调解服务中的创新运用》,载《社会治理》2018 年第 10 期。

市场的健康发展,也能够在法治环境建设的层面助力法治建设,实现公共法律服务体系的体系目的,由此形成良性的互动循环。

其次,要完成法治整体建设与社会法律服务市场健康发展的良性循环,仍需将科学合理的定价体系纳入考量。在政策资源难以加大投入,公共法律服务的规模与经费支持相对有限的情况下,推进更加合理的社会法律服务分工与定价体系。杨凯等研究者对政府购买公共法律服务的定价标准进行了详细的建模,[79]这一定价模型较好地拟合了政府购买公共法律服务所需要考虑的各项因素,但是在此之外,仍然需要将具有吸引力的鼓励性质的补贴数额纳入考量,才能实现法律服务行业整体对于法律专业人才的"虹吸"作用,才能避免整体人才外流以及高端人才缺失。所以,通过与社会整体发展水平相符的法律服务行业定价,吸引更多法律人才进入法律服务供给侧,进而使公共法律服务方面的供给也得到补充。

总之,作为公共法律服务体系重要拓展项目的社会法律服务市场建设,在补全公共法律服务项目内容,优化社会法律服务市场环境,完善法治环境整体建设方面存在独特的功能。有学者指出,"随着人们的相互依赖性与同情共感能力的同时提高,获得相关基本公共服务可行能力的缺失已经不再被视为个体问题而被视为一个社会问题,因而人人可以共享社会进步的恩惠,获得一定水平的基本公共服务,从而使人们的基本权益得到保障"[80]。只有在完善法律服务市场的基础之上,才有可能真正实现法律服务资源的有序供给,使人们的基本权益得到更为专业、更为及时的保障,并且在法律人才作为

---

〔79〕 杨凯等:《公共法律服务体系建构及其评价标准研究》,中国社会科学出版社2020年版,第209-213页。

〔80〕 杨冠琼等:《基本公共服务均衡化与政府行为优化》,经济管理出版社2018年版,第116页。

提供法律服务、推动法治发展的最小单位这一基础之上，运用公共部门的调控能力对法律服务市场进行有计划的引导与管控，从而实现社会主义法律服务市场的繁荣兴盛，才能为中国式法治现代化提供更多新鲜而有活力的人才资源，中国特色社会主义法治建设才能在一个不断的时长内保持发展的驱动力，从而形成一种符合科学发展观的法律服务市场要素培育与流动的互动自生长机制。因而，在推进公共法律服务体系建设的过程中，必须将社会法律服务市场建设予以同等的重视。

第四节　通过纠纷化解机制建设助力基层社会治理

与前述法治文化建设以及法律服务市场建设相区别，社会矛盾纠纷化解机制之下的人民调解机制，在具体运作与制度定位中都更加贴合微观层面的法治实践。但是多元纠纷化解机制的提出，以及对于我国非诉纠纷化解思想的挖掘，都在理论层面体现了中国式治理智慧以及现代化态度，并且定位于公共法律服务内容体系的人民调解项目，也将作为沟通社会矛盾纠纷化解以及公共法律服务体系建设的重要纽带，使我国多元纠纷化解机制的发展，乘上推进公共法律服务体系建设的“东风”，进一步优化工作协调机制，整合相应的调解资源，以在实践中厉行中国式法治现代化的中国智慧。

一、明确人民调解活动的定位

最直接融入公共法律服务内容体系的纠纷解决机制则为人民调

解活动，无论是司法部2014年印发《关于推进公共法律服务体系建设的意见》，还是2019年中共中央办公厅、国务院办公厅发布的《公共法律服务意见》，还是诸多落实工作的指导文件，都将人民调解活动当然地纳入公共法律服务的内容体系中。《人民调解法》规定了人民调解的活动主体、工作方法以及合法自愿原则等。与法治文化建设、社会法律服务市场建设相比，人民调解制度虽然是针对特殊个体而提供的法律服务，但是其具体服务内容与以法律援助体系为首的基础公共法律服务项目有着本质的区别。这一区别就在于其他法律服务项目的供给主体在角色定位上是处于辅助者的立场，向服务接受者提供基于政法话语的法律知识输出，以求服务接受者能够在了解法律内容、相对公平的情况下处理法律纠纷，顺利地完成相关法律程序。人民调解制度则不尽然，人民调解服务供给者在服务过程中扮演的角色更接近于裁判者，其供给机构承担的法定义务比起提供公共法律服务，更像是承担公共司法职能，也即司法审判的职能。但是其功能承担主体——人民调解委员会在性质上又与公权力机关有着本质上的区别，因而人民调解成为公权力救济以外的基于社会群体的纠纷解决渠道。正是因为人民调解活动非公权力性、非诉性的特点，其在多元纠纷化解机制中发挥着不同于司法审判的独特功能，而这种非诉、非公权力的特点，在历史源流上也可发现其中蕴含着的中国式治理智慧。

调解活动极具中国传统色彩，也是中国传统文化中厌讼、止争的表现之一。中国古代的调解又称“劝释”“休和”“和解”，虽然字面称呼与具体词义颇有偏差，但是其目的均为定分止争、消除争端。调解为一种三方活动，分为争议两方与从中斡旋调和的第三方。官方调解与诉讼最主要的区别便是争议双方的争点最后是否由审判程序进行裁判，但因官方调解中第三人的公权力背景，使官方调解与诉讼程序在很多时候都仅有程序上的差别。[81] 此时,是否有官方因素的介入,也就成为纠纷化解机制在性质上的重要区别。

近代中国的人民调解应当属于传统意义上的民间调解,其制度溯源甚至可以追溯到民主革命时期。在当时的历史背景之下,中国共产党为了建设革命根据地,就需要在根据地建设时便处理好当地民众的纠纷问题,中国共产党的人民调解传统也就由此而来。此时的人民调解的性质属于官方与民间掺杂,根据不同地区不同时期甚至不同案件的具体情况,都各有不同。在特殊的历史时期,在司法资源严重匮乏但是调处息讼需求又客观存在的情况下,人民调解传统应运而生。此时期人民调解工作的卓越成果,体现在后期保留下来的人民调解的三项基本原则之上。人民调解三项基本原则即自愿原则、合法原则以及调解不碍诉讼原则,体现出人民调解调处息讼与保障人权兼顾的制度品性。直到新中国成立之后,民主革命、抗日战争、解放战争等时期所积累的人民调解经验开花结果,形成了1954年原政务院颁布的《人民调解委员会暂行组织通则》。虽然在时间上具有革命时期的实践作为前置经验,《人民调解委员会暂行组织通则》作为人民调解制度在新中国的开端,仍然受到了这一时期的历史与社会环境的影响。但是其中的闪光点,将作为人民调解制度进一步发展的原点,在中国人民调解事业的变革之中不断流传下去。

2011年全国人民代表大会常务委员会审议通过的《人民调解法》正式施行。《人民调解法》是新中国成立以来,关于人民调解工作最权威最完备的一部法律,其吸收了自革命时期以来众多历史时

〔81〕 其中分类与争议参见史凤仪:《人民调解制度溯源》,载《法学》1987年第3期;韩延龙:《人民调解制度的形成和发展》,载《法学》1987年第3期。

期遗留下来的实践经验，一经面世便受到了学者的好评。[82]《人民调解法》共 35 条，因作为最为顶层的体系设计，其内容规定并未像《人民调解工作若干规定》那么细致，但是《人民调解法》在体例编排上并未完全跟随历史经验，而是作出重大调整，在分章的基础之上，将法条全文分为六部分，使前后编排更有层次性与逻辑性。在总则部分，《人民调解法》把以往文件中放在中后部位的调解原则提前，放在立法目的与概念解释之后，足见其重视程度，并且在总则中对《人民调解委员会组织条例》中的激励机制做出了保留，对人民调解作为公共服务的固有矛盾起了一定作用。值得注意的是，《人民调解法》将关于调解协议的内容聚集形成专章，这一改动体现出新法对于调解程序、调解目的的理解革新。以往的人民调解主要目的是调处息争，化解矛盾，因而并不十分注重调解结束后的结果处理与其他程序衔接。而《人民调解法》对于调解协议的重视，体现出立法者在建构这一阶段的人民调解制度时，已经认识到在法治建设的社会大环境之下，人民调解并非具有终局性的纠纷解决程序，无论诉前化解纠纷的愿望多么强烈，也必须要保证调解当事人正当的诉讼权利。所以，对于调解协议的重视，对于调解协议效力的精细规定，凸显出立法者对于保护权利的法治理念的现代理解，也令《人民调解法》在调解协议部分与调解原则第 3 条产生前后一致的逻辑链条，从而形成呼应。《人民调解法》的出台，代表着人民调解制度向着法治化、现代化与科

---

〔82〕 “《人民调解法》是我国社会各界、基层事务工作者和各级司法行政机关共同努力的结果，而立法者充分听取了社会各界的意见，较准确地把握了法律的基本原则和尺度，所取得立法成果是值得充分肯定的。”参见范愉：《〈中华人民共和国人民调解法〉评析》，载《法学家》2011 年第 2 期。“该法律具有的前瞻性、开放性、务实性等优点，将为我国人民调解工作、整个非诉讼纠纷解决机制发挥有效促进作用。”参见阮婧驰：《人民调解纠纷解决机制评估与完善——兼评〈中华人民共和国人民调解法〉》，载《人民论坛》2013 年第 35 期。

学化精细化的方向更进一步。但是也必须认识到,《人民调解法》出台离现今已有10余年,且《人民调解法》对应的公共法律服务发展时期为逐步积淀时期。作为公共法律服务体系重要组成部分的人民调解工作,在中国公共法律服务发展完善时期需要以何种姿态面临新的挑战,则是下一阶段需要重点探讨的问题。

总的来说,作为公共法律服务与社会纠纷解决机制交叉点的人民调解制度,以其符合中国传统社会公众对于纠纷化解的心理预期,且已然形成体系相对完整的理念引导、运作制度以及衔接方式,成为公共法律服务体系建设中最能体现中国式治理智慧的服务产品。

二、发挥人民调解活动的社会治理功能

人民调解活动的产生与历史流变都极具中国色彩,其独特的纠纷化解思路也显现出中国智慧在面对现代性问题时区别于西方国家法制主义思维模式的处理方案。[83] 强世功评价说:“(非讼性自治纠纷解决体系的形态是)中国的调解制度和实践在近代以来面临现代性问题挑战所展现的独特形态。”[84] 不仅如此,更有学者指出“公共服务论强调从一个国家特定的社会历史条件出发,经过实践检验来判断一种法律治理模式的有效性”[85]。而调解制度在经历了长时间的检验之后,确实能够与中国式的法律治理模式形成融入与契合。总的来说,作为公共法律服务体系建设项目的人民调解制度,其独有功能主要在于对社会矛盾与法律纠纷进行分流处理、在纠纷解决时

---

〔83〕 张向宇:《人民调解中的法律修辞技术及其方法化调适》,载《法律方法》2022年第4期。

〔84〕 强世功编:《调解、法制与现代性:中国调解制度研究》,中国法制出版社2005年版,第2页。

〔85〕 贺林波、李燕凌:《公共服务视野下公法精神》,人民出版社2013年版,第304页。

提供一种非讼性的中国智慧以及为公共法律服务接受者提供多样化的纠纷解决方案。

首先,从社会治理的角度来看,人民调解活动在实际运行的层面对社会矛盾与纠纷实现了分流。司法部印发的《公共法律服务规划》明确指出,在人民调解工作中,要坚持和发展新时代“枫桥经验”,发挥调解“第一道防线”作用,加强矛盾纠纷排查化解工作。人民调解通过对基层人民内部矛盾的排查与筛选,将一些轻微的、不必要进入诉讼程序的社会纠纷分流,通过基于人民自治的群众活动,将社会矛盾纠纷在基层化解,从而实现与国家审判机关的良好分工,降低社会矛盾涌入司法机构、挤兑司法资源的社会风险。这种分流功能在实践中能够极大地缓解司法机构的工作压力,特别是在人民法院施行立案登记制以后,基层人民法院的工作压力普遍偏重。在基层公权力机关法律资源不足的情况下,通过对社会需求的分流,将司法机关从过多的社会需求中解放出来,不但能够有效解决一些较轻微的社会矛盾纠纷,还能够通过降低司法机关工作压力,增加个案审判能够分配到的司法资源,从而间接地提高司法程序中个案审判的质量。所以,从法治建设整体工程的角度来看,人民调解活动的开展,在实践中能够发挥保障司法程序顺畅运行的体系功能,从而达到与公共法律服务体系目的的统一。

其次,人民调解也彰显着现代社会纠纷解决的中国智慧。西方国家法制主义的惯常思维即运用法律规制与程序设计来解决社会问题,而在面对社会矛盾纠纷时,人民调解的制度传统提示着仍然有走法律程序、进入诉讼程序以外的矛盾化解方法。在“以和为贵”的优良传统的指导下,人民调解活动关于纠纷化解的独特方式,正契合了我国主流话语中从“法制”到“法治”的流变。我国法治国家与法治政府的建设目的,并不仅仅限于以法律规范去规制国家与社会的运作，更重要的是一种对于“治理”理想的追求。在此处，治理的政治意味与新公共服务理论所提倡的以人为本、注重通过商谈与合作以达成公共利益的新公共行政模式具有异曲同工之妙。我国民间厌讼、讳讼的传统在经历了中国式现代化的解读后，又重新绽放出其反对单一纠纷解决模式，提倡社会关系和谐的理论价值。正是“以和为贵”的中国式社会纠纷解决方案，从实践的层面反对了基于个体原子化的个体利益无限拔高的现代性问题，而重拾人与人之间的温情联系与群体之间的有机整合，在最终的理念追求上与厌恶强制性法律规制的现代治理理论相呼应，形成了中国传统政治理想与现代问题水乳交融于人民调解之中的独特图景。

再次，在纠纷化解的成效方面，人民调解也呈现出更加优异的定分止争功能。中国传统即有厌讼思想，在诸多社会矛盾之中，其纠纷的严重性以及对于社会的危害性，都并非必须上升到法律调整的层面。如果径直将所有的社会矛盾与纠纷全部交由法律进行调解，且不论会出现“杀鸡焉用宰牛刀”式的资源浪费，官方机构的介入也会使得纠纷中的事项严重性升级，甚至加剧本不应变得难以调和的矛盾。换言之，法律调整与法律规范适用因其严肃性以及相关法律后果的严重性，公权力介入社会矛盾的纠纷解决方式在部分社会纠纷中的运用并不合适，强行介入不仅浪费资源，也无助于社会矛盾的真正解决。去除了官方因素的人民调解，在类似案件中的定分止争功效更为显著。因此，人民调解活动的开展，在部分社会矛盾之中的纠纷化解成效，要比官方介入的方式更为有效。

最后，人民调解在具体实践上确实承担着多样化纠纷解决的供给，在“成本—效益”的层面具有相应的价值。虽然在供给方式、供给产品以及产品效力上具有较大的差别，但是人民调解确实在司法诉讼程序与仲裁程序之间开辟了第三条纠纷化解的道路。人民调解制度的存在,为社会矛盾纠纷当事人提供了一种通过低成本、快捷、轻松的纠纷解决方式。有学者指出,公共服务的生产、供给和消费各环节都需要公共服务供给主体、生产主体、管理主体、消费主体的齐心协力、相互协作,进而促进公共服务供给效率的最大化。[86] 作为低成本快捷纠纷解决方式的人民调解制度在制度内容上并不具备多少强制性的内容,这让当事人在进行选择的时候不会承担过多的责任负担。从法律服务市场供给的角度来看,人民调解作为由人民群众组织提供的非讼性自治纠纷解决方案,其在解决部分社会矛盾纠纷的同时,并不需要消耗过多的司法资源,在效率的角度上具有其他公共法律服务所不具备的优势。值得注意的是,人民调解作为非讼性的自治纠纷解决体系,其在活动过程中除了不得违背法律、法规和国家政策的原则以外,并不太注重对于法律规定的强行攀附。只要在当事人合意范围内,且不违反国家强制性法律法规,任何调解结果都是可以被认可被接受的。这就导致原本在社会法律服务市场上十分稀缺的法律人才资源,在人民调解领域并没有非常明显的缺口。这种对于治理资源需求的差别,也使人民调解与其他公共法律服务在供给侧上不会存在顾此失彼的情况,能够真正地实现公共法律服务体系整体共同发展共同推进。

所以,人民调解活动在彰显中国式治理的智慧、提升社会矛盾纠纷化解的实效、承担多样化纠纷解决的供给等方面存在明显的优势,其作为公共法律服务内容体系的重要组成部分,也应当随着公共法律服务体系建设的步伐,融入中国式法治现代化的进程中。

---

〔86〕 谢来位:《公共服务协同供给的制度创新研究》,中国社会科学出版社 2019 年版,第 90 页。

三、将人民调解制度拓展为社会法律纠纷解决现代方案

要真正实现中国式法治现代化，切实推进公共法律服务体系在社会矛盾纠纷化解机制方面的建设，则必须以人民调解活动中所凝练出的中国式治理智慧为指引，为社会纠纷的解决提供一种现代方案，实现真正意义上的多元纠纷化解服务供给。根据党的十八届四中全会的相关会议精神，多元纠纷化解机制的内涵包括诉讼和各种非诉讼方式构成的纠纷解决制度，包括供给主体、工作方式、互动机制、人员构成等。其外延则包括调解、仲裁、行政裁决、行政复议以及诉讼等多种纠纷解决渠道的互动与整合。[87]

虽然人民调解作为多元化纠纷解决机制的重要组成部分，也不可避免的存在需要改进的因素。有研究者直指人民调解作为现代法律制度体系之下纠纷解决机制的重要缺陷：人民调解的制度目的重社会稳定、纠纷化解，而在法制运作、权利保护等方面提及较少。[88]这一论断虽然对于人民调解制度目的的认识与本书基于公共法律服务的审视视角存在一定的出入，但是其指出的人民调解制度在保护私权方面以及具体运作程序方面的不足，则在凸显人民调解制度特质的同时，也暴露出其社会功能方面的局限性。也就是说，虽然作为公共法律服务重点建设项目的人民调解制度，具备前文所述的种种体系优势，但是其在面对社会纠纷矛盾整体时，仍然存在较大的局限性，即过于简化的调解程序以及强制性的缺失，使人民调解只能在细微社会矛盾纠纷的有限范围内发挥功能。

因此，人民调解制度在社会矛盾纠纷化解的问题领域内并不能

---

〔87〕 杜明聪、黄锦坤主编：《厦门市多元化纠纷解决机制的立法与实践》，鹭江出版社2015年版，第177－178页。

〔88〕 唐俊：《调解制度构建新论》，中国政法大学2010年博士学位论文，第107页。

单打独斗，而需要与其他纠纷化解手段同时进行，才可能应对复杂且多元的社会矛盾。杨凯在分析公共法律服务与诉讼服务的制度协同时指出，目前在多元化纠纷解决机制的运行中，司法行政机关牵头的公共法律服务纠纷解决路径与司法机构主导的纠纷解决机制，都无法在“单打独斗”的情况下独立完成对所有社会纠纷的解决。[89] 因而，包括人民调解、诉讼服务在内的多种纠纷化解机制都必须统合在一个整体性的框架之下，共同为社会纠纷化解的中国式治理贡献其相应的价值。

首先，应当在纠纷化解的渠道与形式上实现能够满足社会需求的多样性。在前文关于人民调解活动的运作逻辑分析中，人民调解活动因其启动成本低，人民自治非官方介入且不排斥后续救济途径等特点，成为较轻微社会矛盾纠纷化解的重要形式。人民法院则为几乎所有社会纠纷，包括涉案情节相对复杂、矛盾性质较为激烈的案件提供最具权威最具执行效力的解决与救济，其优势在于专业性、权威性较强，但其官方介入的性质以及较高的启动成本以及时间成本，则较之于其他纠纷化解方式略显笨重。此外，在专业性较高的涉外纠纷、商务纠纷场景，以及需要特殊倾斜特殊保护的劳务纠纷、特殊人群纠纷场景，也需要分别提供能够符合场景需求的纠纷化解服务。不仅如此，在推进现代基层社会治理，创新乡村治理体系的时代背景之下，针对基层微小纠纷以及具有农村特点的乡村邻里纠纷，也需要相应的纠纷化解服务。总之，在复杂多变的社会背景以及实践需求之下，多层次的纠纷化解需求必须以多层次、多主体的社会纠纷解决方案来应对，针对不同的纠纷化解场景订制出能够符合场景特色需求的纠纷化解服务，是将中国式治理智慧运用到多元纠纷化解体系

---

〔89〕 杨凯：《论公共法律服务与诉讼服务体系的制度协同》，载《中国法学》2021 年第 2 期。

建设中的重要一步。

其次,在建立了多种纠纷解决渠道之后,需要进一步地厘清各种纠纷化解手段之间的关系,构建合理且高效的分流机制以及衔接机制。各种纠纷化解机制之间的衔接问题已被提出,卞建林指出,由于缺失常态化的沟通与协调工作机制,本应在各个领域发挥功能的纠纷解决方式在实践中难以施展。[90] 杨凯认为,不同纠纷化解方式之间欠缺协同与分流机制,这对于本应作为兜底的诉讼服务造成了极大的压力。[91] 对于这一问题的观察不仅如此,还有杨林等认为,目前存在的社会矛盾纠纷多元预防调处化解综合机制同样存在相当的失范风险,这些风险包括过度追求非诉化、职能协同不足以及重“已然”轻“未然”等问题。[92] 这些问题的形成,不仅包括具体实践中科层制官僚模式、压力型行政体制以及部门间相互封闭等行政环境因素的影响,还包括着对于多元纠纷化解模式的误解。这种误解体现在前文所述的对于非诉手段的过度青睐而在纠纷分流的层面没有做好科学合理的区分,在事实上延长了纠纷化解的周期。所以,厘清纠纷化解手段的关系问题,构建合理高效的分流以及衔接机制,不但是中国式法律治理在纠纷解决方面的科学求解问题,更是由社会历史背景所决定的行政体制架构的问题。幸而,在公共法律服务体系建设的重要工程推动之下,各类纠纷化解机制的供给主体获得了相互沟通、协调的理想平台,公共法律服务体系建设作为国家级别的战略,其推进的动力与决心可以从相关政策文件中看出。所以,在公共

---

〔90〕 卞建林等:《中国司法制度基础理论研究》,中国人民公安大学出版社 2013 年版,第 103 页。

〔91〕 杨凯:《论公共法律服务与诉讼服务体系的制度协同》,载《中国法学》2021 年第 2 期。

〔92〕 杨林、赵秋雁:《矛盾纠纷多元预防调处化解综合机制研究——基于三种实践模式的分析》,载《中国行政管理》2022 年第 6 期。

法律服务体系建设的旗帜之下，对各类纠纷解决机制的供给资源进行统一整合，并且从组织、运作的层面建立起合理的分流、衔接机制变得具有可能。

最后，在拥有了多样的解决渠道以及合理高效的分流、协同机制后，社会纠纷化解服务的公共底色必须得到强调。与更加专业化的法律纠纷解决活动不同，数量庞大且情节较为琐碎的诸多社会纠纷，其中涉及的经济利益以及经济效益并非十分可观，难以对社会法律服务产生吸引力。在基层、农村以及劳务纠纷等场景中，参与纠纷调解为调解人员带来的经济收益可能非常有限，因而在这些场景中实现真正深入的纠纷化解活动相对困难。如何动员其相应的社会力量，整合纠纷解决的渠道以及资源，成为凸显社会纠纷化解服务公共性的重要课题。与社会法律服务市场建设的问题类似，既然存在能够确定的社会需求，那么供给侧的问题就只能由供给侧的改进来解决。针对部分纠纷解决活动对于法律服务资源难以形成吸引力的问题，以司法行政部门为首的公共法律服务体系建构推进主体应当以法律援助的类似标准与态度，为社会需求集中且难以获得纠纷化解服务的地方提供相应的政策倾斜以及经济支撑。

总之，公共法律服务体系建设在社会矛盾纠纷化解的领域主要体现为对于多样化纠纷化解方式的建构与供给。这种结合诉讼与非诉方式、惠及多层次社会需求的多元化纠纷解决体系与相应的分流、协调机制，能够集中体现中国式治理智慧在社会治理方面的优越性。以公共法律服务体系建设为推动契机的多元化纠纷解决方案，旨在为社会对于纠纷化解的需求提供相应的专业服务，并且以公共法律服务的整体架构，整合相应的纠纷化解渠道与法律资源，通过国家级战略的动员能力促成一个更加现代化、更加合理高效的社会矛盾纠纷化解体系的形成，最终助力于中国式法治现代化的扎实发展。

本章小结

本章在分析公共法律服务内容体系的建设思路后,发现只有运用法治建设的体系目的将现有服务项目全部囊括,才能够实现更加系统化的内容体系建构,使各具历史发展和制度特征的服务项目统一于一个整体框架中。以我国公共法律服务体系建设基础理论中对于法治环境建设的论述为前提,围绕着作为公共法律服务体系建设的中国式法治现代化这一引导核心,以法治环境建设为判断标准,整理出三个必须被着重强调的公共法律服务体系建设项目:法治文化建设、社会法律服务市场建设和纠纷化解机制建设。这三者都从促进法治环境建设的角度,实现对于法治建设整体工程的贡献,从而与公共法律服务体系整体目的形成统一。其中,作为法治文化建设重要组成部分的法治宣传教育活动,因其作为法治规训活动的主要内容,而具有在社会意识层面直接影响公众对于法治认识的独特功能。针对法治宣传内容与形式上的优化与改进,能够使法治宣传在促进法治环境建设的过程中,更加贴合公共法律服务体系建设的整体目的,完成对于法治文化的建设。社会法律服务市场建设是从市场供给与需求角度对社会法律服务市场进行改进的活动,在面对公共法律服务供给侧结构性不足的问题上,社会法律服务市场建设能够从法律服务供给侧的源头上缓解公共法律服务供需失衡的顽疾。纠纷调解活动作为集中体现我国传统智慧与现代化成果的社会纠纷解决方案,其在分担司法压力、实现社会矛盾纠纷解决的效率化等方面具有独特的功能。以上三个建设项目，作为公共法律服务体系的拓展与完善，与作为微观供给方面的公共法律服务内容体系共同构成了我国公共法律服务体系建设的整体面貌，也在不同层面为中国式法治现代化的推进形成了基于法治环境建设的切实贡献。

第五章　现代公共法律服务体系的运行与保障

在明确了我国公共法律服务体系在理论上的基本内涵与深化建构方向后，如何针对最为突出的实践问题作出回应，成为我国公共法律服务体系建设能否落到实处，能否真正发挥推动法治建设功能的核心问题。因此，必须对相关内容如何在实践中落地、运行，如何保障前述模式能够真正实现公共法律服务体系的体系目的而进行讨论。具体而言，我国公共法律服务体系建构的顺利落地，应当需要包括以服务平台为主的供给渠道建设以及相关保障体系、监督体系的支持与完善。其中，关于供给渠道的建设，决定了在实践中相关的服务资源与救济和援助能否及时、有效地延伸至需服务群体处，决定了在法治的“最后一公里”处能否真正完成公共法律服务对社会公众的真正均等与普惠，因而供给渠道建设是我国公共法律服务体系在实践中的核心问题。而保障体系的建设，则关系到我国公共法律服务体系在各个层面所需求的维持成本能否得到满足，政治、制度、组织与供给四个方面的保障均对相关体系的运营与维持，对体系建设与发展的维护，起着不可替代的作用。最后，监督体系建设，是通过对于不正当的权力运行与不合理的服务供给效果进行严格的监督，以在管理层面完成对公共法律服务体系的运作效率与供给效果进行的保证，实现体系目的的高效率达成。

第一节　完善公共法律服务供给渠道建设

我国公共法律服务体系的落地与运作,必须依托于具体的业务平台与供给渠道,即只有在供给渠道畅通无阻的情况下,我国公共法律服务体系的服务项目和服务资源才能真正流向需要援助的服务接受者手中,这一问题也得到了国家层面足够的重视。

2017 年 8 月,司法部下发《平台建设意见》,我国公共法律服务平台建设进入高速发展期,实体平台与非实体平台的建设与发展,在规模及深度方面都有所提升。2018 年 9 月,司法部印发《关于深入推进公共法律服务平台建设的指导意见》,对平台建设以及推进实体平台与非实体平台的融合发展做出指示,在平台建设、一体化服务、监管与保障等方面做出更进一步的部署,要求形成高效便民、多平台综合的信息化现代服务平台。完善公共法律服务供给渠道的升级建设,必须要重新审视已然形成的基本平台框架,并针对性地筛选出不同平台在建设过程中的具体问题。进言之,由于各个平台之间的建设思路以及具体供给模式的区别,有效发挥各个平台的独有优势,并且因地制宜地实现多层次的服务供给,是完善我国公共法律服务供给渠道建设的有效途径。

一、实体平台的科学布局与资源整合

在这两次建设意见中,《平台建设意见》明确了我国公共法律服务业务部门主要通过实体、热线以及网络三大平台向社会公众提供相关法律服务。其中,实体平台指的是以线下办公为主的,能够以实体性服务为产品提供形式的，最直接也是最重要的服务平台。《平台建设意见》明确要求，我国公共法律服务的实体平台建设以基层为主战场，通过具体相应的公共部门与社会力量，实现多元化多层次服务项目的打包入场，建成多服务统一的服务型实体平台。这种"一站式"窗口的线下中心化建设，能够最大限度地实现高效便民的行政原则要求，也为寻求服务的社会公众提供了一个统一的服务站点。具体而言，《平台建设意见》对各地在实体平台建设中的名称与服务场所作出了细分规定。[1] 综合上述要求可以看出，《平台建设意见》在实体平台的建设要求上，基本部署了市、县、乡镇以及村居四个行政级别的三级公共法律服务实体平台，并且对于名称都作出了统一规定。但是在办公场所方面，则难以要求经济发展水平各不相同的区域保持一致，而只能交由各个区位的司法行政部门根据当地的社会需求以及具体工作情况而设定。

在《平台建设意见》的指导下，全国范围内的实体平台建设如火如荼，各地积极实施推进公共法律服务实体平台的建设。根据中国法律服务网以及各省级法网对于线下民众能够接触到的服务站点建设情况的统计，可以了解到全国范围内实体平台的具体建设情

---

〔1〕 在地(市)一级，对于公共法律服务实体平台的建设不作具体的统一要求，由各地根据公民法律服务的需求以及实际工作情况自行确定建设细节，若要单独设立的，则名称统一为"×市公共法律服务中心"。县(市、区)级的公共法律服务实体平台，应当将命名统一为"×县(市)公共法律服务中心"或"×市×区公共法律服务中心"。在服务场所的选择上，既可以依托县(市、区)法援中心或司法局其他独立服务场所，或当地政务(行政、公共、综合)服务大厅(中心)等建立，也可以独立设置。而乡镇(街道)公共法律服务实体平台，在名称上统一命名为"×乡(镇、街道)公共法律服务工作站"，在服务场所上可以依托乡镇(街道)司法所或当地政务(行政、公共、综合)服务平台建立，也可以独立设置。最后，在村(居)一级，应当推进一村(居)一法律顾问工作，鼓励有条件的地方在村(居)委会或当地社区服务中心建立公共法律服务工作室，提供相关法律服务，同时注重发挥好村(居)人民调解员等人员的作用。

况(见表5-1)。

表5-1　我国公共法律服务实体平台建设状况统计

省级行政单位	公共法律服务中心(站点)/个	基层法律服务机构/个	法律援助机构/个	基层法律服务工作人员/人
北京市	348	331	17	374
天津市	17	32	18	263
山西省	1495	—	138	1420
内蒙古自治区	—	131	117	2111
辽宁省	1467	720	114	5436
吉林省	—	598	70	1466
黑龙江省	—	401	136	1600
上海市	—	33	17	423
浙江省	103	423	—	2397
安徽省	—	468	123	2531
福建省	—	147	95	1023
江西省	1719	415	112	1366
山东省	—	1560	154	8489
河南省	—	552	178	3568
湖北省	—	451	139	2186
湖南省	125	—	—	—
广东省	—	752	206	415
广西壮族自治区	—	151	148	—
海南省	—	38	27	158
重庆市	11,248	309	42	1791

续表

省级行政单位	公共法律服务中心(站点)/个	基层法律服务机构/个	法律援助机构/个	基层法律服务工作人员/人
四川省	—	964	248	3713
贵州省	110	391	292	1510
云南省	1545	1162	444	—
西藏自治区	—	688	82	272
陕西省	—	465	115	2147
甘肃	—	107	135	200
青海省	—	77	54	569
宁夏回族自治区	—	32	566	198
新疆维吾尔自治区	—	745	97	2614
新疆生产建设兵团	—	191	15	468

数据说明:统计数据由各省级法网中获取,统计数据截止到2022年11月20日。由于统计口径的区别,部分数据并未展示。

可以看出,在《平台建设意见》的指导下,我国目前的公共法律服务实体平台已然建成由地市与县市级、乡镇级以及村(居)级服务供给站点三级实体平台架构。

在实体平台的职权部分上,《平台建设意见》规定了不同层级实体平台应当提供的相应服务类型。其中,服务中心级别的实体平台,作为兼具司法行政职能与服务功能的“窗口化”综合性服务站点,主要负责专业化、综合性的服务项目供给,同时也为本级及以下的行政区域内的服务供给工作提供指导与沟通协调的平台。其中,主要的服务内容包括三项最基本的服务项目以及其他相关事务型任务,与《平台建设意见》关于“3+X”的服务内容模式相呼应。

次一级的服务供给工作站作为贴近普通社会公众的最前线的服

务供给站点，在上级服务中心以及相应司法行政机关的业务指导下，主要承担化解专业性不高的服务项目供给以及司法行政工作。值得注意的是，公共法律服务工作站在独立提供上述服务之外，还担任着引导与审查部分服务项目启动程序的职责，这些职责的设定在单独的服务项目中形成了与其他实施环节的衔接与配合。在承担相应的供给职能外，服务供给工作站还承担着行政系统内部的行政任务。实际上在各省级法网的公共法律服务机构统计中，有相当一部分基层公共法律服务机构在设置上与司法行政机关存在混同的现象。

基层的服务工作室（法律顾问）作为服务基层社会公众的服务平台，其服务内容主要为广义的法律咨询等较为基础的公共法律服务项目。此外，在工作方法与细节方面，基层服务工作者应当运用多种记录手段，将服务案件的情况与数据记录在案，并且定期提供一定数量的现场服务并举行宣传活动。同时，要运用信息化手段，加强与基层公众以及自治组织之间的沟通与互动，确保能够随时为有需要的群众与组织提供及时可靠的服务。

以上内容便为我国公共法律服务实体平台根据《平台建设意见》的指导而后形成的发展样态，其中三个层级的实体平台以及与级别相应的服务项目内容，构成了较为清晰的公共法律服务实体供给模式。根据相关政策文件的确定以及实体平台建设状况的统计，可以看出我国公共法律服务体系的实体平台的供给结构已经初步形成，其供给结构特点可以总结为以下几点。

第一，形成了公共法律服务实体供给平台在空间上的全覆盖。得益于国家政策的大力推动以及对于现有法律服务资源的整合，我国公共法律服务供给侧的实体平台在整体总量以及基层机构的数量上都有着长足的发展。在2014年我国公共法律服务体系概念与政策正式确立之后，与之相应的实体平台普遍设立，为我国公共法律服务体系的基础供给提供了最为核心的输出渠道，迈出了从无到有的重要一步。

第二，初步形成了按照区域层级区分的多层化实体平台架构。针对不同层级不同体量的供给能力以及社会需求，我国公共法律服务的实体平台也实现了贴合实践现状的差异化平台建设体系。按照社会需求体量大小以及供给能力强弱的区分标准，将实体平台分为综合性服务中心、一线服务工作站、基层服务工作机构三级实体平台，较好地使平台建设规模与供给内容贴合对应的区域层级，从而实现了多层化的平台建设体系，积极地在提高供给效率与控制运行成本之间寻找科学合理的平衡点。

第三，完成了各层级之间平台以及现有资源的分工与初步协调。针对不同供给能力以及对应区域层级具体情况，多层化的实体平台也在服务内容上存在着相应的分工与配合，覆盖范围更加广泛、建设层级更加高的实体平台则负责更加多元、更加专业化的服务内容，而更加深入基层、体量较小的实体平台则负责较为简单的、灵活的服务内容。并且在不同层级的实体平台之间也搭建起了一定的沟通协调与配合的渠道，实现了各级平台与现有业务部门的初步联通。

但是，这一实体平台建设格局在公共法律服务产品具体供给与机构日常运作时却存在不少问题。

首先，在实体平台机构设置上，《平台建设意见》虽然给出了较为具体的建设指导，但在实际平台建设过程中，地市以及县（市）级别的公共法律服务实体平台由于全国各地的具体区别而产生了较大的差距。这一差距不但体现在公共法律服务中心机构设置的数量上，更体现在三个层级的公共法律服务实体平台的具体职能分工上。在级别最高的公共法律服务中心的职责列表中，《平台建设意见》给出了十项平台职责，但是其中有诸多项目与次级平台、基层平台存在重合,这就导致不同层级的实体平台在职责功能上出现了重合与相互竞争。比如,公共法律服务中心、公共法律服务工作站以及公共法律服务工作室(法律顾问)的职责都包含着法律咨询这一较为基础的公共法律服务内容项目,这就使社会公众在寻求相关服务时,会存在对于实体平台层级的困惑,甚至可能产生对于低级别实体平台的不信任——级别较高的公共法律服务中心所提供的服务应当更加专业且权威。这一源自不同级别实体平台职能重合所带来的风险,将导致社会上公共法律服务需求的流向不甚平衡,其实体平台建设的目的也就难以实现。在实践中,各省的实体平台建设以及机构统计数据都表明,按照公共法律服务业务项目内容对公共法律服务机构进行分类是更加科学的选择。以北京市公共法律服务机构的统计类别为例,诸多省级法网都将公证、律师、司法鉴定、人民调解、法律援助等服务项目机构单独统计,且保留公共法律服务功能相对综合的基层法律服务机构。这一情况说明,依据业务分类进行建设实际上更能够体现出公共法律服务实体平台对于社会公众的线下服务效果。

其次,公共法律服务实体平台的职责设置中,存在服务供给职能与司法行政机关行政职能的混同。在公共法律服务中心级别的实体平台职责中,做好辖区公共法律服务平台建设指导、考核工作以及上级机关与其他机构所指示的行政任务的承担,不利于公共法律服务实体平台在法律服务产品供给上的效率与质量提升。虽然由于实践中公共法律服务实体平台在机构选址以及业务供给方等因素,通常依托当地政务平台、司法行政机关而建设,但是在平台建设的目的实现上,必须明确公共法律服务实体平台的建设最主要的目的就是高效便民地为社会公众提供相应的公共法律服务产品。公共法律服务产品的供给从性质上来说,与司法行政机关的行政任务存在较大的区别:公共法律服务产品的供给对象主要为社会公众,是一种向行政体系外部输出服务产品的公共职能，而司法行政机关承担的其他行政职能，在法律法规以及相关政策文件没有明确时，应当依据提供产品的服务对象以及工作性质，与公共法律服务产品的供给职能进行严格的区分。也只有在实体平台的建设过程中将真正能够为社会公众提供服务产品的输出职能挖掘出来并与其他行政任务区分，才能够保证社会公众在获取相应服务的效率与质量。

再次，虽然我国公共法律服务实体平台的建设思路是希望尽可能增加对于线下服务需求的覆盖范围，在2018年司法部就提出公共法律服务实体平台的建设要覆盖所有基层地区的目标，从而达到有人的地方就有公共法律服务实体平台的基本建设格局。[2] 但是这一建设思路在具体实践中产生了不少问题，其中最关键的就是建设资源的浪费。这一情况可以通过全国各地公共法律服务实体平台建设在时间向度上的对比看出。

将2022年与2020年的数据对比可以看出，除了少部分公共法律服务实体平台建设起步较晚的地区在基层法律服务所的数量上出现了些许增长，大部分因响应政策号召而开展建设的公共法律服务实体平台，在数量上都出现了减少。特别是在基层法律服务工作人员的数量上，有部分地区出现了较大的回落，例如，浙江省所拥有的基层法律服务工作人员数量，便由2020年的3160名降至2022年的2397名，而在基层法律服务所的数量上，虽然幅度较小，但是整体的降落局面仍然不容小视。例如，河南省拥有的基层法律服务所数量便由2020年的622所降至2022年的552所。这种实体平台与基层工作人员在时间坐标上的变动，除了正常的机构调整与人员变动，更体现出在政策号召影响力减弱、公共法律服务实体平台建设热情退

---

〔2〕 顾永忠：《全方位、多层级、立体式：实现公共法律服务全覆盖》，载《中国司法》2017年第10期。

去后,全国各地对于自身能够投入的法律服务资源以及当地的社会需求有了更加清晰的认识,因而才会出现公共法律服务平台与基层法律服务工作人员在数量上的异常波动。

最后,在各地经济发展水平各不相同的情况下,推行相对统一的公共法律服务实体平台建设模式,不利于全国各地按照自身具体情况进行灵活调整。前文已经提及,我国各地经济发展水平的区域性差距较大,因而在不同的区域所能够提供的公共法律服务资源也各不相同,因而产生了公共法律服务在地域层面的供给不均问题。目前我国公共服务实体平台建设格局的相对统一,不但体现出在实体平台建设动力上的政策驱动目的不明确,更在一定程度上造成了公共法律服务资源的浪费,从而影响了公共法律服务产品的供给质量。

因而,鉴于我国现有实体平台建设格局以及所存在的相关问题,现提出如下建设意见:

在实体平台层级分工方面,应当更加明确地区分不同层级实体平台所对应的公共法律服务项目内容。依据现有的三层级实体平台建设格局,应当在明确各级实体平台在公共法律服务项目上的供给优势后,进行更加细致的划分。比如,公共法律服务中心层级较高,所拥有的资源也是其他层级实体平台难以比较的,因而在进行职责划分时,应当将更为专业化的服务项目划归公共法律服务中心所有,如律师业务引导等;而相对较为常规的服务项目,应留至低层级实体平台进行供应,比如法律咨询、普法宣传教育等服务项目,则由一线的服务工作站,以及基层服务工作室及法律顾问承担。如此,将各类公共法律服务按照专业性及所需法律资源进行重整,并按照不同层级实体平台的具体情况进行供应职责的再分配,便能够更加有效地为社会公众提供清晰的服务指引,提高公众的获取效率。

在机构设置与职能分工方面,应当将公共法律服务的供给职责独立出来。鉴于公共法律服务实体平台在实践中常常依托相关行政机构的现象,因而必须要在同署办公、统一窗口的实际情况下做好职能的分割。由于公共法律服务的供给与其他行政机关的职责在性质上存在本质区别,因而将两者混同,不但容易造成机构、人员设置上的混乱,使公共法律服务供给职责被模糊,也不利于社会公众更加清晰地获取有关公共法律服务项目内容的引导信息,从而造成混乱与低效率。

在服务产品的供给上,目前实践中的情况为,不同机构根据相应的服务内容而拥有相对独立的实体平台设置。如公证、法律援助、人民调解等服务项目,均由专门的机构,即公证处、法律援助中心以及人民调解委员会提供。具体而言,在专门机构负责专门特定服务项目供给的情况下,统一的公共法律服务实体平台如综合性服务中心,在供给职能以及集约化程度上便难以如预期那样,成为公共法律服务的中心。因此,实体平台建设在接下来的发展方向,便应当朝着更加专业化、集约化的方向努力。例如,在不依赖现有机构设置的情况下,将所有公共法律服务项目的供给部门整合,加强沟通与联络,形成实际上的法律服务产品一体化输出。

在公共法律服务资源投入方面,实体平台的建设由于牵涉到办公场所、工作人员等多项资源投入的项目,因而需要更加审慎地推进。在考察了我国公共法律服务实体平台建设状况在时间维度上的前后变化后,可以看出在实体平台的建设方面,许多地方上的政府职能部门还存在依附政策引导而进行运动式建设的情况。虽然实体平台的全空间覆盖,是体现我国公共法律服务体系普惠化的重要建设方向,但是由于相应专业人才资源与治理资源的稀缺性,在投入资源恒定且难以提升的情况下,盲目地进行实体平台建设,反而难以保证公共法律服务产品的高质量输出。只有在明确当地具体情况,参考经济发展水平以及社会需求的前提下,科学合理地布局实体平台的建设,才能在资源有限的情况下实现公共法律服务产品的输出最优化。

二、非实体平台特色功能与服务衔接

鉴于热线平台与网络平台在供给渠道的非实体性、服务供给内容的相似性以及建设思路上的趋同性,本书倾向于将热线平台建设与网络平台建设合称为非实体平台建设,进行统一讨论。

《平台建设意见》将公共法律服务热线平台的层级划分定位为,省(区、市)层级统一化、标准化综合供应,在地(市)和有条件的县(市、区)建设接听网点的整体层级,而公共法律服务网络平台的层级划分则由部、省两级平台组成。在具体功能上,热线平台与网络平台都具有包含法律咨询、法治宣传、服务投诉等服务项目在内的面向社会公众的综合性服务功能,以及面向公共法律服务体系内部的任务指派、监督、回访、统计分析以及相应的监管职能。司法部于2017年印发《12348中国法网(中国公共法律服务网)建设指南》(以下简称《中国法网建设指南》),对于网络平台建设做出了指示。文件要求,网络平台建设要遵循信息化、数字化的总体要求,对司法行政工作进行全面的现代化改进,坚持统筹建设、协同应用,需求导向、服务群众,专业优势、精准服务,创新驱动、促进改革的建设原则,着力提高司法行政公共法律服务能力,为人民群众提供方便快捷、公正普惠、优质高效的服务产品。具体而言,公共法律服务网络平台建设在同一个网络服务体系、两级网络平台的具体架构下,应当包含服务与监管两项功能。

服务功能包括信息发布、信息查询、法律咨询、办事服务、用户评价、定向推送、自助服务等服务。监管功能主要包括两方面,即通过大数据分析，为领导决策提供支撑；对公共法律服务机构及从业人员进行监管（见图5－1）。

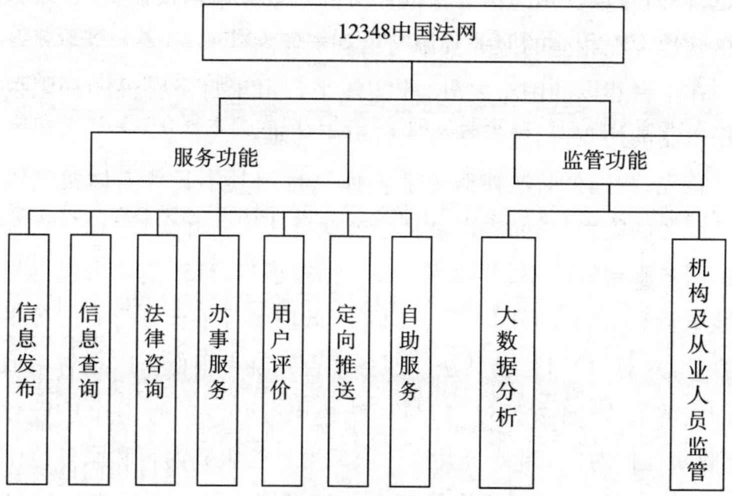

图5－1　12348中国法网功能架构

根据前述政策文件以及建设指南的指引，目前我国已经形成了功能多样、层级明确的非实体平台。

但是，在非实体平台建设的过程中，相应的公共法律服务产品供给效果却不如预期，出现了非实体平台独有的实践问题。相关现象已有学者给出相应的观察结果，如服务群众总量不足，网络平台以司法行政机关管理人员与法律服务机构人员使用为主，社会公众使用频率较低，用户数量有待沉淀，法律服务以及法律咨询整体申请量偏低。服务业务之间衔接不足，表面上公共法律服务相关服务项目产品都集中于网络平台上，但是各个业务系统之间的衔接机制还没有真正建立，各项法律服务项目之间的互补、协调、融合程度没有达到预期。与实体平台融合程度仍需提高，“前台统一受理，后台分流转办”的机制仍然存在优化空间，未能真正实现非实体平台与实体平台的全面融合。网络平台服务项目虽然较多，但是仍然集中于法律咨询、服务项目预申请等基础服务。网络数据汇总、整合、分析的能力不足，目前还难以做到精准预估社会法律服务市场供需关系，难以更加精确地分配相应的服务资源与治理资源。[3]

在平台建设的困难之外，非实体平台由于自身特性的局限以及运作机制的约束，仍然存在以下待解决的难题。

首先，我国公共法律服务非实体平台因其不具备实体机构以及线下服务的能力，因而难以被社会公众所认知。群众对“12348”公共法律服务平台知晓率、首选率不高。相较于“12315”消费者投诉举报专线电话和全国互联网平台、“12345”政府服务平台等公共服务平台而言，群众对“12348”公共法律服务平台知晓率很低。广东省采取调查问卷的形式，对拨打过“12348”法律服务热线的省内用户进行抽查，收集他们对“12348”公共法律服务平台的服务内容和服务范围的了解程度。结果显示，完全了解和比较了解的被调查用户仅为30%左右（其中完全了解的只占0.89%），70%的用户表示了解甚少甚至完全不了解。值得注意的是，该调查问卷的调查对象是“曾经拨打过该热线的用户”，所以从全体公众角度而言，该比例必然更低，而从首选率来看，由于公共法律服务建设相对较晚出现，且存在宣传、普及力度有限的问题，使公众在遇到法律问题时，还是习惯于网上自行检索或找律师当面咨询。

其次，非实体平台在公共法律服务产品输出质量以及效率上难以保持稳定，由于公共法律服务非实体平台在服务项目上倾向于提供法律咨询等不需要线下接触的服务产品，因而对非实体平台工作人员的整体素养方面提出了较高的要求。《中国法网建设指南》要

---

〔3〕 卜立：《湖南省公共法律服务网络平台建设的实践与思考》，载《中国司法》2019年第11期。

求,在法律服务专业性的支撑方面,各地应当结合实际,按照司法部牵头、各业务司局参与制定的《公共法律服务网驻场法律服务机构及人员遴选办法》,通过严格的筛选工作,挑选出能够进驻本地网络平台的机构与人员。应当以优质高效为标准遴选服务机构,以政治素养与专业能力为标准遴选出法律工作者。这一要求虽然在理论上能够切实支撑公共法律服务非实体平台在法律专业性上的需求,但是在实践中,由于前述社会法律服务市场以及法律服务资源稀缺性等问题,难以保证有如此多的法律服务资源被投入到非实体平台的建设中。当公共法律服务非实体平台在法律专业性方面支撑不足时,相应的公共法律服务产品输出质量及数量也就难以保持稳定。

再次,非实体平台不同于实体平台,其平台建设、运营和维持所需要的人力资源以及运营成本都有着不同。公共法律服务实体平台可以依托线下的行政机构或者相应的公共法律服务项目供给机构,实行人员派驻等运营方式。非实体平台,除了在行政、法律方面的专业人才需求之外,还需要精通现代通讯技术以及网站运营维持的专业技术人才。《中国法网建设指南》指示,网络平台的设计与搭建需要通过公开招标以委托社会力量处理,运营维护与安全管理虽然由司法行政部门的业务机构负责,但是也可将各项职责通过外包,招标委托具备网络数据处理能力的社会力量来运作实际的工作内容。运营任务具体包括系统管理、数据管理、安全管理等内容。将非实体平台的运营、维护以及管理任务外包的做法,又将公共法律服务非实体平台的建设及维持成本拉高,在依靠政府财政支撑的情况下,财政负担较大,难以持续维持和广泛普及。

鉴于我国公共法律服务非实体平台建设面临的种种困境,现提出如下优化意见:

在公共法律服务供给项目上,应当发挥非实体平台在供给方式及渠道上的优势。由于非实体平台非线下、无须接触的供给特性,因而在信息提供类的公共法律服务产品供给上具有实体平台难以企及的效率及便利。借助现代信息技术所搭建起来的公共法律服务非实体平台,其对于社会公众的获取难易度、便利性以及服务获取的及时性,都较实体平台更具优势,因而在非实体平台的建设以及运行过程中,应当着重发挥其这一供给特性,针对法律咨询、信息展示、服务引导等优势服务项目进行强化与提升,进而形成与实体平台不同的,更具差异化的公共法律服务供给形式,从而构建出高效便民的、功能独特的新兴公共法律服务供给平台。

在知名度方面,公共法律服务非实体平台因其不具备常规的线下办公实体,因而在公众认知的层面存在一定的劣势,且这种难以被公众认知的劣势会对公共法律服务非实体平台的顺畅供给产生强烈的负面影响,因而需要通过一定的建设方法提升公共法律服务非实体平台的认知程度。在宣传渠道方面,可以通过投放公益广告、与现有行政新媒体平台进行链接等方式提升公共法律服务非实体平台的认知度。因此,网络平台建设应当重视媒介传播,加强宣传推广。充分利用现有的社会影响力较大的网络平台宣传扩大公共法律服务在群众中的影响力,创新宣传方式,有效普及法律,打消社会公众的顾虑与偏见。在平台接口方面,可以与微信、支付宝等现有商业平台进行连接,从而实现借助商业平台的高知名度、高曝光率来显著提升非实体平台公众认知程度的目的。比如,杭州通过将各类项目打包“进驻”支付宝,将政府购买的公共法律服务项目通过支付宝城市服务向社会投放等方式,实现了公共法律服务非实体平台与商业平台的有效衔接,在实现了服务产品有效供给的同时,显著提升了相关平台的公众认知程度。

与实体平台的衔接方面应当进一步优化。前文已提及,公共法律服务非实体平台因其特殊的供给方式以及供给渠道,其在信息传递、信息展示类的服务品类上具有独特优势。但由于相当一部分服务产品必须通过线下进行供给,如法律援助、公证服务等类别,因而非实体平台在供给服务的种类上是存在劣势的。所以,在明确实体平台与非实体平台各自供给模式的优势与劣势之后,应当在多平台衔接机制方面做出相应的优化调整。在非实体平台方面,发挥其信息传递快、服务提供及时的优势,将实体平台特有的服务品类的相关申请、认证程序转移到线上平台,并加快实现线上、线下平台的信息互通以及申请资格认证。通过不同平台的相互衔接、相互补充,实现更高效率更优质的公共法律服务供给。

运营管理与经费支撑方面,构建非实体平台及商业法律服务平台有效互补的多主体供给格局。有学者指出,在面对非实体平台运营维护成本较高的问题时,应当发挥市场在资源配置中的核心作用。运营成本降低和服务质量提升是公共法律服务非实体平台必须关注的焦点。在建立有机结合的政商协同机制、保障公共法律服务公益性的同时,可以有条件地打通商业法律服务渠道和法律服务需求共享机制,建立更加有效的法律服务资源配置机制。通过有限的商业化手段,反哺非实体平台,降低平台的供给、运营成本。[4]

三、平台服务的信息交互与反馈路径

我国公共法律服务平台建设在完成基础建设、初步资源整合后,进一步的发展方向应当在加强信息交互以及强化与受众的互动和反馈等方向上做出努力。随着信息化与数字化的科技革新浪潮,公共法律服务体系的诞生以及建设恰逢信息技术与社会生活革新的历史

〔4〕 李福祥、梁雁圆:《基于 AI 中台的公共法律服务网络平台构建及运营模式探析》,载《中国司法》2021 年第 5 期。

发展窗口期,如何利用好技术革新带来的科技红利,如何把握好社会变革带来的各种挑战,是我国公共法律服务体系建设跟上时代的步伐、体现中国式法治现代化时代特色的重要一步。而其中最关键的,也就是各类公共法律服务平台在信息交互以及互动反馈方面做出的变革与适应。

首先,我国公共法律服务供给平台内部应当做好信息交流,形成常态化的沟通协调机制。根据《平台建设意见》以及相关法律规定,法律援助与人民调解等重要服务项目的顺利运作与供给需要多部门多平台之间相互配合。各级法律服务平台在服务启动端口完成推广宣传、分流审核等初步工作,然后再与法律援助等工作部门完成衔接,依法派出援助律师等具体法律服务,完成公共法律服务"最后一公里"的顺畅衔接。这一整套工作流程的实施与维持,是建立在各个平台与工作部门之间的有效信息交互与流动的基础之上的,这种供给平台内部的信息交互时刻影响着法律服务的供给质量以及供给效率。只有在关于法律服务资源的存量信息与具体的社会需求信息等内容在供给侧高效传输与匹配的情况下,保障人权、维护公正的公共法律服务才能在第一时间为需求侧提供有效且及时的法律服务。因此,服务供给平台内部的信息交互必须顺畅无阻,不同层级的实体平台之间,实体平台与非实体平台之间,供给平台与业务部门之间,都需要形成高效沟通的协调机制。

其次,相应的服务供给平台应当在依托现代信息技术与相关平台资源的基础之上打造对外信息交流的窗口,以提高宣传效率、扩大供给窗口、实现高效便民。已有学者认识到现代信息技术在网络互连、信息交互方面对于公共法律服务的重要发展作用,将公共法律服务与互联网功能进行深入融合,能够有效提升法治宣传、法律援助等服务项目的运作效率与实施效力。[5] 这种对于信息技术的融合，不仅在对外窗口拓展上存在重要作用，并且在服务深度与广度的方面为公共法律服务的有效落地提供支持。例如，云南省通过的服务平台相关管理办法，不但明确了相关的服务职责、服务范围以及工作流程，并且基于相关技术在服务时间、服务数据汇总分析等方面做出了有效的提升。[6] 杭州在运用信息技术拓展公共法律服务供给方面做出创新，把各类项目打包"进驻"支付宝，将政府购买的公共法律服务项目通过"支付宝城市服务"等方式向社会投放，利用信息化技术平台拓展公共法律服务的投放渠道，在不增加民众负担的前提下将公共法律服务的各类项目植入民众常用的网络平台中，拓宽了法律服务产品的获取渠道。

最后，我国公共法律服务供给平台应当进一步加深与社会公众的沟通与互动，建立有效的反馈机制以不断提升服务水平与服务效果。我国公共法律服务的公共性与人民性不但体现在各类服务项目对于被服务对象的帮助，更在于整个体系与制度目的都是围绕着"为人民服务"这一核心展开的，因而在供给平台这一直接与受众接触的供给侧，应当将高效便民落到实处。厦门市翔安区在构建智能法律服务平台，实现更好的服务体验方面做出尝试，在将多种服务内容与接入端口集成至公共法律服务智能平台的基础上，令"群众足不出户"便可"享受免费法律服务"[7]。不仅如此，针对信息化的服务数据进行分析，为每一次服务都提供相应的体验反馈机制，增加与服务

---

〔5〕 李春仙：《实施"互联网＋公共法律服务"的路径探析》，载《人民论坛》2019 年第 26 期。

〔6〕 陈晓波：《律师 24 小时在线提供免费咨询服务》，载《云南日报》2021 年 8 月 18 日，第 3 版。

〔7〕 曾嫣艳、司小宣：《"互联网＋"让公共法律服务更便捷高效》，载《厦门日报》2022 年 5 月 17 日，第 A02 版。

群体的沟通与交互,均能够使公共法律服务在实践中不断获得改进的方向,切实提升服务质量。全国各地出台的公共法律服务平台管理办法以及工作条例,均在不同程度上强调了对于服务数据以及反馈信息的处理与交互机制的搭建,在信息化技术与为人民服务之间找到了我国公共法律服务的发展新方向。

总之,我国公共法律服务平台的建设,必须在厘清服务项目供给模式以及各个平台供给优劣势的情况下,针对性地对实体平台与非实体平台进行差异化的相互补充、相互融合、相互衔接的建设与发展。也只有在公共法律服务平台得到充分建设与发展的前提下,相关法律服务资源才能更加高效、更加便捷地向社会公众输出,公共法律服务的均等性与普惠性才能得到体现,我国公共法律服务体系的体系目的才能在实践中得到真正的实现。

第二节 优化公共法律服务保障体系建设

如果说多层次的三大服务平台建设的主要任务是保证服务产品高效便捷地供给,那么完备的保障体系,则是令我国公共法律服务体系整体得以运作与维持的重要基础。具体而言,我国公共法律服务的保障体系,包括政治保障、制度保障、组织保障、经费保障以及人才保障五个细分项目,这五项保障相互连接、互为补充,共同为我国公共法律服务体系正常运作、维持,为我国公共法律服务体系整体目的的实现提供基础性的支撑。

一、强化社会主义建设的政治保障

我国公共法律服务体系的政治保障,主要包括党在政治方向、价值取向与目的指向上对我国公共法律服务体系的领导。

司法部于2021年12月22日审议通过的《公共法律服务规划》中指出,我国公共法律服务体系建设,必须在政治上以中国特色社会主义为核心,全面贯彻党的相关重要精神,在公共法律服务体系建设的各个方面都保证走在正确的政治方向上。

杨凯指出,我国公共服务的建设绝对不能离开我国特色的社会历史土壤。[8] 这一论断精确指出,我国公共法律服务的建设与中国特色社会主义发展之间的必然联系。党的二十大报告也再次强调党的领导应当是我国开展一切建设实践的最大优势。[9] 也就是说,只有在党的坚强领导下,在中国特色社会主义的土壤上,我国公共法律服务的建设与发展才能够在正确的政治方向上不断前进。

人民性、公平性与现代性是我国公共法律服务的核心要义。[10] 而在此处,人民性,即以人民为中心,其不仅是公共法律服务体系建设的核心要义,更贯穿于中国特色社会主义理论体系的建构全程。利民之事,丝发必兴。以人民为中心、满足人民的法治需求,是我国公共法律服务建设最为关键的发展理念。党的十九大报告强调:"增进民生福祉是发展的根本目的。"当前社会转型阶段,政府将民生建

---

〔8〕 杨凯等:《公共法律服务学导论》,中国社会科学出版社2020年版,第3页。

〔9〕 "……中国特色社会主义最本质的特征是中国共产党领导,中国特色社会主义制度的最大优势是中国共产党领导。"参见习近平:《高举中国特色社会主义伟大旗帜　为全面建设社会主义现代化国家而团结奋斗——在中国共产党第二十次全国代表大会上的报告(2022年10月16日)》,人民出版社2022年版,第6页。

〔10〕 宋方青:《公共法律服务的科学内涵及核心要义》,载《中国司法》2019年第8期。

设作为工作的重中之重，即要保证国家政权“人民性”的本质，实现“发展为了人民，发展依靠人民，发展成果由人民共享”的改革目标，维护和保障社会公共利益。这一人民性的强调，与中国共产党对于人民至上的坚持是分不开的。人民性是马克思主义的本质属性，而一切以马克思理论为指导的政党，都必须将民众需求作为最根本的工作目标与工作宗旨。我国公共法律服务体系建设的底层思路，便是在全社会范围内展开的均等、普惠的法律服务产品输出，这一体系建设的根本目的也就是以人民为中心，无论是保障人权还是促进法治建设，一切体系目标的设立与实践，最终都要落到人民这个核心要义上。

公共法律服务体系这一概念，从诞生之初便与中国共产党领导下的中国特色社会主义绑定在一起。公共法律服务作为我国独创的理论与制度体系，其在理念指引的层面与域外相关实践产生了截然不同的区别。与前文所述的法治规训活动的良善性相联系，公共法律服务体系从一开始便在价值取向上体现出以人民为中心的特色。从无偿提供法律服务，到整体性的法律服务供给体系建设，其在价值上的理论基础便来自于马克思主义对于人民中心性的强调。并且，由这种人民中心所带来的其他价值，也围绕着政治保障，为我国公共法律服务的发展保驾护航。刘炳君认为，我国公共法律服务的基本特征包括以国家与政府的“善德”为基本内容的正义性，并且这种正义性正是中国共产党执政理念在公共法律服务领域的体现。[11]

基于党的领导与中国特色社会主义为我国公共法律服务体系带来政治保障的必要性及重要性，我国公共法律服务体系在建设与发展的过程中，必须做到以下几点：

---

〔11〕 刘炳君：《当代中国公共法律服务体系建设论纲》，载《法学论坛》2016 年第 1 期。

首先,坚持中国共产党的领导。在公共法律服务领域内坚持党的领导,以党的先进理论作为整体的发展指导思想,深入贯彻党的数次重要会议精神,将公共法律服务体系的建设与国家治理体系与治理能力现代化联系起来,通过公共法律服务体系的建设,提升国家与政府治理能力与水平。与"五位一体"总体布局、"四个全面"战略布局协调推进发展,共同为中国特色社会主义建设事业的成就做出独特贡献。

其次,坚持人民的主体地位。将以人民为中心的建设思想融入到我国公共法律服务体系建设的全过程,明确均等、普惠的发展方向,实现全时空全范围内的公共法律服务覆盖。在建设过程中明确人民群众在我国政治体制中的主体地位,突出人民群众作为国家主人的地位,在公共法律服务整体发展的过程中启发人民、服务人民,做到体系建设依靠人民,体系发展为了人民,体系建设成果由人民共享。

再次,坚持国家责任的主导地位。公共法律服务之公共性就在于其作为一种国家责任,是由国家向人民承担的责任在公共法律服务领域中的具体表现。"完备的中国特色社会主义公共法律服务体系,能够生产制度优势,并在发展中进一步改进,有力推动治理水平的提升。"〔12〕因而,坚持高质量高效率的公共法律服务产品输出,在无偿供给的基础之上,保证人民能够切实获得优质且有效的法律服务。这也是中国特色社会主义现代化建设中必须要承担的对人民的责任。

最后,有效发挥中国特色社会主义的制度优越性。中国特色社会主义的制度优越性之一就在于动员能力强,集中力量办大事的水平高。公共法律服务体系的建设并非一人一时便可以完成的,只有在中国特色社会主义旗帜的引导与凝聚下,各个社会成员才能够团

---

〔12〕 杨凯:《让公共法律服务成为核心竞争力重要标志》,载《人民法院报》2019年3月31日,第2版。

结一心,同心协力。

总之,中国共产党的领导以及中国特色社会主义制度,构成了我国公共法律服务建设与发展最坚实的政治保障。也只有在坚持党的领导、坚持中国特色社会主义制度的情况下,我国公共法律服务体系的建设与发展才能在正确的政治方向上不断前进。

二、推进法律规范制定的制度保障

我国公共法律服务体系的制度保障,主要由法律法规、相关政策文件、建设指南以及指引标准等内容构成。

首先,在法律法规方面,我国公共法律服务领域内的法律制度包括《宪法》《刑事诉讼法》《律师法》《人民调解法》《公证法》《法律援助法》等法律。其中,《宪法》《刑事诉讼法》《律师法》都属于部分内容与公共法律服务领域产生关联,而《人民调解法》《公证法》《法律援助法》则是我国公共法律服务重点项目领域的单行法律。这些单行法从机构设置、人员构成、服务流程以及相应责任承担等方面,对具体服务项目作出了规范性的指引,在我国公共法律服务体系建设中具有不可替代的重要作用。

在行政规章方面,我国公共法律服务领域内的行政规章包括以《公共法律服务意见》《公共法律服务规划》等文件为主干的33份行政部门规章,其中既包括整体性的体系建设规划,也包括具体服务项目的建设指引以及工作方法。在法律法规以外,多由司法部发布的行政规章,构成了我国公共法律服务体系在具体实践中的制度规范,也为全国各地公共法律服务的平台建设以及服务实践提供了相应的工作指引。

在政策文件方面,2014年中共中央《关于全面推进依法治国若干重大问题的决定》中正式提出了公共法律服务体系概念,为我国公共法律服务体系的诞生与独立提供了最早的表述由来与政策依据。此后,党的多项文件中都曾对我国公共法律服务体系的建设与发展作出战略部署。党的十九大和十九届二中、三中、四中全会以及党的二十大等重要会议中,均对推进公共服务高效便民、均等普惠的体系建设任务做出了指示。

此外,在实践中供给渠道以及服务平台建设的建设指南以及相关技术文件、各地政府按照中央指示出台的与公共法律服务领域相关的部门规章与工作文件,都在各地的具体实践中发挥着细节性的指引作用。总之,我国公共法律服务领域的制度保障,主要由以上各项规范性法律法规、规章文件、政策文件以及相应的建设指南以及技术文件构成。

但是,从我国公共法律服务建设的具体实践中可以看出,没有一部整体性的立法,已然对我国公共法律服务体系的进一步发展造成了阻碍。我国公共法律服务体系在服务内容上的碎片化、服务项目上的分散化以及服务平台的单一化现象表明,在现有的法律制度之上,一部整全性的、统摄全局的公共法律服务法的出台是十分必要的。

我国公共法律服务发端于具体实践,在公共法律服务体系整体概念还未提出之前,各项法律服务制度与产品的存在相对独立,因而其相关的制度建设也就缺少内在联系。如1996年出台的《律师法》便包含了法律援助的相关内容,而发源于革命战争时期的人民调解制度也在2010年便凭借着《人民调解法》的出台获得了独立的法律制度支持。这些公共法律服务相关领域的法律出台基本都早于公共法律服务体系概念的提出,因而在公共法律服务内容与项目体系化、整体化的过程中,这些实践因素也产生了一定的影响。党的重要会议上提出了公共法律服务体系概念之后,其概念的内涵与外延的定义与确认,主要依靠行政规章、政策文件以及学者解读等形式,但是由于这些形式缺乏权威性，且相关文件在服务内容、服务项目、服务职责上存在模糊甚至冲突的规定，这些文件尚难以承担起统领公共法律服务体系的重要职责。

因此，在呼唤公共法律服务法出台的同时，其实也是在呼唤着我国公共法律服务体系建设进入一个更加体系化、系统化的阶段。根据目前实践的状况，在制度保障方面，我国公共法律服务体系建设实践对于整体性法律制度的需求，主要包括：

首先，对于公共法律服务体系内涵的明确规定。我国公共法律服务的制度与实践都存在着体系性不足的问题，这一问题的根源在于我国公共法律服务体系内涵的不明确。由于缺乏权威法律文件的规定，学界也无法产生关于体系内涵的共识，那么公共法律服务体系的内涵以及外延就只能依靠着相关政策文件作暂时性的理解与解读。而一旦形成统一性法律的条件成熟，那么首先需要明确的问题，便是公共法律服务体系的内涵。

其次，对于公共法律服务体系建设项目之间关系的确定。我国公共法律服务的具体项目相对分散，且皆具有一定独立地位，因而在对其进行整合之时会产生一定的困难。比如，法律援助制度实践在20世纪末便得以确立，但是其与人民调解制度一直以来都并未产生联系，而一旦将此两者放入同一套体系框架下，便面临着如何处理制度间关系及位阶的问题。另外，由于公共法律服务项目在具体实践中并非一成不变，而是处于不断变化中的，如律师与公证制度，其皆经历了由国家全资负责到进行市场化改革的过程。在这一变化中，法律服务的公共属性变得模糊。如何处理这些项目与纯粹公益性的公共法律服务项目，则是我国公共法律服务制度需要填补的另一个问题。

最后，对于公共法律服务供给平台的统一问题。前文已有提及，虽然我国目前已经形成了多层级的服务供给实体平台以及非实体平台，但是平台之间的衔接，平台与其他政府机构之间的协调问题，仍然难以解决。并且，目前我国公共法律服务体系建设任务主要由司法部承担，而平台衔接与机构协调，并非单一部门能够完成的内容，因而对于多部门协调、多机关协同的需求就更为强烈。所以，统一的公共法律服务法律的出台，能够从国家法律的层面，为公共法律服务平台与机构的协调，提供更加权威的制度依据。

综上所述，在现有的制度体系以外，我国公共法律服务体系的进一步发展，亟需一部更具权威性的、体系性的公共法律服务法来统摄全局，为公共法律服务体系提供更加强有力的制度保障。

三、明确权责分配与实施的组织保障

在组织保障方面，目前我国公共法律服务体系主要由各级司法行政机关承担相应的建设与运营责任。《平台建设意见》中指出，在公共法律服务平台建设过程中，各个区位的司法行政机关作为公共法律服务体系建设的工作核心，要提高重视程度，积极主动地推进工作，争取将相应的体系建设以及供给渠道建设融入各项政府规划、建设工程以及考评标准中，促进建设积极性，为体系建设争取相应的政策支持。司法行政部门中的上层决策机构，应当结合具体国情以及各个区位的特殊因素制定推进体系建设的计划与规划，并且在政策扶持与建设标准制定方面提供帮助。[13] 在中共中央办公厅与国务

〔13〕“各级司法行政机关要高度重视，主动作为，积极争取把平台建设纳入党委政府基本公共服务体系建设规划，纳入民生工程、平安建设和法治建设的重要内容，纳入政府绩效考核指标，为平台建设提供有力政策保障。省（区、市）司法厅（局）要结合本地实际制定建设方案，出台相关政策和标准，细化具体措施，加强工作指导，层层抓好落实。在推进公共法律服务实体平台建设中，要完善内部协调机制，明确职责分工，牵头部门负责实体平台总体推进工作，相关业务部门负责有关法律服务业务进驻和实施工作，形成工作合力。”参见司法部《公共法律服务意见》。

院办公厅合发的《公共法律服务意见》中，明确指出要切实强化组织领导、强化责任担当，决策单位与领导部门应当在建设实践开展的同时推进相关配套制度的制定与推行，在责任划分、统合协调、建设实效等方面作出明确规定。在司法部印发的《公共法律服务规划》中规定，各级司法行政机关应当起到公共法律服务体系建设沟通协调枢纽的重要作用，积极主动地牵头各大制度与项目的推进与实施，在整体建设规划方面进一步贴合各个区位的社会现实，保障建设成果能够真正满足社会需求。

上述行政规章与政策文件构成了我国公共法律服务体系整体关于组织保障的规定。其中，司法行政机关是我国公共法律服务体系建设的直接责任主体，其负责统合整体建设情况，完成整体设计的构建，明确责任分工，将设计内容具体落实，并在建设过程中争取其他部门的支持。政府应当为公共法律服务体系建设提供经济与政策上的扶持；而其他政府机关的职责主要为在体系建设推进的过程中制定相应配套政策，配合司法行政机关。这一行政组织层面的职责分担，形成了由司法行政机关整体牵头，其他部门配合，政府进行统筹与保障的组织保障格局。

此外，在单独的公共法律服务项目制度中，相应的行业协会、职能机构以及人民组织也构成了公共法律服务体系中组织保障的组成部分。比如在人民调解领域，人民调解委员会的性质为群众性组织，其主要承担着人民调解服务产品的具体供给职责，而司法行政部门负有指导职责，并由基层人民法院承担业务上的指导责任。在法律援助领域，人民法院、人民检察院、公安机关、律师协会与律师事务所等机构都依据相应的法定义务，为法律援助服务提供支持与保障，而司法行政部门在其中仅负有指导与监督的职责。因此，公共法律服务体系整体建设的组织保障与单个公共法律服务活动的组织保障并不完全统一，这一情况不但是我国公共法律服务体系碎片化在组织保障方面的体现，更凸显出统一公共法律服务法的必要性。

针对现有的组织保障的格局，结合公共法律服务整体国家责任的重要属性，得益于不同机关发布的政策文件以及相关法律的具体规定，我国公共法律服务体系的组织保障是全方位的、更加体系化的组织分工。

在法律服务队伍方面，我国公共法律服务体系的工作人员队伍构成相对复杂，既包括负责统筹协调、监督管理的司法行政机关工作人员，也包括由政府经费支持的专职服务人员，还包括各项细分公共法律服务项目机构中的常驻人员等。发布机关较为综合的《公共法律服务意见》对于公共法律服务队伍的构成与建设作出了明确的规定。公共法律服务队伍建设应当在规范化的道路上前进，在加强政治思想建设的同时，不断扩大党对于公共法律服务事业的组织覆盖与工作覆盖，要重点发挥公共法律服务队伍中党员的带头作用。此外，还应该根据具体区位内的社会需求针对性地调整公共法律服务队伍结构，稳步增加专业法律服务人员数量，增加政府对于法律顾问制度的支持与供应，科学有序地提高基层工作者队伍的数量及质量。可以看出，《公共法律服务意见》较为全面地对公共法律服务队伍建设作出了指示。

在公共法律服务队伍建设方面，《公共法律服务规划》指出应当通过各类奖惩机制以及培训机制，以保证公共法律服务队伍的规范化、职业化。具体而言，通过各类培训机构的培育以及职业证书准入等手段，在提升公共法律服务队伍整体专业性的同时，保证法律服务的高质量输出；通过对于职业伦理的强调与宣传，完善相关服务行为的工作规范，严格对于不符合工作流程与违规行为的惩戒规范公共法律服务队伍的服务行为，保证公共法律服务队伍的纯洁性；通过推进相关职称评审工作、完善工作激励机制等手段,促进公共法律服务队伍的工作积极性,保证公共法律服务的高效率。

综上,我国公共法律服务体系的组织保障,既包括以司法行政机关为主、各行政部门相互配合的组织分工,也包括专业化、职业化的公共法律服务队伍。

四、完善社会多方参与的供给保障

目前,我国公共法律服务体系的供给保障主要来源于各级政府的经费支持,这些经费支持的形式包括公共法律服务体系整体的经费支持,也涵盖单独法律服务项目上政府经费的支持与补贴。

《平台建设意见》指出,在公共法律服务平台建设中,要促进政府的常态化经费供应,争取专项经费与补偿机制的相关保障。平台建设的职责主要由司法行政部门牵头承担,因而需要由当地政府财政对于平台建设提供相应的经费承担。其中,平台建设的成本不但包括办公机构、网络平台等建设费用,还包括驻场法律服务人员以及政府购买公共服务相应的经费支出以及补贴。因此,在公共法律服务平台建设中,《平台建设意见》中所给出的指导意见并不具有强制性的规范效力,而仅能通过倡导的方式,指引司法行政机关争取财政部门的支持,争取平台建设与经费列入财政预算。

主要规定政府职责的《公共法律服务意见》指出,各级政府应当为公共法律服务体系建设的各项支出提供经费保障。具体包括,通过在政府购买服务的目录中为相关服务项目建立条目的方式,在政府采购的制度机制上为政府购买公共服务提供经费保障与制度保障。并且,在奖惩激励方面,政府应当主动实施针对公益性的服务项目的保障措施,对于积极投入公益性法律服务的组织与人员进行荣誉上的表彰和经济上的补贴,从而营造良好的服务氛围,并为公益性服务项目提供更多的吸引力。在资金供给方面,有条件的可以在财政支持之外向社会力量寻求帮助,拓展公共法律服务项目的供给渠道,通过鼓励、表彰等方式引导社会方面的资源流向公共法律服务领域,实现供给侧的开源。在体系整体发展的层面,上级政府应当均衡地区发展水平,为经济发展欠佳的区位提供更多的政策与财政支持,实现公共法律服务的空间协调发展。在该文件中,公共法律服务的经费支持渠道,除了上述文件所提到的方式,还包括在税收方面对法律服务提供机构给予一定的优惠,拓宽公共法律服务资金筹集渠道等手段。

在公共法律服务体系整体经费支持方式之外,单独服务项目也有相应的经费支持渠道。在法律援助领域,《法律援助法》明确规定县级以上的人民政府应当通过将相关经费纳入本级预算的方式对法律援助工作提供经费保障。[14] 在人民调解方面,《人民调解法》明确规定县级以上的人民政府应当对人民调解工作中的必要经费予以保障与支持,并且对表现突出的个人与组织按照国家规定基于表彰。并且,为保障人民调解员的工作热情,当地人民政府还负有提供误工补贴、必要时提供生活、医疗救助的经费保障义务。[15]

可以看出,我国公共法律服务体系的经费保障,是以政府直接提供资金支持为主要形式,政府购买法律服务、中央财政转移支付、给

〔14〕《法律援助法》第4条第2款规定:"县级以上人民政府应当健全法律援助保障体系,将法律援助相关经费列入本级政府预算,建立动态调整机制,保障法律援助工作需要,促进法律援助均衡发展。"

〔15〕《人民调解法》第6条规定:"国家鼓励和支持人民调解工作。县级以上地方人民政府对人民调解工作所需经费应当给予必要的支持和保障,对有突出贡献的人民调解委员会和人民调解员按照国家规定给予表彰奖励。"第16条规定:"人民调解员从事调解工作,应当给予适当的误工补贴;因从事调解工作致伤致残,生活发生困难的,当地人民政府应当提供必要的医疗、生活救助;在人民调解工作岗位上牺牲的人民调解员,其配偶、子女按照国家规定享受抚恤和优待。"

予税收优惠，筹集社会资金等形式为辅助的经费保障体系。在保障力度方面，由相关法律规定的单项法律服务项目保障力度较高，发布机关行政层级较高的《公共法律服务意见》中涵盖的项目经费保障力度也相对较为稳定，而诸如平台建设等由司法行政机关负主要责任的项目，只能通过“积极争取”的形式来确保建设经费的保障。

在现有的经费保障体系基础之上，我国公共法律服务体系若要进一步发展，则必须在以下方面做出改善：

首先，通过完善相关制度以确保经费支持。可以看出，公共法律服务的经费保障力度是建立在相关制度支撑之上的，也只有将公共法律服务的相关经费筹措、使用以及监管等制度以明确的制度化形式固定下来，才有可能对我国公共法律服务体系建设提供更加稳定且充足的经费支持。

其次，完善政府经费支持的相关途径。在政府纳入本级财政预算，为公共法律服务实践提供直接的经费支持之外，还可拓展政府购买服务、政府提供专项补贴、给予税收优惠等形式，从多种渠道多个角度地满足公共法律服务体系建设与发展的经费需求。科学合理的经费支持体系，也更有助于具体实践中服务人员工作热情的激发。

在此，拓展相关经费的筹措渠道。公共法律服务在“成本—收益”的角度来看是高成本但几乎无直接经济收益的，这一低性价比的行政职能承担，为政府财政带来了极大的支出压力。因而，通过各种渠道拓宽公共法律服务的资金来源，如慈善捐赠、依法设立公益基金会、在保证服务质量的基础上募集更多的志愿者等方式，均可以在不同程度上减轻政府财政压力。

综上所述，我国公共法律服务的经费保障现状仍需改进，而只有建成科学合理的经费支撑体系，才能够使我国公共法律服务体系可持续的健康发展。

第三节　加强公共法律服务监督体系建设

任何制度与体系的有效运作都需要处于一定的监督之下。我国公共法律服务体系整体在市场吸引力、资源供给等方面都存在着一定弱势，需求缺口较大，因而科学合理而又严厉的监督体系是保证有效的公共法律服务资源能够顺利运转以抵达需求侧，提高资源运转效率以及保证发展方向的重要手段。

公共法律服务作为公共服务体系的重要组成部分，对于其运作与实施的监督在必要性方面与其他公共服务项目类似，甚至由于涉及人权保障等具有后果严重性与紧迫性的体系特质，对于公共法律服务的监督的必要性较于其他服务项目更加紧迫。有学者指出，政府介入监督在本质上是规范行业运作，能够保障公共服务的供给效率、保障市场合理运作以及维护市场经营者与服务受众的利益平衡，最终促进公共服务的发展。〔16〕因此，针对具体的实践运作，建构起相应的监督体系是完成我国公共法律服务体系建设的必由之路。

在学理上，针对公共服务的监督措施可以按照不同分类标准进行分类讨论。如按照监督主体的体系定位，可以分为内部监督、外部监督以及第三方监督；按照监督对象的体系定位，可以分为针对内部管理的监督、针对经费保障的监督以及针对平台供给的监督；按照监督对象的性质，可以分为针对公权力机关的监督、针对相关机构的监督以及针对参与服务供给的市场主体的监督。此外，在具体的监督

〔16〕　王学庆：《垄断性行业的政府管制问题研究》，载《管理世界》2003年第8期。

方法上，还有立法监督、司法监督、行政监督、社会监督的法制监督体系，也有市场准入、价格监管以及质量监管的市场监督体系，更有相关信息公开、有限可诉、行业自律等实践监督方式。[17]

实际上，不同的监督措施分类所对应的分析角度也有区别，而不同的制度与体系特质对于监督方式与监督手段的需求也各不相同。我国公共法律服务体系在服务项目的体量上较为庞大，涉及的工作部门、供给平台、工作流程以及受众对象也较为广泛，因而需要针对公共法律服务体系的特殊之处建立起更加多元的监督体系。

一、落实主体多元的立体化监督

就监督主体而言，需要建立起多主体多元化的监督渠道。首先，在公共法律服务体系内部建立起相应的监督架构。以全国各级司法行政部门为管理主体与核心，建立起对于其他工作部门、业务主体的监管机制。由于我国公共法律服务体系建设与供给的具体推进责任集中于司法行政部门，因而司法行政部门在对于公共法律服务相关的服务内容、工作流程、政策理解以及制度架构等方面存在较大的信息优势与制度优位。在监督公共法律服务体系各主体各环节的运行时，司法行政部门能够更加专业、高效地判断出任务执行状况以及服务供给质量的具体情况，因而在效率和效力上司法行政机关都应当是公共法律服务内部监督的重要核心。全国各层级司法行政机关作为公共法律服务运作的管理枢纽，在与其他机关沟通协调时，将业务指导与监督融入日常交互中，能够有效地发挥内部监督在专业性、及时性、主动性以及实效性方面的优势。

其次，在公共法律服务体系外部构筑起高效畅通的监督渠道。

---

〔17〕 杨凯：《论现代公共法律服务多元化规范体系建构》，载《法学》2022 年第 2 期；杨清望：《公共服务法治化研究》，中南大学出版社 2020 年版，第 231－233 页。

在公共法律服务的运作与供给过程中,社会方面的反馈信息以及舆论评价都能够直接反映公共法律服务在具体实践中的工作状况。对于体系外部的负面信息反馈以及社会舆论的批评,应当建立起及时有效的沟通交流渠道以及相应的改进机制,用以处理相关监管性质的信息。例如,云南省在设立热线平台的管理办法中,明确规定热线平台的运营方需要成立投诉处理团队,并且管理部门应当针对服务工作质量展开考核与评选活动。[18] 诸如此类的外部信息收集与处理机制,能够有效且及时地将公共法律服务的实践状况与受众感受反映至体系内部,进而为工作改进与体系发展提供更加真实的参考材料以及更加明确的改进目标。

最后,需要依托第三方力量完成专业化、多元化监督。我国公共法律服务体系的建立与发展主要是通过自上而下的模式推动的,具体服务内容的实施与运作都离不开政策文件以及相关理论的指导,因而对于公共法律服务体系实施情况的精确评价与监督需要一定的专业性。在此基础之上,可以根据具体区位的监督力量情况,聘请高校、研究机构以及行业专家等第三方专业力量对于公共法律服务体系的建设以及运作状况给出诊断。在 2019 年中共中央办公厅与国务院办公厅合发的《公共法律服务意见》要求探索引入第三方评估机制,并且要展开群众满意度调查,以服务受众的真实感受作为公共法律服务的工作成效。具体而言,无论是专业化的科学评估,还是广泛的民意收集与信息分析,都需要专业研究机构与评估调查机构参与进行,因而将这些专业力量纳入我国公共法律服务的第三方监督体系,能够更加科学合理地诊断出公共法律服务的具体工作情况,并且

---

〔18〕《云南省 12348 公共法律服务热线平台使用管理办法》第 11 条规定。

有效地获得专业信息反馈,切实提升监督实效。[19]

二、强化聚焦监督客体的针对性监督

就监督客体而言,需要针对不同的公共法律服务运作环节建立起有针对性的监督机制。在明确了我国公共法律服务需要多元的监督主体后,还需要对监督的内容进行精确定位。

首先,针对体系整体建设状况的监督。根据我国公共法律服务体系以人民为中心、体现公平正义、以现代化为指向的发展理念与核心要义,[20]加之由政策驱动的自上而下建设模式,我国公共法律服务的整体建设需要有一个强劲的驱动核心以达致较为理想的体系目的与制度架构。而在自上而下的建设过程之中,各类政策文件精神以及相应的制度理念不一定能够顺畅地传递到体系建设的最前线,对于公共法律服务体系建设的认识不到位、支持不到位、建设不到位的情况尚有存在。[21] 并且,在国家层面的政策体系尚未完备时,各地方对于公共法律服务体系建设的建设思路以及配套制度实施,都存在着较大的自由空间。这些自由发挥的空间虽然能够有效发挥地方建设的积极性,探索符合地方特色的建设模式,但是也为全国统一推进的体系建设与法治统一留下一定的隐患。甚至,由于认识不到位与资源供给相对缺乏,公共法律服务建设缓慢甚至缺位的情况也有发生,而公共服务建设中的最严重的问题便是公共服务的缺位。

---

〔19〕 具体第三方评估与监督方式参见杨凯:《论现代公共法律服务多元化规范体系建构》,载《法学》2022 年第 2 期;黄孟苏:《如何推进公共法律服务标准化建设》,载《人民论坛》2020 年第 15 期。

〔20〕 宋方青:《公共法律服务的科学内涵及核心要义》,载《中国司法》2019 年第 8 期。

〔21〕 例如,青岛市公共法律服务体系建设的具体情况以及相应问题,参见朱玉玲、刘晨玥:《青岛市公共法律服务体系建设初探》,载《中共青岛市委党校 青岛行政学院学报》2015 年第 3 期。

因而,需要针对公共法律服务体系建设的整体情况进行监督,对推进体系建设的责任主体进行常态化的监督与评价,督促相关责任主体担起公共法律服务体系的建设责任,提升公共法律服务体系建设的效率,使体系建设与发展融入法治建设的整体工程中,落实公共法律服务对于社会发展以及法治建设的推动功能。

其次,针对公共法律服务经费运作状况的监督。面对社会层面对于法律服务的广泛需求,公共法律服务体系需要针对长期存在结构性缺口的供给资源予以更加严格的管控。在经费保障方面已经明确,各级政府应当将公共法律服务的建设费用纳入本级预算,但是相关经费预算的使用方式与使用途径则需要相应的观察与控制。在政府购买、平台建设、人力支出等方面,应当建立合理的支出预算,相关价格应当与本地经济发展水平相适应,并接受相应的审计监督,并且需要针对经费支出的各类项目制定基于服务质量标准的评估体系,有效监督经费支出的购买质量,合理评估每一笔经费所带来的公共法律服务产品效力,精打细算提升从经费支出到服务供给的有效转换。此外,及时有效地做好信息公开,落实各项公共法律服务内容,让公众获得关于服务项目的各类信息,以完成对于项目经费支出的外部监督。甚至可以在预算支出与项目建设过程中引入公众参与,在与人民群众的沟通与互动之中,完成公共法律服务项目的有效建设以及对于经费支出的透明化监督。这一举措不但在宣传效率与服务质量上能够提升公共法律服务的整体效能,也在树立“为人民服务”的制度理念上完成了对于公共法律服务体系目的的推进。

最后,针对公共法律服务具体供给质量的监督。服务具体供给虽然处于公共法律服务体系运作的最末端,但是其供给质量直接决定了公共法律服务,体系目的能否达成。在实践中,一次公共法律服务的到位与否,将直接影响着受众的具体体验,因而需要针对具体供给的质量进行评估与监督。具体而言,在实体平台中服务人员的专业程度、服务态度以及时间长度,都会在不同程度上影响着法律服务的质量,因而需要针对具体服务的供给流程、服务内容进行统一的规定,并且将服务人员在每一件服务项目中获得的反馈都纳入考核,真正做到监督群众所体验的、考核群众所看重的。例如,天津市为提高群众满意度,提高服务供给质量,出台了领导干部接待日机制,运用领导班子对于服务供给的巡查,以及对于群众意见的听取,倒逼服务供给侧整肃服务质量、端正服务态度,实现了扎实有效的监督。〔22〕并且,在监督具体服务人员服务质量的同时,也需要明确相关平台特别是非实体平台的具体服务职责并形成监督。非实体平台由于不具有固定的办公场所,也不承担过多的实体服务压力,因而其实际运营人员与责任人员较实体平台更容易出现服务质量不佳的现象。针对非实体平台这一特性,应当定期检查热线平台以及网络平台的服务状态,通过访问、抽查、民意调查等方式对非实体平台的服务质量进行监控,并采取与实体平台相区别的评判、考核标准,以实现更加贴合平台特性的有效监督。

三、开展多领域的综合性监督

在监督主体与客体的分类之外,仍有众多具体的监督措施可用以控制公共法律服务体系的运作。

在法制监督方面,立法、司法、行政等方面对于公共法律服务体系的监督不可或缺。其中,立法监督主要体现在各项单行法律对于具体服务项目的规定,如人民调解与法律援助等,均有着细致且综合

---

〔22〕 王红卫等:《公共法律服务均等化的研究与探索》,载《中国司法》2021 年第 3 期。

的法律制度体系对其服务标准、工作流程作出相应的规定与限制。此外，各地为呼应国家政策而出台的相关地方法规也为公共法律服务在具体区域内的运作划定界定、提供指导，并且为相应的监督活动提供了制度依据。司法监督主要体现在针对公共法律服务运作过程中的部分行为提供诉讼救济，并且对于特定情节的行为追究刑事责任。例如，在法律援助服务项目中，根据《法律援助法》的相关规定，国家机关及其工作人员在法律援助工作中未尽职尽责且情节构成犯罪的，需要依法追究刑事责任。行政方面，在公共法律服务运作过程中，行政行为如果未合法合理地回应行政相对人，违反了相关法律法规，则可以通过申述、申请复议等方式，要求行政系统内部对于公共法律服务责任主体进行监督与纠正。

与诉诸法律规定的监督相区别，行业监督作为要求更高的自律体系，其对于行业惯习的维护以及对行业成员的监督与惩戒，更能够贴合行业特点，针对行业内部的痛点进行监督。例如，在律师服务等方面，当事人可以通过向行业协会进行投诉等方式，在维护自身合法权益的同时，完成对于法律服务的行业监督。与此类似，在法律咨询、综合性法律服务等方面，均可以通过行业协会对具体的法律服务供给方完成监督。因此，行业内部监督在法律规定之外，补全了相关业内有可能影响到公共法律服务质量的部分，因而成为我国公共法律服务监督体系中不可或缺的一部分。

综上所述，我国公共法律服务的监督体系，需要在贴合体系特点的基础上，实现多层级多主体的广泛监督，并且围绕着服务质量这一实现体系目的的关键点，完成对于公共法律服务具体运作状态的评价，获取建设进程与供给状态的重要信息，并以此修正与完善公共法律服务体系的发展进路。

本章小结

本章通过对于我国公共法律服务体系的建设过程需求的分析，得出能够保障我国公共法律服务体系顺畅运行的平台建设方案以及相应的保障体系与监督体系。其中，公共法律服务的实体平台与非实体平台的分工合作、相互衔接，为相应的公共法律服务产品提供了更加高效且便利的供给渠道，令社会公众能够更加及时地获取法律服务。而公共法律服务的政治保障、制度保障、组织保障以及经费保障，共同构成了支撑我国公共法律服务体系建设与发展的各类必要因素。针对公共法律服务有效供给的多层级监督体系，在保证体系目的达成，推进法治建设总进程方面具有不可替代的作用。总之，只有在完成良好的平台建设，实现稳定的保障体系以及确立多层次的监督体系后，我国公共法律服务体系建设才能够真正落实到实践中，完成其保障人权、促进法治发展的体系目的，为中国式法治现代化的真正落地提供助力。

结　语

随着管理型政府到服务型政府的职能定位转变，为人民提供公共服务在我国逐渐成为法治政府建设的应有之义，公共法律服务作为政府供给公共服务的重要组成部分，由政府统筹协调，业已成为实现法律服务均等化和社会创新治理、国家治理能力现代化的重要制度安排。

从法治建设方法论的角度来看，公共法律服务的法治环境建设功能使其与法治建设整体工程联系紧密，公共法律服务也就借由法治环境建设功能获得了在实践领域的必要性。通过对于公共行政领域的考察可得出，公共法律服务作为法律领域的公共服务，其对于人民性以及公共利益的追求，成为其凸显公共底色、展现体系现代化特质的重要因素。从市场调控的角度对公共法律服务进行观察，则可以得出在政府必须干预法律服务市场的前提下，促进法律服务市场健康发展的必要条件，就是公权力机关对于公共法律服务体系建设职责的承担。

从历史演进的角度来看，我国公共法律服务体系经历了孕育奠基、逐步积淀以及发展完善三个时期。在此三个时段的发展过程中，我国公共法律服务体系的历史演进呈现出从无到有、从依附到独立的发展特征，并且其形态受到社会历史背景的强烈影响。在与法治建设同步推进的过程中，我国公共法律服务体系形成了极具特色的制度实践与立法成果。其中包括横纵交错的制度架构以及重点项目的立法里程碑。

然而，由于实践先行、政策主导、理论研究滞后的特殊发展历程，我国公共法律服务体系大体上形成以实践经验为主的内容架构，其中的服务事项呈现出杂乱且碎片化的特征，难以统合为一个整体。当前阶段，社会矛盾纠纷日益复杂、社会意识相对滞后，我国公共法律服务体系在法治环境建设方面需要做出更多努力。法律服务资源分布不均，法律服务资源稀缺等问题也将成为我国法律服务体系健康发展的阻碍。最后，由于我国公共法律服务的实施依附于行政机关，这使得相关服务的落实必须面对行政体制所带来的内耗甚至缺位。

针对我国公共法律服务内容体系的统合问题，本书认为应当发挥法治建设作为体系目标的统合功能，在统一目标的指引下调和各服务项目之间的定位问题，从而形成以法治建设为主轴的公共法律服务内容体系。为应对历史惯性带来的法治建设挑战，应当将公共法律服务体系中的法治宣传项目深化为法治文化建设，通过作用于社会意识层面的文化与价值观建设，实现法治环境建设的体系功能。在应对服务资源结构性不足的问题中，应当将解决供给问题的思路拓展为推进社会法律服务市场的整体建设，只有政府供给与市场建设同时推进，才能够从源头上解决法律服务供给问题。在基层社会治理方面，应当将人民调解拓展为社会矛盾纠纷化解机制的整体推进，在公共法律服务体系建设的带头作用下，借助相关理论的统合，促进各项纠纷化解方式的衔接与融合，从而形成极具中国智慧的社会治理方案。

最后，在公共法律服务体系整体的平台运作方面，平台建设不能仅停留在规模扩张的层面，而要在强化服务效果、规范服务程序、促进各平台的信息沟通与衔接、推进信息化数字化服务等方面深化建设成果,使社会公众能够更加高效便捷地从各类供给渠道获取所需的公共法律服务。在保障与监督体系方面,应当坚持完善政治、制度、组织以及供给等保障体系,对公共法律服务的运作提供有效支撑。在体系建设与发展过程中,通过多主体多层级的严密监督体系,围绕着服务实效这一关键点,完成对于公共法律服务体系运作的有效控制。

党的二十大报告指出,我们所处的是一个充满挑战的时代,也是一个充满希望的时代。在国家治理体系与治理能力现代化的路上,在全面推进依法治国的征程上,在法治建设不断深入的工程上,我国公共法律服务肩负着不可替代的责任。而只有把握新发展阶段、贯彻新发展理念,坚持以人民为中心,才能够抓住机遇、不断进取,谱写中国特色社会主义现代化的新篇章。

参考文献

一、著作类

(一)中文著作

1. 卞建林等:《中国司法制度基础理论研究》,中国人民公安大学出版社 2013 年版。

2. 陈柏峰:《传媒监督的法治》,法律出版社 2018 年版。

3. 陈昌盛、蔡跃洲编著:《中国政府公共服务:体制变迁与地区综合评估》,中国社会科学出版社 2007 年版。

4. 陈振明等:《公共服务导论》,北京大学出版社 2011 年版。

5. 程维荣等:《新中国司法行政 60 年》,上海社会科学院出版社 2009 年版。

6. 重庆市人民检察院政治部编:《法律监督的理论与实践》,中国检察出版社 2017 年版。

7. 杜飞进:《中国的治理:国家治理现代化研究》,商务印书馆 2017 年版。

8. 樊崇义编著:《法律援助制度研究》,中国人民公安大学出版社 2020 年版。

9. 樊崇义、施汉生主编:《中国法律援助制度发展报告 No. 1(2019)》,社会科学文献出版社 2019 年版。

10. 冯仕政:《社会治理新蓝图 · 社会卷》,中国人民大学出版社 2017 年版。

11. 高贞:《法律援助理论与实践》,法律出版社 2014 年版。

12. 郭春甫:《公共服务测量:动机、合作与质量的视角》,吉林大学出版社 2020 年版。

13. 贺林波、李燕凌:《公共服务视野下的公法精神》,人民出版社 2013 年版。

14. 何士青:《人的全面发展的法治向度研究》,中国社会科学出版社 2020

年版。
15. 胡建淼:《行政法学》,法律出版社 1998 年版。
16. 胡鞍钢等:《中国国家治理现代化》,中国人民大学出版社 2014 年版。
17. 姜晓萍等:《基本公共服务均等化:知识图谱与研究热点述评》,中国人民大学出版社 2016 年版。
18. 姜晓萍等:《城乡基本公共服务均等化的实现机制与监测体系》,人民出版社 2020 年版。
19. 季卫东:《通往法治的道路:社会的多元化与权威体系》,法律出版社 2014 年版。
20. 李德国:《理解公共服务:基于多重约束的机制选择》,科学文献出版社 2017 年版。
21. 李军鹏:《公共服务型政府》,北京大学出版社 2004 年版。
22. 李少平主编:《人民法院诉讼服务理论与实践研究》,法律出版社 2015 年版。
23. 李燕凌、贺林波:《公共服务视野下的政府责任法治》,人民出版社 2015 年版。
24. 李卓:《基本公共服务供给与减贫:来自秦巴山区 A 县的田野叙事》,社会科学文献出版社 2021 年版。
25. 梁德超主编:《司法行政两个体系理论与实践》,法律出版社 1997 年版。
26. 刘志昌:《中国基本公共服务均等化的变迁与逻辑》,中国社会科学出版社 2014 年版。
27. 刘思达:《失落的城邦——当代中国法律职业变迁》,北京大学出版社 2008 年版。
28. 刘玉姿:《政府购买公共服务立法研究》,厦门大学出版社 2016 年版。
29. 龙飞:《多元化纠纷解决机制促进法研究》,中国人民大学出版社 2020 年版。
30. 马长山:《迈向数字社会的法律》,法律出版社 2021 年版。
31. 马国贤:《政府预算理论与绩效政策研究》,中国财政经济出版社 2008

年版。
32. 麻宝斌等:《十大基本政治观念》,社会科学文献出版社 2011 年版。
33. 毛程连主编:《西方财政思想史》,经济科学出版社 2003 年版。
34. 容志等:《公共服务需求分析:理论与实践的逻辑》,人民出版社 2019 年版。
35. 孙国华、周元:《公平正义——社会主义法治的核心价值》,中国人民大学出版社 2014 年版。
36. 孙业群:《司法行政权的历史、现实与未来》,法律出版社 2004 年版。
37. 汪丁丁:《新政治经济学讲义》,上海人民出版社 2013 年版。
38. 汪世荣、褚宸舸:《枫桥经验——基层社会治理体系和治理能力现代化实证研究》,法律出版社 2018 年版。
39. 王雁红:《公共服务合同外包:理论、实际运作与风险控制》,清华大学出版社 2019 年版。
40. 吴轼等主编:《珠海法治发展报告 No. 4(2022)》,社会科学文献出版社 2022 年版。
41. 谢来位:《公共服务协同供给的制度创新研究》,中国社会科学出版社 2019 年版。
42. 谢志强:《社会治理研究》,人民出版社 2020 年版。
43. 辛方坤:《地方政府公共服务供给及其优化研究》,上海社会科学院出版社 2014 年版。
44. 熊秉元:《正义的成本:当法律遇上经济学》,东方出版社 2013 年版。
45. 许同禄、刘旺洪主编:《公共法律服务体系建设的理论与实践》,江苏人民出版社 2014 年版。
46. 杨冠琼等:《基本公共服务均衡化与政府行为优化》,经济管理出版社 2018 年版。
47. 杨凯:《公共法律服务元年新观察》,中国社会科学出版社 2020 年版。
48. 杨凯等:《公共法律服务学导论》,中国社会科学出版社 2020 年版。
49. 杨凯等:《公共法律服务体系建构新视野》,中国社会科学出版社 2020

年版。
50. 杨凯等:《公共法律服务体系建构及其评价标准研究》,中国社会科学出版社 2020 年版。
51. 杨清望:《公共服务法治化研究》,中南大学出版社 2020 年版。
52. 杨寅主编:《公共服务政府与行政程序构建》,法律出版社 2006 年版。
53. 俞可平:《走向善治——国家治理现代化的中国方案》,中国文史出版社 2016 年版。
54. 周晓霞:《僭越与规范:我国公益律师群体形成机制研究》,法律出版社 2016 年版。
55. 张康之:《行政伦理的观念与视野》,中国人民大学出版社 2008 年版。
56. 章武生:《中国律师制度研究》,中国法制出版社 1999 年版。
57. 张小劲、于晓虹编著:《推进国家治理体系和治理能力现代化六讲》,人民出版社 2014 年版。
58. 中共中央党史和文献研究院编:《十八大以来重要文献选编》(下),中央文献出版社 2018 年版。
59. 中共中央宣传部编:《习近平总书记系列重要讲话读本(2016 年版)》,学习出版社、人民出版社 2016 年版。
60. 中共中央文献研究室编:《习近平关于社会主义建设论述摘编》,中央文献出版社 2017 年版。

(二)中文译著

1. [美]戴维·奥斯本、[美]特德·盖布勒:《改革政府:企业家精神如何改革着公共部门》,上海市政协编译组、东方编译所编译,上海译文出版社 1996 年版。
2. [美]戴维·奥斯本、[美]彼得·普拉斯特里克:《再造政府:政府改革的五项战略》,谭功荣、刘霞译,中国人民大学出版社 2014 年版。
3. [美]戴维·H. 罗森布鲁姆、[美]罗伯特·S. 克拉夫丘克:《公共行政学:管理、政治和法律的途径》(第 5 版),张成福等校译,中国人民大学出版社 2002 年版。

4. [美]丹尼尔·埃斯蒂:《超国家空间中的善治:全球行政法》,林泰译,法律出版社 2018 年版。
5. [美]道格拉斯·C. 诺思:《制度、制度变迁与经济绩效》,杭行译,格致出版社、上海人民出版社 2008 年版。
6. [美]珍妮特·V. 登哈特、[美]罗伯特·B. 登哈特:《新公共服务:服务,而不是掌舵》(第 3 版),丁煌译,中国人民大学出版社 2016 年版。
7. [美]迈克尔·桑德尔:《公正:该如何做是好?》,朱慧玲译,中信出版社 2012 年版。
8. [德]杰德·施瓦茨:《公共部门共享服务中心》,张庆龙译,中国财经出版社 2020 年版。
9. [法]狄骥:《公法的变迁》,郑戈译,中国法制出版社 2010 年版。
10. [法]让·里韦罗、[法]让·瓦利纳:《法国行政法》,鲁仁译,商务印书馆 2008 年版。
11. [法]让-皮埃尔·戈丹:《何谓治理》,钟震宇译,社会科学文献出版社 2010 年版。
12. [英]洛克:《政府论》(下篇),叶启芳、瞿菊农译,商务印书馆 1964 年版。
13. [英]尼尔·麦考密克:《法律推理与法律理论》,姜峰译,法律出版社 2018 年版。

(三)英文著作

1. H. Addink, *Good Governance: Concept and Context*, Oxford University Press, 2019.
2. Austin, *The Province of Jurisprudence Determined*, Weidenfeld & Nicholson, 1954.
3. C. V. Brown, P. M. Jackson, *Public Sector Economics*, Macmillan Education, 1995.
4. S. Goldsmith, D. F. Kettl, *Unlocking the Power of Networks: Keys to High-Performance Government*, Brookings Institution Press and Ash Center for Democratic Governance and Innovation, 2009.

5. M. H. Moore, *Creating Public Value: Strategic Management in Government*, Harvard University Press, 1995.

6. Patrick Dunleavy, *Big Era Governance: IT Corporations, the State, and E-Governance*, Oxford University Press, 2006.

7. J. Rawls, *A Theory of Justice*, Harvard University Press, 2020.

二、期刊类

(一)中文期刊

1. 安宁、潘越:《乡村振兴视域下政府提供公共法律服务的现代化治理路径》,载《河北法学》2023年第3期。

2. 包国宪、王学军:《以公共价值为基础的政府绩效治理——源起、架构与研究问题》,载《公共管理学报》2012年第2期。

3. 曹胜亮:《全面推进依法治国的困境与求索——以国家治理体系和治理能力现代化为视角》,载《法学论坛》2015年第1期。

4. 陈柏峰:《送法下乡与现代国家建构》,载《求索》2022年第1期。

5. 陈柏峰:《法治社会建设的主要力量及其整合》,载《法律和政治科学》2019年第1期。

6. 陈朝兵:《农村公共法律服务:内涵、特征与分类框架》,载《学习与实践》2015年第4期。

7. 陈海威:《中国基本公共服务体系研究》,载《科学社会主义》2007年第3期。

8. 陈进华:《治理体系现代化的国家逻辑》,载《中国社会科学》2019年第5期。

9. 陈景辉:《法治必然承诺特定价值吗?》,载《清华法学》2017年第1期。

10. 陈金钊:《"用法治化解社会主要矛盾"的话语系统融贯》,载《吉林大学社会科学学报》2019年第5期。

11. 陈云良、寻健:《构建公共服务法律体系的理论逻辑及现实展开》,载《法学研究》2019年第3期。

12. 戴康、许中波:《公共法律服务的城市社区治理逻辑与路径》,载《城市问题》2020 年第 6 期。
13. 戴康:《城市社会治理中的公共法律服务》,载《上海交通大学学报(哲学社会科学版)》2021 年第 4 期。
14. 丁元竹:《界定基本公共服务及其绩效》,载《国家行政学院学报》2009 年第 2 期。
15. 董保华:《"广义社会法"与"中义社会法"——兼与郑尚元、谢增毅先生商榷》,载《东方法学》2013 年第 3 期。
16. 杜辉:《面向共治格局的法治形态及其展开》,载《法学研究》2019 年第 4 期。
17. 方世荣、付鉴宇:《论法治社会建设中的政府购买公共法律服务》,载《云南社会科学》2021 年第 3 期。
18. 樊崇义:《中国法律援助制度的建构与展望》,载《中国法律评论》2017 年第 6 期。
19. 高国梁:《公共法律服务体系的欠缺与优化》,载《人民论坛》2019 年第 15 期。
20. 高国希:《国家治理现代化进程中的依法治国与以德治国关系研究》,载《复旦学报(社会科学版)》2019 年第 4 期。
21. 龚向和:《社会权的概念》,载《河北法学》2007 年第 9 期。
22. 顾培东:《中国法治的自主型进路》,载《法学研究》2010 年第 1 期。
23. 郭春镇:《从"神话"到"鸡汤"——论转型期中国法律信任的建构》,载《法律科学(西北政法大学学报)》2014 年第 3 期。
24. 郭春镇:《作为中国政法话语的表达权》,载《法学家》2021 年第 5 期。
25. 郭道晖:《尊重公民的司法参与权》,载《国家检察官学院学报》2009 年第 6 期。
26. 郭道晖:《法治行政与行政权的发展》,载《现代法学》1999 年第 1 期。
27. 郭名宏:《公共法律服务体系有效推进的价值、困境与超越》,载《社会科学家》2016 年第 8 期。

28. 韩大元:《宪法文本中"人权条款"的规范分析》,载《法学家》2004 年第 4 期。

29. 韩万渠:《公共服务质量评价机制及其路径创新》,载《中国特色社会主义研究》2015 年第 5 期。

30. 韩延龙:《我国人民调解工作的三十年》,载《法学研究》1981 年第 2 期。

31. 黄东东:《公共法律服务与信息技术:域外经验与中国问题——以法律援助为例》,载《电子政务》2017 年第 1 期。

32. 黄东东:《法律援助案件质量:问题、制约及其应对——以 C 市的调研为基础》,载《法商研究》2015 年第 4 期。

33. 黄东东、张娜:《基本公共法律服务视野下的法律援助均等化研究》,载《山东社会科学》2020 年第 6 期。

34. 黄东东、张锐:《数字技术、国家治理与公共法律服务制度改革》,载《学习论坛》2021 年第 3 期。

35. 湖南省司法厅课题组、谈敬纯:《建立健全公共法律服务体系供需机制的思考》,载《中国司法》2016 年第 4 期。

36. 黄娟:《人权视域中的农村法律援助》,载《人权》2018 年第 4 期。

37. 黄孟苏:《如何推进公共法律服务标准化建设》,载《人民论坛》2020 年第 15 期。

38. 何显明:《政府转型与现代国家治理体系的建构——60 年来政府体制演变的内在逻辑》,载《浙江社会科学》2013 年第 6 期。

39. 江畅:《论当代中国价值观构建》,载《马克思主义与现实》2014 年第 4 期。

40. 蒋立山:《迈向"和谐社会"的秩序路线图——从库兹涅茨曲线看中国转型时期社会秩序的可能演变》,载《法学家》2006 年第 2 期。

41. 姜明安:《改革、法治与国家治理现代化》,载《中共中央党校学报》2014 年第 4 期。

42. 姜明安:《软法的兴起与软法之治》,载《中国法学》2006 年第 2 期。

43. 姜晓萍、郭金云:《基于价值取向的公共服务绩效评价体系研究》,载《行政论坛》2013 年第 6 期。
44. 姜晓萍、陈朝兵:《公共服务的理论认知与中国语境》,载《政治学研究》2018 年第 6 期。
45. 蒋银华:《政府角色型塑与公共法律服务体系构建——从“统治行政”到“服务行政”》,载《法学评论》2016 年第 3 期。
46. 蓝志勇、魏明:《现代国家治理体系:顶层设计、实践经验与复杂性》,载《公共管理学报》2014 年第 1 期。
47. 雷刚:《协同学视角下京津冀公共法律服务协同机制研究》,载《北京社会科学》2023 年第 1 期。
48. 李步云、邓成明:《论宪法的人权保障功能》,载《中国法学》2002 年第 3 期。
49. 李春仙:《实施“互联网 + 公共法律服务”的路径探析》,载《人民论坛》2019 年第 26 期。
50. 李清伟:《论服务型政府的法治理念与制度构建》,载《中国法学》2008 年第 2 期。
51. 李婷婷:《交互视域:人民调解委员会组织生产与流变的逻辑》,载《社会主义研究》2011 年第 3 期。
52. 李拥军:《中国法治主体性的文化向度》,载《中国法学》2018 年第 5 期。
53. 李晓昀:《广西政府购买公共法律服务的双重逻辑与实践进路》,载《广西社会科学》2021 年第 11 期。
54. 刘炳君:《当代中国公共法律服务体系建设论纲》,载《法学论坛》2016 年第 1 期。
55. 刘国臻、唐燕勤:《广西城市更新领域推行公共法律服务的路径探析》,载《广西大学学报(哲学社会科学版)》2022 年第 3 期。
56. 刘恒:《论国家治理法治化的体系建构与路径选择》,载《吉林大学社会科学学报》2019 年第 3 期。
57. 刘淑妍、李斯睿:《智慧城市治理:重塑政府公共服务供给模式》,载《社会科学》2019 年第 1 期。

58. 刘杨:《正当性与合法性概念辨析》,载《法制与社会发展》2008 年第 3 期。
59. 刘作翔:《当代中国的规范体系:理论与制度结构》,载《中国社会科学》2019 年第 7 期。
60. 马长山:《智慧社会背景下的“第四代人权”及其保障》,载《中国法学》2019 年第 5 期。
61. 马亮:《公众参与的政府绩效评估是否奏效:基于中国部分城市的多层分析》,载《经济社会体制比较》2018 年第 3 期。
62. 容志:《公共服务监督体系的逻辑建构:决策、过程与绩效》,载《中国行政管理》2014 年第 9 期。
63. 司马俊莲:《民族地区公共法律服务体系的建设与完善——以恩施州“律师三进”模式为例》,载《中南民族大学学报(人文社会科学版)》2019 年第 2 期。
64. 施雪华:《“服务型政府”的基本涵义、理论基础和建构条件》,载《社会科学》2010 年第 2 期。
65. 石佑启、杨治坤:《中国政府治理的法治路径》,载《中国社会科学》2018 年第 1 期。
66. 舒国滢:《求解当代中国法学发展的“戴逸之问”——舒国滢教授访谈录》,载《北方法学》2018 年第 4 期。
67. 宋方青:《现代公共法律服务整合提升的保障机制》,载《中国司法》2022 年第 5 期。
68. 宋方青:《习近平法治思想中的立法原则》,载《东方法学》2021 年第 2 期。
69. 宋方青:《立法能力的内涵、构成与提升以人大立法为视角》,载《中外法学》2021 年第 1 期。
70. 宋方青:《实现司法与政治之间的平衡》,载《法制与社会发展》2014 年第 6 期。
71. 宋方青、邱子键:《论基本公共法律服务的供给侧结构性改革》,载《东南学术》2023 年第 1 期。
72. 宋方青、张向宇:《公共法律服务体系建构的三重逻辑》,载《华东政法大学学报》2022 年第 6 期。
73. 宋方青、李书静:《比较视野下的中国公共法律服务建构》,载《人民论坛·学术前沿》2021 年第 24 期。
74. 宋方青、姜孝贤:《立法法理学探析》,载《法律科学(西北政法大学学报)》2013 年第 6 期。
75. 宋华琳:《建构政府部门协调的行政法理》,载《中国法律评论》2015 年第 2 期。
76. 孙笑侠:《"法治中国"的三个问题》,载《法制与社会发展》2013 年第 5 期。
77. 王福强、付子堂:《实践驱动:新中国律师制度研究 70 年》,载《山东大学学报(哲学社会科学版)》2019 年第 6 期。
78. 王福华:《民事诉讼的社会化》,载《中国法学》2018 年第 1 期。
79. 王贺洋:《"互联网 + 公共法律服务"体系建设与完善》,载《人民论坛》2018 年第 20 期。
80. 王进喜、陈宜:《公共法律服务何以"更上一层楼"》,载《人民论坛》2018 年第 18 期。
81. 王岚:《公共法律服务何以更给力》,载《人民论坛》2018 年第 29 期。
82. 王利明:《新时代中国法治建设的基本问题》,载《中国社会科学》2018 年第 1 期。
83. 王立民:《近代中国法制现代化进程再认识》,载《社会科学》2019 年第 6 期。
84. 汪利锬:《我国参与式公共服务供给模式研究——理论模型与经验证据》,载《财经研究》2011 年第 5 期。
85. 王浦劬:《国家治理、政府治理和社会治理的含义及其相互关系》,载《国家行政学院学报》2014 年第 3 期。
86. 王为农、吴谦:《社会法的基本问题:概念与特征》,载《财经问题》2002 年第 11 期。

87. 王进文:《“人的尊严”义疏:理论溯源、规范实践与本土化建构》,载《中国法律评论》2017 年第 2 期。

88. 汪习根:《马克思主义人权理论中国化及其发展》,载《法制与社会发展》2019 年第 2 期。

89. 王延中:《深化社会保障与公共服务制度改革的思考》,载《国家行政学院学报》2016 年第 2 期。

90. 王永贵、史献芝:《国家治理现代化的价值向度——学习习近平关于国家治理现代化新理念新思想的重要论述》,载《马克思主义研究》2016 年第 12 期。

91. 魏治勋:《“善治”视野中的国家治理能力及其现代化》,载《法学论坛》2014 年第 2 期。

92. 文华、钟晓凯:《从“管理型”迈向“权利保障性”的地方立法——基于内地与澳门公共安全技术防范立法的经验比较》,载《地方立法研究》2017 年第 1 期。

93. 吴春梅、翟军亮:《变迁中的公共服务供给方式与权力结构》,载《江汉论坛》2012 年第 12 期。

94. 吴光升:《被追诉人的法律援助获得权》,载《国家检察官学院学报》2018 年第 4 期。

95. 吴之欧、李勃:《公共法律服务智能化模式研究——以“平台型构建”为核心》,载《中国司法》2018 年第 12 期。

96. 谢晖:《论规范分析方法》,载《中国法学》2009 年第 2 期。

97. 邢钢:《PPP 项目合同中的便利终止条款研究》,载《法学杂志》2018 年第 1 期。

98. 项继权:《基本公共服务均等化:政策目标与制度保障》,载《华中师范大学学报(人文社会科学版)》2008 年第 1 期。

99. 项显生:《我国政府购买公共服务监督机制研究》,载《福建论坛(人文社会科学版)》2014 年第 1 期。

100. 熊秋红:《新中国律师制度的发展历程及展望》,载《中国法学》1999 年第 5 期。
101. 许欢、孟庆国:《大数据公共治理价值观:基于国家和行政层面的分析》,载《南京社会科学》2017 年第 1 期。
102. 徐尚昆:《推进公共法律服务体系建设的理论探讨》,载《中国特色社会主义研究》2014 年第 5 期。
103. 许淑萍:《论我国基本公共服务绩效评估的价值取向》,载《理论探讨》2013 年第 6 期。
104. 徐爽:《宪法上社会权的发展:传统、改革与未来》,载《政法论坛》2019 年第 5 期。
105. 许天翔:《功能性分权与中国特色权力制约监督理论的探索——评〈权力法治与廉政治理〉》,载《公共行政评论》2019 年第 2 期。
106. 许同禄:《深入推进公共法律服务体系构建》,载《中国司法》2013 年第 5 期。
107. 杨凯:《习近平法治思想中的公共法律服务理论》,载《东方法学》2022 年第 6 期。
108. 杨凯:《人民法庭高质量发展的公共法律服务体系建构——以基层社会治理的中国式法治现代化建设路径为视角》,载《中国应用法学》2022 年第 6 期。
109. 杨凯:《在线诉讼入法正当性的公共法律服务理论支撑》,载《华东政法大学学报》2022 年第 5 期。
110. 杨凯:《论现代公共法律服务多元化规范体系建构》,载《法学》2022 年第 2 期。
111. 杨凯:《论区块链技术在民事司法程序中的多元化应用——以诉讼服务与公共法律服务"双中心融合"规范体系构造为切入点》,载《政法论丛》2022 年第 2 期。
112. 杨凯:《论公共法律服务与诉讼服务体系的制度协同》,载《中国法学》2021 年第 2 期。

113. 杨凯:《加快推进现代公共法律服务体系建设》,载《中国党政干部论坛》2019 年第 8 期。

114. 杨凯:《论现代公共法律服务体系的建构》,载《法治论坛》2019 年第 1 期。

115. 杨凯:《六大体系:建构公共法律服务完整框架》,载《中国司法》2019 年第 8 期。

116. 杨凯:《审判管理理论体系的法理构架与体制机制创新》,载《中国法学》2014 年第 3 期。

117. 杨凯、张怡净:《论公共法律服务体系建构的法学理论构架基础》,载《南海法学》2020 年第 4 期。

118. 严文波:《中国特色社会主义发展理论:内涵界定、演进逻辑与现实走向》,载《思想教育研究》2019 年第 9 期。

119. 于泓源:《关于推进基本公共法律服务的思考》,载《中国司法》2014 年第 4 期。

120. 郁建兴:《中国的公共服务体系:发展历程、社会政策与体制机制》,载《学术月刊》2011 年第 3 期。

121. 俞可平:《国家治理的中国特色和普遍趋势》,载《公共管理评论》2019 年第 3 期。

122. 俞世裕:《全面推进覆盖城乡居民基本公共法律服务体系建设的实践探索》,载《中国司法》2015 年第 4 期。

123. 喻少如、黄卫东:《公共法律服务融入乡村治理的逻辑转换及其实践进路》,载《西北民族大学学报(哲学社会科学版)》2022 年第 6 期。

124. 张建伟:《"变法"模式与政治稳定性——中国经验及其法律经济学含义》,载《中国社会科学》2003 年第 1 期。

125. 张紧跟、胡特妮:《论基本公共服务均等化中的"村(居)法律顾问"制度——以广东为例》,载《学术研究》2019 年第 10 期。

126. 张军:《以公共法律服务体系建设为总抓手 统筹推进司法行政改革》,载《社会治理》2017 年第 8 期。

127. 张来明、李建伟:《促进共同富裕的内涵、战略目标与政策措施》,载《改革》2021 年第 9 期。
128. 张良:《论国家治理现代化视域中的文化治理》,载《社会主义研究》2017 年第 4 期。
129. 张乾友:《论服务型政府的规则体系》,载《南京社会科学》2014 年第 12 期。
130. 张世红:《农村公共法律服务供给创新机制构想》,载《人民论坛》2016 年第 5 期。
131. 张卫平:《公共法律服务平台建设是我国法治建设的又一重要举措》,载《中国司法》2017 年第 10 期。
132. 张文显:《新时代中国法治改革的理论与实践》,载《法治现代化研究》2018 年第 6 期。
133. 张文显:《推进自治法治德治融合建设,创新基层社会治理》,载《治理研究》2018 年第 6 期。
134. 张文显:《中国法治 40 年:历程、轨迹和经验》,载《吉林大学社会科学学报》2018 年第 5 期。
135. 张向宇:《人民调解中的法律修辞技术及其方法化调适》,载《法律方法》2022 年第 4 期。
136. 张怡歌:《政府购买公共法律服务的异化与法治化破解》,载《法学杂志》2019 年第 2 期。
137. 张志铭、于浩:《现代法治释义》,载《政法论丛》2015 年第 1 期。
138. 赵晓耕:《70 年法治变迁:为法治现代化提供历史依据和借鉴》,载《人民论坛》2019 年第 31 期。
139. 浙江省杭州市司法局课题组:《政府购买公共法律服务的理论与实践——以杭州市为例》,载《中国司法》2014 年第 12 期。
140. 郑彬睿:《法治中国的演进逻辑、理论内涵与时代价值》,载《求索》2019 年第 2 期。
141. 郑方辉、尚虎平:《中国法治政府建设进程中的政府绩效评价》,载《中国社会科学》2016 年第 1 期。

142. 郑尚元:《社会法的存在与社会法理论探索》,载《法律科学(西北政法学院学报)》2003 年第 3 期。

143. 周晓丽:《新公共管理:反思、批判与超越——兼评新公共服务理论》,载《公共管理学报》2005 年第 1 期。

144. 周义程:《新公共服务理论的贫困》,载《中国行政管理》2006 年第 12 期。

145. 周赟:《当下中国司法公信力的经验维度——来自司法一线的调研报告》,载《苏州大学学报(法学版)》2014 年第 3 期。

146. 朱景文:《中国特色社会主义法律体系:结构、特色和趋势》,载《中国社会科学》2011 年第 3 期。

147. 左高山、涂亦嘉:《国家治理中的核心价值观与法治建设》,载《当代世界与社会主义》2017 年第 4 期。

148. 左卫民:《迈向大数据法律研究》,载《法学研究》2018 年第 4 期。

149. 左卫民:《中国应当构建什么样的刑事法律援助制度》,载《中国法学》2013 年第 1 期。

150. 卓泽渊:《国家治理现代化的法治解读》,载《现代法学》2020 年第 1 期。

(二)英文期刊

1. G. P. Calliess, Renner M., *Between Law and Social Norms: The Evolution of Global Governance*, Ratio Juris, Vol. 22, No. 2, 2009.

2. Charles M. Tiebout, *A Pure Theory of Local Expenditures*, Journal of Political Economy, Vol. 64, No. 5, 1956.

3. M. Esteve, D. Urbig et al, *Prosocial Behavior and Public Service Motivation*, Public Administration Review, Vol. 76, No. 1, 2016.

4. M. Z. Fareed, Q. Su, *Transformational Leadership and Project Success: A Mediating Role of Public Service Motivation*, Administration & Society, Vol. 54, No. 4, 2022.

5. Kathryn A. Foster, *Specialization in Government: The Uneven Use of Special*

Districts in Metropolitan Area, Urban Affairs Review, Vol. 31, No. 3, 1996.

6. W. A. Galston, *Liberal Government, Civil Society, and the Rule of Law*, Yale Law & Policy Review, Vol. 23, No. 1, 2005.
7. S. B. Holt, *For Those Who Care: The Effect of Public Service Motivation on Sector Selection*, Public Administration Review, Vol. 78, No. 3, 2018.
8. A. N. Licht, Goldschmidt C., Schwartz S. H., *Culture Rules: The Foundations of the Rule of Law and Other Norms of Governance*, Journal of Comparative Economics, Vol. 35, No. 4, 2007.
9. David Lowery, *Consumer Sovereignty and Quasi – market Failure*, Journal of Public Administration Research and Theory, Vol. 8, No. 2, 1998.
10. P. L. Pinch, A. Patterson, *Public Sector Restructuring and Regional Development: The Impact of Compulsory Competitive Tendering in the UK*, Regional Studies, Vol. 34, No. 3, 2000.
11. P. Prysmakova, *Institutional Antecedents of Public Service Motivation: Administrative Regime and Sector of Economy*, Nonprofit Management and Leadership, Vol. 32, No. 1, 2021.
12. C. Schuster, K. S. Mikkelsen, I. Correa et al, *Exit, Voice, and Sabotage: Public Service Motivation and Guerrilla Bureaucracy in Times of Unprincipled Political Principals*, Journal of Public Administration Research and Theory, Vol. 32, No. 2, 2022.
13. Robert M. Stein, *The Budgetary Effects of Municipal Service Contracting: A Principal Agent Explanation*, American Journal of Political Science, Vol. 34, No. 2, 1990.
14. T. G. Weiss, *Governance, Good Governance and Global Governance: Conceptual and Actual Challenges*, Third World Quarterly, Vol. 21, No. 5, 2000.

三、报纸文章类

1. 李林:《习近平法治思想的核心要义》,载《光明日报》2020 年 12 月 9 日,第

11 版。
2. 马艳、党舒、刘莹:《整合资源推进涉外法律服务跑出加速度》,载《法治日报》2021 年 11 月 15 日,第 7 版。
3. 宋方青:《公共法律服务的科学内涵及核心要义》,载《法制日报》2019 年 7 月 12 日,第 2 版。
4. 文丽娟、孙天骄:《为"空心村"提供个性化定制化公共法律服务》,载《法治日报》2021 年 9 月 29 日,第 4 版。
5. 杨凯:《在"法务区建设"中夯实法院公共法律服务职能》,载《人民法院报》2021 年 11 月 5 日,第 2 版。
6. 杨凯:《公共法律服务体系建设的基本构架》,载《中国社会科学报》2021 年 7 月 14 日,第 4 版。
7. 杨凯:《建构政法机关一体化协同创新的现代公共法律服务体系》,载《民主与法制时报》2020 年 3 月 14 日,第 2 版。
8. 郑金雄:《以高质量公共法律服务助力乡村振兴》,载《中国社会科学报》2022 年 12 月 21 日,第 4 版。